작고
강한
교회

SMALL CHURCH ESSENTIALS
by Karl Vaters

This book was first published in the United States by Moody Publishers,
820 N. LaSalle Blvd., Chicago, IL, 60610,
with the title *Small Church Essentials*
Copyright © 2018 by Karl Vaters
All rights reserved.

Korean Edition published by Word of Life Press, Seoul 2018
Translated by permission.
Printed in Korea.

작고 강한 교회

ⓒ 생명의말씀사 2018

2018년 11월 23일 1판 1쇄 발행
2022년 3월 11일   4쇄 발행

펴낸이 | 김창영
펴낸곳 | 생명의말씀사

등록 | 1962. 1. 10. No.300-1962-1
주소 | 서울시 종로구 경희궁1길 6(03176)
전화 | 02)738-6555(본사) · 02)3159-7979(영업)
팩스 | 02)739-3824(본사) · 080-022-8585(영업)

기획편집 | 구자섭, 이은정
디자인 | 조현진, 윤보람
인쇄 | 영진문원
제본 | 보경문화사

ISBN 978-89-04-07143-2 (03230)

저작권자의 허락없이 이 책의 일부 또는 전체를
무단 복제, 전재, 발췌하면 저작권법에 의해 처벌을 받습니다.

작고 강한 교회

우리 교회는
이미 충분히 크다

칼 베이터스 지음 | 조계광 옮김

이 책은 작은 교회에 대한, 작은 교회를 위한 책이다. 건물 크기가 작고 비록 모이는 숫자가 적어도, 우리들의 교회는 이미 충분히 크다. 교회가 커질 때까지 기다릴 필요가 없다. 사역을 잘하려면 교회가 더 커져야 한다고 생각하는 순간, 우리 교회에 요구하시는 하나님의 위대한 일을 놓칠 수 있다.

Small Church Essentials

생명의말씀사

추천의 글

"저자는 큰 교회를 지향하던 사람이다. 그가 작은 교회를 위대한 교회로 보게 된, 십 년 동안의 고민과 생각 그리고 건강성의 지표들은 오늘날 수많은 교회들이 귀담아 들어야 할 조언들이다. 교회라는 공동체로 우리를 부르신 것은 그 자체로 영광스러운 소명이며, 위대한 존재의 이유다."

— 김종일 목사, 동네작은교회, 개척학교 숲SOOP 대표코치

"해외에서 20여 년 선교만 하다 부임하여, 어떤 교회를 세워 나갈 것인지를 고민하던 나에게 가장 시의적절한 대답을 준 책이다. 이 책은 나의 목회 철학과 사역에 좋은 틀을 제공해 주었다. 특히 3, 4부의 내용은 작고 건강한 교회를 세우는 데 있어서 실제적인 사역 기술을 제공한다. 대형 교회의 폐해성에 대한 교회 안팎의 비판의식이 강해지고 있는 지금, 교회의 모든 구성원들이 상호 유기적 관계를 맺어 나가는 교회를 보기 위해서 작고 건강한 교회는 시대적 요청이라고 확신한다."

— 김종명 목사, 한양교회

"저자의 자기고백적인 진솔함이 느껴졌다. 특히 작은 규모의 교회를 목양하고 있는 나에게, 교회가 교회 안에 머물지 않고 교회 밖으로 나아가야 한다는 조언과 모든 교회가 동일하지 않다는 지적은 깊은 공감을 갖게 했다. 작은 교회에서 이미 감사함으로 사역하고 있었지만, 더 큰 기쁨으로 사역할 수 있기 위해 해야 할 바가 무엇인지를 보여준 책이었다. 많은 목회자들에게 읽혀지기를 소망한다."

― 김희승 목사, 하늘소망교회

"작은 교회를 추구했지만, 작은 교회에서 갖은 어려움을 경험한 후로는 작은 교회에 대한 찬사가 귀에 잘 들어오지 않았다. 그렇다고 큰 교회를 지향할 수도 없어, '너무 작지도 너무 크지도 않은 교회' 그러면서도 건강한 교회이면 좋겠다고 생각했다. 그런 나를 부끄럽게도 하고, 선한 열망을 다시 가열해 준 책을 만났다. 저자는 '작기만 한' 교회가 아니라, 작으면서도 교회다울 수 있는 실제적인 조언을 해준다. 작은 교회의 좌절을 거친 저자이기에 더 믿을 만한 목소리로 다가왔다. 모든 교회가 작아야만 한다고 말하지 않아서 좋았다. 작은 교회이기에 누릴 수 있는 유익과 한계를 솔직하게 나눔으로써, 크지 않아서 아쉬워만 하다가 교회다움을 잃어가는 작은 교회들에게 실제적인 소망과 대안을 제시해 주고 있다. 이런 책이 있어서 정말 고맙다."

– 박대영 목사, 광주소명교회, '묵상과 설교' 편집장

"교인 수가 늘어나는 것이 성장의 척도이고, 큰 교회가 좋은 교회이며, 그곳에 몸담아야 좋은 신앙을 배울 수 있다는 생각이 변하지 않는 한, 우리시대의 바른 교회란 요원할 것이다. 교회의 외형이라는 것은 교회의 본질이 변하지 않도록 그 본질을 담아내는 틀일 뿐이다. 그러기에 교회의 본질은 작은 교회에서도 얼마든지 크고 강하게 드러날 수 있다. 저자는 이 책에서 작은 교회에서 신자들을 더 잘 인도하고, 더 잘 목양하고, 더 잘 예배할 수 있는 방법을 구체적으로 제시해 준다. 이 책이 그동안 작은 교회들이 잃어버렸던 크나큰 생명력을 다시 찾아주기를 바라며, 한국 교회를 제대로 들여다보는 새로운 렌즈가 되기를 기대한다."

– 오대식 목사, 높은뜻 덕소교회, 『교회를 세우는 교회』의 저자

"현실에서 작은 교회 목회는 종종 원하지 않는 어쩔 수 없는 선택이다. 심지어 실패나 문제로 여겨지기도 한다. 그러나 저자는 작은 것이 문제가 아니라 건강하지 못한 것이 문제라고 지적한다. 오히려 작은 교회 목회가 우리에게 소명일 수 있다고 말한다. 작은 교회도 얼마든지 강하고 위대해질 수 있으며, 그래야만 한다고 강조하면서, 자신의 경험에서 우러난 조언을 한다. 나 같은

수많은 작은 교회 목회자에게 격려와 도전, 실질적인 도움을 주는 책이다."

— 전광규 목사, 한누리교회

"상상하기 어렵지만, 그날 이후 영원토록 이어질 영광을 생각한다면, 여기에서의 이 날들은 거의 절대적으로 특별한 날들인 게 분명하다. 우리 자신의 누추함과 지독한 한계 속에서 이 땅의 공격성에 여지없이 휘둘리는 동안, 오직 복음의 진실을 붙들고 고된 분투를 이어가는 시간들은 오직 여기에서의 이 날들에만 국한될 것이기 때문이다. 크기로 재단되는 가치의 지배 속에서 진실로 에쎈셜을 추구한다면 '그렇게까지 커질 수 있겠는가, 그렇게까지 더 커지려 할 수 있겠는가, 진실로 하나님께 옳게 대답한다면 그렇게까지 재정이 쌓일 수 있겠는가?'라고 질문하는 날들이 늘어간다. 그날이 오면, 우리는 크기가 아니라 눈으로 우리 주님을 만나게 될 것이다. 그 눈은 많은 눈물로 맑아진 눈이며, 우릴 향한 주님의 첫 행동은 '그 눈에서 눈물을 닦아 주시는 일'이다. 함께 울 수 있으면 좋겠다."

— 정갑신 목사, 예수향남교회, 『대답하는 공동체』의 저자

"만일 하나님께서 마지막 소원을 말하라고 하시면, 나는 주저하지 않고 현재 목회하고 있는 교회를 200~300명 규모의 교회로 나누고 싶다. 교회는 그리스도의 몸이며 참된 목양이 이루어지려면, 교회는 이 책에서 말하는 '위대한 작은 교회'가 되어야 한다. 이 책은 모세의 손에 들려진 지팡이와 같다. 한국 교회의 거친 쇠퇴기 홍해를 멈추고 새로운 길을 보여줄 수 있는 책이다. 정확한 통계와 성경적 관점, 위대한 작은 교회가 되는 전략과 친절한 권면을 다

담았다. 기독교연합신문에서 실시한 2017년 '신학대학원생의 사역에 관한 인식조사 보고서'에서 한국의 주요 11개 신대원생 300명은, 주일예배 참석 장년 성도 238명을 가장 이상적인 교인 규모라고 답했다. 한국교회가 가야 할 방향은 정해졌다. 목사와 교인이 함께 이 책을 읽고 침체와 낙담의 홍해를 건너기를 강력히 추천한다."

– 조경호 목사, 대전대흥침례교회, 『진정한 부흥 로마서』의 저자

"저자는 작은 교회가 실패한 교회가 아니라 단지 작을 뿐이고 오히려 작은 교회가 더 성경적인 교회가 될 수 있다고 주장한다. 이 책은 작은 교인 수 때문에 힘들어하는 목회자들과 성도들에게 실패감과 성장에 대한 압박감으로부터 벗어날 수 있는 지혜와 방법을 제시한다. 또한 교회성장주의에 빠져있는 대다수의 기독교인들에게 숫자와 관계없이 어떻게 해야 예수님이 기뻐하시는 건강한 교회를 세워갈 수 있는지에 대한 전략과 대안들을 제시해 준다."

– 최종국 목사, 은혜나눔교회

"작은 교회들은 존중을 받아야 마땅하지만 그렇지 못하거나, 자원이 필요한데도 그것을 확보하기가 어려운 경우가 많다. 저자는 30년의 효율적인 사역의 경험을 되살려 풍부한 정보를 토대로 작은 교회의 목회자들에게 유익하고, 실용적인 도전과 격려의 말을 전하고 있다. 교회가 반드시 커야만 위대해지는 것은 아니다. 그러나 작으면서 위대해지는 방법을 가르쳐 줄 수 있는 사람은 그리 많지 않다. 저자는 바로 그런 사람 가운데 하나다. 그는 작은 교회 목회자들과 소통할 수 있고 그들을 잘 섬길 수 있는 방법으로 리더십, 사역, 목회

적 돌봄과 같은 측면들을 능숙하게 다루고 있다."

― 에드 스테처, 휘튼대학교 빌리 그레이엄 석좌교수

"이 책은 내가 기대했던 책이다. 이 책에는 작은 교회의 기능과 가치를 잘 알고 있는 사람이 전하는 통찰력과 아이디어와 격려가 차고 넘친다. 나는 이 책이 저자가 쓴 또 한 권의 인기 있는 책이 될 것이라고 예상한다."

― 데이브 제이콥스, '작은 교회 목회자 법인' 운영자

"작은 교회의 능력과 잠재력에 관한 저자와의 첫 대화는 나를 흥분의 도가니로 몰아넣었다. 그 후로 저자와의 대화는 계속되었고, 그때마다 그의 말은 내게 많은 도전과 영감을 불러일으켰으며, 독창적으로 생각할 수 있도록 이끌어 주었다. 목회자와 컨설턴트로 활동하고 있는 나는 '환영하는 교회와 친절한 교회를 위한 기프트 플랜'을 다룬 한 장의 내용만으로도 이 책이 제값을 톡톡히 하고 있다고 생각한다. 모든 목회자와 교회 지도자들에게 이 책을 강력히 추천한다."

― 그렉 앳킨슨, 저술가이자 'FIC(First Impressions Conference)' 설립자

"저자는 교회의 크기가 건강한 교회의 절대적인 지표는 아니라는 점을 잘 알고 있다. 작은 교회들도 하나님의 나라에 얼마든지 기여할 수 있고, 또 실제로 그렇게 한다. 이 책은 다수의 목회자들(출석 교인 수가 250명 이하인 작은 교회를 이끄는 목회자들)을 위한 뛰어난 통찰력과 아이디어를 제공한다."

― 톰 레이너, '라이프웨이 크리스천 리소스' 대표

"저자는 작은 교회 목회자들을 대변하고 또 그들에게 조언한다. 이 책은 그들의 언어로 말한다. 저자는 예리한 통찰력과 명쾌한 논리로 작은 교회 목회자들을 격려하고 연단한다. 목회 경력이 길든 짧든 목회자라면 누구나 반드시 읽어야 할 책이다."

- 칼 컬리, 칼라니 컬리, 라카마스크릭 교회 담임 목사, '빅 리틀 처치 콘퍼런스 (워싱턴 주 카마스)' 공동 설립자

"'큰 것이 더 좋다.'라고 믿는 세상에서 작은 교회에 대한 저자의 신선한 접근 방식은 참으로 혁신적인 아이디어가 아닐 수 없다. 저자는 외과의사와 같은 능숙한 솜씨와 목자와 같은 마음으로 크기보다는 질에 더 관심을 기울이라고 독려한다. 이 책은 작은 교회에 대한 사람들의 생각을 새롭게 바꾸어 놓을 뿐 아니라 목회 전선에서 수십 년 동안 갈고 닦은 효과 만점의 목회 전략을 제시함으로써 건강한 작은 교회의 육성에 이바지한다. 크든 작든 교회를 담임하는 목회자들에게 이 책을 강력히 추천한다."

- 존 핀켈드, '그로 어 헬시 처치' 설립자

"저자는 또 한 번 하나님의 나라를 위해 실용적인 조언과 독특한 통찰력을 제시했다. 작은 교회의 상황에서 사역을 하거나 예배를 드리는 사람들은 이 책을 꼭 읽어야 한다."

- 짐 파웰, 리치우즈 크리스천 교회 수석 목사, '95 네트워크' 설립자 겸 대표

"저자는 단지 작은 교회만을 사랑하지 않는다. 그는 온 교회를 사랑한다. 온

교회에 하나님의 축복이 임하는 것을 보고 싶어 하는 그의 간절한 염원이 이 책 곳곳에 잘 드러나 있다. 이 책은 뭔가 좀 유용한 것을 찾고 싶은 생각으로 뒤적일 필요가 없는 책이다. 왜냐하면 책을 한 장 한 장 넘길 때마다 곧바로 적용할 수 있는 내용을 발견할 수 있기 때문이다. 저자는 작은 교회 목회자로서 다른 작은 교회 목회자들에게 격려와 도움이 되는 말을 해주고 싶은 간절한 마음으로 이 책을 저술했다. 나는 오랫동안 작은 교회를 담임해 온 목회자들은 물론, 이제 막 목회를 시작한 젊은 지도자들 모두에게 이 책을 강력히 추천하고 싶다."

— 크리스 비타렐리, 목사, 저술가, '스몰 처치 빅 딜 콘퍼런스' 설립자

"이 책을 펼쳐 보는 것은 마치 우리가 절실히 필요로 하는 옛 친구와 마주 앉아 있는 듯한 느낌을 준다. 그 이유는 저자가 작은 교회 목회자로서 직접 작은 교회를 이끌어 오면서 온갖 시련과 실패와 성공과 열망의 과정을 겪고 난 후에 이 책을 저술했기 때문이다. 저자는 작은 교회 목회자라는 사실이 결코 불명예가 아니라는 점을 보여주려고 노력했다. 그 이유는 작은 교회 목회자라도 아무 문제가 없기 때문이다. 세상에는 작은 교회 목회자들이 많다. 저자의 솔직한 태도와 뛰어난 통찰력은 우리를 크게 유익하게 한다. 커피든 뭐든 좋아하는 음료를 한 잔 손에 들고, 탁자를 사이에 두고 저자와 마주 앉아 그의 경험이 오롯이 녹아 있는 이 책을 펼쳐 하나님 나라의 건설이라는 우리의 소명을 이루라고 격려하는 그와 깊은 대화를 나누어 보기 바란다."

— 스콧 시들, 디나 시들, 작은 교회 목회자,
캘리포니아 주 리지크레스트 '라이프스프링 포스퀘어'

목차

추천의 글   04
머리글   숫자에서 자유로워지다   18

PART 1   작은 것이 망했다는 것은 아니다

1. 당신도 작은 교회 목사일 수 있다   26

팩트 1 : 거의 대부분의 목사는 나중에 250명이 넘는 교회의 목사가 되기 어렵다 | 팩트 2 : 거의 대부분의 목사는 작은 교회에서 사역하는 시기를 갖는다 | 팩트 3 : 적은 데 안주하지 않고, 작은 교회에서도 목회를 잘 할 수 있다 | 이 책에서 숫자를 말하는 이유

2. 그렇다고 작은 교회에 안주하지 말라   34

'우리 교회가 작다구, 그래서 어쨌다고?' | 건강한 교회들의 유형과 그런 교회들이 작은 상태로 머물러 있는 이유 | '성장이냐 폐쇄냐'가 유일한 선택 사안은 아니다

3. 작은 교회는 문제도 아니고, 자랑거리도, 변명거리도 아니다   48

교회가 작다는 것은 문제가 아니다 | 교회가 작다는 것은 미덕이 아니다 | 교회가 작다는 것은 변명거리가 아니다

PART 2   작은 교회를 향한 하나님의 숨은 뜻을 생각하다

4. 작은 교회는 다르다   62

비판하지 말고 비교하라 | 큰 숫자의 법칙 | 작은 교회에서 출석 인원의 변화가 크게 중요하지 않은 이유

5. 왜 우리 교회는 이토록 독특한가?   74

독특함은 어디에서 왔는가? | 규모가 다르면 우선순위도 다르다 | 관계 | 문화 | 역사 | 사람들은 목적을 이루기 위한 수단이 아니다

6. 교회의 건강과 성장에 대한 놀라운 비밀들   90

비밀 1 : 커지는 것이 문제를 해결하지 못한다 | 비밀 2 : 양적 성장은 필연적인 결과가 아니다 | 비밀 3 : 두 가지 목록, 건강한 교회를 위한 것과 큰 교회를 위한 것

7. 교회 성장의 정의를 바꾸다   112

교회 성장의 모델은 하나 이상이다 | 교회의 성공을 새롭게 정의할 때 얻어지는 이점들 | 효율적인 사역을 위한 능력을 키우라

PART 3 작은 교회에 새로운 생명력을 부여하다

8. 당신의 작은 교회는 실패인가, 전략인가?   124

작은 것이 반드시 실패를 의미하는 것은 아니다 | 교회가 실패라는 증거 | 교회가 작지만 전략적이라는 증거 | 실패인 경우에는 어떻게 해야 하나?

9. 작은 교회의 만성적인 문제를 타개하라　134

비가 새는 오두막 | 작은 교회에서 통제 욕구가 강한 교인들을 다루는 법 | 건강하지 못한 교회를 위한 집중 치료 | 무리한 충격이 없는 변화 | 효율적인 사역을 위하여 불필요한 일을 없애라 | 소그룹의 필요성을 점검하고, 판단하는 네 가지 방법 | 고무줄과 같은 리더십 : 변화를 통해 교회를 이끌 때 긴장 강도를 이용하는 기술

10. 교회가 잘 할 수 있는 일을 찾아 그것을 하라　164

궁수의 비유 | 가치 있게 생각하는 것을 전면에 내세워라 : 잘 하는 것을 부각시켜라 | 예배 순서를 새롭게 구성하라

11. 사역의 시작과 변화와 중단을 생각하라　178

'항상 무엇인가를 변화시켜 나가라' : 교회 변화의 ABCS | 고착된 사고에서 과정 지향적인 사고로의 전환 | 바로 지금 교회에서 무엇을 개선하고 있는가? | 변화에 대한 사람들의 두려움을 해소하라 | 사역의 시작이나 중단을 결정짓는 다섯 가지 원리(5P) | 평가하고, 준비시키고, 격려하라 | 새로운 사역의 기한을 정하라

12. 작은 교회의 비전을 새롭게 제시하라   202

무엇을 해야 할지 모르겠거든 알고 있는 것을 하라 | 오순절에 나타난 새로운 비전 제시의 방법 | 구약 성경의 모델 | 하향식 비전 제시의 문제점 | 예수님의 협력 리더십 모델 | 다 함께 하나님께 귀를 기울이라 | 5개년 계획과 사명선언문 | 사명선언문에 집착할 때의 문제점

PART 4   작고 위대한 교회가 되다

13. 먼저 친절한 교회가 되라   232

친절 | 친절한 교회를 위한 기프트(G. I. F. T) 플랜 | '환영'의 도어 매트에 쌓인 먼지를 털어내라 | 우리 교회가 "와서 보라." 행사를 중단하게 된 이유와 그것을 대신해서 마련한 대안

14. 작은 교회를 위한 제자 양육과 멘토링을 생각하라   250

제자 양육에 진정으로 관심이 있는가? : 훈련과정(커리큘럼)보다는 멘토링이 더 낫다 | 멘토링을 통한 더 나은 제자 양육 방식

15. 작은 교회의 성공을 위한 계획을 수립하라   266

계획이 중요한 이유 | 계획 수립의 단계들

16. 교회 안에서만이 아니라 교회 밖에서도 사역하라   278

뒷마당 바비큐 청소년 모임 | 우리의 사명은 교회 건물보다 크다 | 교회 건물이 사람을 섬겨야지 사람이 교회 건물을 섬겨서는 안 된다 | 지역사회의 단체들과 공조하라 | 안일한 곳에서 벗어나라 | 성공한 교회들이 세상을 바꾸지 못하는 이유

17. 우리 교회는 이미 충분히 크다   300

작은 생각으로 세상을 구원한 사람 | 그렇다. 우리들의 교회는 충분히 크다

머리글

숫자에서 자유로워지다

이 책의 주제는 작은 교회다. 30년이 넘도록 작은 교회를 담임해 온 목회자가 작은 교회들을 위해 이 책을 썼다.

작은 교회의 목회자인 나는 오랫동안 교인 수가 성장의 척도이고, 큰 교회가 건강한 교회라고 생각해 왔다.

이 책은 작은 교회를 큰 교회로 성장시키는 방법을 제시하지 않는다. 또한 이 책은 작은 교회가 큰 교회보다 어떻게 더 나은지를 설명하지도 않는다. 나는 적은 것으로 만족하자는 주장이나 교회를 작게 만들자는 주장을 제기할 의도도 전혀 없다. 나는 단지 작은 교회가 더 강해지기를 바라는 마음을 이 책에 담았을 뿐이다.

나는 지난 30년의 목회 경험을 통해, 작은 교회가 더 강해지려면 다음 세 가지 요소가 필요하다는 사실을 깨달았다.

1. 작은 교회도 강해질 수 있다는 믿음
2. 건강한 작은 교회의 특징을 이해하는 안목

3. 건강한 작은 교회가 되기 위한 역량과 지혜

교회 지도자들은 교회가 작다는 것을 '문제'로 간주해, 어떻게 하면 큰 교회로 성장시킬 수 있을지를 고민할 때가 많다. 그러나 그릇된 편견이 대부분 그렇듯이, 겉으로 보이는 것만 가지고 문제로 간주하는 것은 옳지 않다. 교회가 작다는 것이 곧 실패라는 의미는 아니다.

작은 교회를 문제로 생각하는 사람들을 만나 그 이유를 물었더니 주로 이렇게 대답했다.

- 작은 교회는 내부 지향적이다.
- 작은 교회는 변화를 두려워한다.
- 작은 교회는 사소한 시기심과 내분이 많다.
- 작은 교회는 지역사회를 복음화하려는 열의가 없다.
- 작은 교회는 계획 없이 운영된다.

• 작은 교회는 그냥 작은 것에 안주한다.

그러나 이것은 작은 교회가 아닌 건강하지 못한 교회의 특징이다. 이런 부정적인 지적과는 전혀 무관한 건강한 작은 교회들이 많다. 좀 더 자세히 들여다보면, 대다수 사람들이 작은 교회의 고질적인 문제로 지적하는 것들이 대개는 교회의 크기와는 아무런 관계가 없고, 단지 병든 교회의 징후를 나타낸 것임을 알 수 있다. 교회의 크기와 상관없이, 어떤 교회든 잘못되면 병들 수 있다.

만일 작은 교회가
- 우호적이고,
- 외부 지향적이고,
- 선교적이고,
- 혁신적이고,
- 관대하고,
- 예배가 풍성하다면 어떻게 될까?

사실, "~하면 어떻게 될까?"라는 가정은 필요없다. 이미 그런 작은 교회들이 도처에 많다. 나는 그런 교회들을 많이 보았고, 그 중에 한 곳에서 목회 사역을 하고 있다. 물론 그렇지 않은 작은 교회들도 적지 않지만 얼마든지 그렇게 될 수 있다. 각자가 속한 작은 교회도 그런 교회 가운데 하나가 될 수 있다.

새로운 질문들을 하다

교회 성장은 고귀한 목표이자 큰 축복이다. 그러나 모든 것을 교회의 숫적 성장의 렌즈로만 바라보면 많은 것을 놓치기 쉽다.

나도 목회 사역을 하면서 20년이 넘도록 그런 렌즈를 통해 교회 지도자로서의 나의 위치와 역할을 바라보았다. 그것은 내가 교회의 리더십을 다룬 많은 책과 콘퍼런스에서 배운 것이었다.

그런 원리들 가운데 더러는 나와 교회에 유익했지만 대부분은 그렇지가 못했다. 내가 도움을 구했던 거의 모든 사람이 동일한 렌즈를 끼고 내게 대답을 제시했다. 그들이 "절대 실패할 리 없다."고 말했던 원리들 가운데 많은 것이 연거푸 실패하면서, 나는 그들이 아닌 내 자신에게 더더욱 실망하지 않을 수 없었다.

모든 사람이 그런 원리들이 효과가 있다고 말하는데, 내게만 효과가 없다면 문제의 원인은 내게 있는 것이 틀림없다. 그렇지 않은가? 사실 그런 결함의 대부분은 나의 책임이다. 그러나 여기에는 뭔가 다른 원인이 있을 수도 있다.

따라서 나는 어줍기도 하고, 심지어는 약간 도발적이기도 한 질문들을 되묻기 시작했다.

"양적 크기를 늘리는 것이 아닌, 또 다른 대안이 있다면 어떻게 될까?"

"지금의 작은 교회가 역동적이면서 건강하게 될 수 있는 길이 있다면 어떻게 될까?"

"교회를 효율적으로 만들기보다 더 크게 만들려고 애쓰는 것이 시간과 에너지와 자원의 낭비를 초래해, 오히려 효율적이지 못한 결과를 낳는다면 어떻게 될까?"

이런 질문들을 제기하고 보니, 새로운 렌즈를 끼고 교회의 리더십을 또 다른 각도에서 바라볼 수 있게 되었다. 관심의 초점을 교회의 양적 성장에서 다른 곳으로 돌리지 않았더라면 발견하지 못했을 원리들이 서서히 드러나기 시작했다. 물론 교회 성장 원리들이 틀린 것은 아니지만, 그 이상의 무엇인가가 존재하는 것이 틀림없어 보였다.

새로운 교회를 위한 새로운 렌즈

나는 이 책에서 내가 그동안 깨닫게 된 좀 더 근본적이고 보편적인 작은 교회의 원리들 가운데 몇 가지를 체계적으로 정리하려고 노력했다. 새로운 렌즈를 끼면, 교회의 건강을 성장의 수단이 아닌 효율성의 관점으로 바라볼 수 있다.

규모가 더 커지지 않더라도, 작은 교회는 얼마든지 효율적일 수 있다. 새로운 렌즈를 끼고 우리 교회를 그런 목표에 도달하게 만든 원리들을 발견하고 보니, 작은 교회도 얼마든지 효율적일 수 있다는 것을 알게 되었다. 나는 그런 원리들을 실천에 옮긴 덕분에, 지난 몇 년 동안 블로그 포스트와 콘퍼런스를 통해 수백, 수천 명의 다른 작은 교회 목회자들에게 그것들을 전할 수 있는 기회를 가졌다.

반응은 놀라웠다. 물론 새로운 아이디어가 모두 효과가 있지는 않았지만, 그것들이 다른 어떤 방법 못지않게 작은 교회들에게 보편적으로 적용할 수 있는 원리라는 사실이 많은 교회와 갖가지 사례와 증언들을 통해 입증되었다.

자, 이제 새로운 렌즈를 끼고, 건강하고, 활기차고, 효율적인 작은 교회 안에서 교회를 더 잘 인도하고, 신자들을 더 잘 목양하고, 예수님을 더 잘 예배할 수 있는 방법을 함께 찾아보기로 하자. 이것은 작은 교회의 근본 원리다.

PART 1

작은 것이 망했다는 것은 아니다

1.
당신도
작은 교회 목사
일 수 있다

신학교에서 내게 미리 가르쳐 주었으면 좋았을, 목회 사역에 관한 세 가지 진실이 있다.

> 팩트 1 : 거의 대부분의 목사는 나중에 250명이 넘는 교회의 목사가 되기 어렵다.
> 팩트 2 : 거의 대부분의 목사는 작은 교회에서 사역하는 시기를 갖는다.
> 팩트 3 : 적은 데 안주하지 않고, 작은 교회에서도 목회를 잘 할 수 있다.

신학교의 교육 내용을 살펴보라. 그 가운데 목회자 후보생들에게 작은 교회를 목회하는 데 필요한 기술은 고사하고, 위의 사실 가운데 어느 한 가지라도 언급하는 내용이 얼마나 되는지 생각해 보라. 어떤가? 조금 있는가? 한 가지 정도 있는가? 아니면 아예 아무것도 없는가?

나는 소위 '200명의 장벽'을 극복하는 법만 배웠지, 작은 교회를 목회하는 방법은 배우지 못했다. 또한 내 사역 기간의 전부는 아니더라도 그 대부분을 어떤 식으로 보내야 하는지에 대해서도, 나는 아무런 가르침을 받지 못했다. 지금도 신학생들은 여전히 200명을 돌파하는 방법만 배울 뿐, 100명을 밑도는 상황에서 목회를 하는 방법은 배우지 못한다.

팩트 1 : 거의 대부분의 목사는 나중에 250명이 넘는 교회의 목사가 되기 어렵다

칼 조지는 이렇게 말했다.

"북미의 전형적인 교회는 작다. 북미 지역에는 대략 32만 개의 개신교 교회가 있는데 그 중에 절반은 주일 출석 인원이 약 80명 정도다."[1] 아울러 그는 "출석 인원이 100명 이상인 교회는 40퍼센트, 140명 이상인 교회는 25퍼센트, 200명 이상인 교회는 불과 15퍼센트다."라고 덧붙였다.[2]

그렇다면 대다수의 사역 현장에 적용되지 않는데도, 왜 신학생들에게 큰 교회에서 목회하는 것만을 가르치는 것일까? 그리고 우리는 작은 교회들에게 잘 맞지 않는, 단지 소수의 교회들에나 적용할 수 있는 큰 교회의 사역 원리와 기대를 주입하면서도, 심신이 고갈된 채 헛된 꿈에서 깨어난 수많은 목회자들이 상처 입은 교회들을 뒤에 남겨둔 채 사역을 중단하고 떠나는 이유를 궁금해 한다.

---

1) Warren Bird and Carl F. George, *How to Break Growth Barrier: Revise Your Role, Release Your People, and Capture Overlooked Opportunities for Your Church* (Grand Rapids: Baker Books, 2017), 150.

2) Ibid.

팩트 2 : 거의 대부분의 목사는 작은 교회에서 사역하는 시기를 갖는다

조지는 개신교 교단 열 곳을 조사한 결과 (아이들과 성인들을 합쳐) 주일 출석 인원이 200명 이하인 교회들과 350명 이하인 교회들이 각각 88퍼센트와 95퍼센트로 나타났다고 말했다.[3] 팩트 1과 2의 통계에 비춰 볼 때, 거의 모든 목회자가 최소한 어느 일정 기간 동안 작은 교회에서 목회해야 한다는 것을 알 수 있다.

혹시 신학생들 가운데 자신은 예외일 것이라고 생각하는 사람이 있을 수도 있다. 나도 그렇게 생각했었다. 그러나 대형 교회의 목회자가 될 것을 기대하더라도 처음부터 큰 교회에서 청빙을 받는 경우는 거의 없다. 기존의 작은 교회를 맡아 대형 교회로 성장시키거나 스스로 교회를 개척해 큰 성장을 이루거나 해야 한다. 그러나 그렇게 되었더라도 최소한 교회가 성장하기 전에는 작은 교회의 시절을 반드시 거쳐야 한다.

우리 가운데는 스스로를 훌륭한 설교자요 지도자로 생각하는 사람들이 많다. 우리는 우리 자신이 아무도 들어본 적이 없는 혁신적인 아이디어나 산을 움직일 수 있는 믿음을 지니고 있다고 믿는다.

그러나 우리의 사역을 위한 하나님의 계획이 우리 자신의 계획과 다르다면 어떻게 될까? 그분이 우리를 작은 교회를 섬기는 일에 사용하기를 원하신다면, 그것이 하나님의 뜻이라면 기꺼이 그 뜻을 받아들일 수 있겠는가? 만일 작은 교회에서 일평생 사역해야 할 가능성이 있다면 그

---

3) Ibid. 151.

것을 위해 준비하는 시간을 가져야 하지 않겠는가?

팩트 3 : 적은 데 안주하지 않고, 작은 교회에서도 목회를 잘 할 수 있다

작은 교회 사역의 보편성을 인정한다고 해서 패배주의적 태도라거나 믿음이 없다고 말할 수 없다. 전혀 그렇지 않다. 작은 교회에서 목회하라는 하나님의 소명을 인정하고 받아들여 열심히 이뤄나가면 그것이 목회자 자신과 그가 목양하는 교인들과 교회가 섬기는 지역사회를 위한 놀라운 축복이요 특권이라는 사실을 깨닫게 될 것이다.

그것은 현실 안주도, 실패도, 열등한 것도 아니다.

세상에 있는 작은 교회들을 보고 조금도 당황하지 말자. 작은 교회들이 그토록 많은 이유는 우리의 실패 때문이 아니라 하나님의 계획 때문일 수 있다. 작은 교회 목사들에게 '성공하지 못했다.'는 죄책감을 느끼게 하지 말고, 사역을 열심히 잘 할 수 있도록 돕자.

이제는 하나님이 대다수 사람들에게 맡기신 놀라운 사역을 기꺼이 인정하고 받아들여야 할 때가 되었다.

이 책에서 숫자를 말하는 이유

이 책의 주제가 작은 교회이고, 영문 부제가 '250명 이하의 건강한 교회를 이끄는 데 필요한 검증된 원리들'이라는 점을 고려하면, 솔직하게 다루어야 할 질문이 몇 가지 있다.

1. 작은 교회의 구성 요건은 무엇인가?
2. 왜 200명이 아닌 250명 이하의 교회를 말하는가?
3. 통계적 분석에 어떤 기준치를 적용하는가?
4. 왜 '작은 교회'라는 용어를 사용하는가? 그것은 모욕적이지 않은가?
5. 교회들을 크기로 구별함으로써 그리스도의 몸을 임의로 나누고 있지는 않은가?

첫째, 작은 교회는 주일 평균 출석 인원이 250명* 이하인 교회를 가리킨다. 등록 교인들의 숫자가 아닌 주일 평균 출석 인원을 기준으로 삼는 이유는 등록 교인 명부가 아예 없는 경우도 있고, 교인 명부에 기록된 신자들의 숫자가 그다지 정확하지도 않기 때문이다. 더욱이 평균 출석 인원은 교회 활동에 대한 신자들의 참여 정도를 좀 더 정확하게 나타낼 뿐 아니라, 교회가 사역을 계획하고 이끌어가는 방식에 등록 교인의 숫자보다 더욱 직접적으로 영향을 미친다.

둘째, 이 책이 250명 이하의 교회를 목표로 삼는 이유는 교회 성장을 논하는 진영에서 소위 '200명의 장벽'이라는 용어를 종종 사용하는 까닭에 처음부터 그 수치를 사용하면, 이 책이 교회 성장을 논하는 또 한 권의 책인 듯한 인상을 심어줄 수 있기 때문이다. 교회 성장을 논한 책들이 훌륭하지만, 이 책은 그런 범주에 속하지 않는다. 더욱이 '200명의 장벽'은 유동적이다. 어떤 교회들은 150명에서 장벽에 부딪치고, 어떤 교

---

* 편집자주 250명이란 숫자는 북미 교회를 고려한 숫자이다. 이 숫자는 한국의 경우 정확한 통계가 나와 있지 않고 교단 별로 차이가 있을 수 있지만, 대략 100~150명 미만의 교회라고 할 수 있다.

회들은 300명이 되었는데도 장벽에 부딪치지 않는다. 250을 최대수로 사용하면 10명이나 50명이나 100명 정도 되는 교회들만이 아니라 대형 교회의 원리를 적용하기는 아직 이르지만 곧 중형 교회로 발돋움하게 될 교회들까지 모두 포함시킬 수 있는 이점이 있다.

셋째, 별다른 설명이 없는 경우, 통계 수치는 미국의 개신교 교회들을 근거로 한다. 그 이유는 미국 교회들이 세상의 다른 곳에 있는 교회들보다 더 중요하기 때문이 아니라 그동안 가장 많은 연구 조사를 거친 덕분에 일반인들이 참조할 수 있는 가장 신뢰성 있는 통계 자료를 확보하고 있기 때문이다.

내가 교회를 위해 바라는 희망 가운데 하나는 그런 편협한 한계에서 벗어나, 모든 크기의 교회와 교단과 인종과 국가들을 우리가 가르치는 내용과 재원과 인구학적 분석에 포함시켜 생각하는 것이다. 그러나 현재로서는 가용한 통계를 사용하는 것이 최선이다.

넷째, 내가 '작은 교회'라는 용어를 사용하는 이유는 '보통 크기의 교회'나 '가족만한 크기의 교회'와 같은 용어들과는 달리 작은 교회가 간단하고 부연 설명이 필요없기 때문이다. 작다는 말을 우리가 굳이 모욕적이라고 생각하지만 않는다면 아무런 문제가 없다. 이것이 내가 이 용어를 사용하기로 결정한 이유다. 작은 교회라는 용어를 사용하지 않고서는 사람들에게 작은 교회가 강한 교회가 될 수 있다고 설명하기가 쉽지 않다.

마지막으로, 큰 교회와 작은 교회를 나눌 생각은 조금도 없고, 단지 그 차이를 인정할 뿐이다. 차이가 없는 것처럼 행동하는 것은 연합이 아닌 현실 부정이다. 교회의 규모는 교회의 기능과 사역 방식, 복음을 전해야 할 사람들의 부류, 교인들의 훈련, 교회를 인도하는 데 필요한 목회적 은사와 기술의 성격을 결정짓는 중요한 요인이다.

2.

그렇다고
작은 교회에
안주하지 말라

몇 년 전, 교단 총회에서 교단의 현황에 대한 총회장의 보고 내용을 들은 적이 있다. 그는 보고를 하면서, 전에도 여러 번 들은 적이 있는 통계를 인용했다. 나는 그것이 지역이나 교파에 상관없는 보편적인 현상이라는 사실을 깨닫게 되었다.

그는 이렇게 말했다.

"우리 교단 교회 가운데 주일 출석 인원이 200명 이하인 교회들이 90퍼센트가 넘습니다. 100명이 안 되는 교회들도 80퍼센트나 됩니다."

그는 계속해서 말을 이어나갔지만, 나의 머릿속에는 질문들이 꼬리에 꼬리를 물고 이어졌다.

"하지만 그런 상황이 문제가 아니라면 어떻게 될까? 만약 자기 교회가 다른 교회들만큼 크지 않다는 이유로 고민하는 목사들의 걱정이 예수님의 진정한 관심거리가 아니라면, 초대형 교회, 대형 교회, 가정 교회 등 모든 크기의 교회들이 서로 힘을 합쳐 제각각 전체를 위해 기여하는 것이 그분의 의도였다면 어떻게 될까?"

"문제가 아닌 문제를 해결하느라고 정작 하나님이 우리에게 요구하시는 전략, 곧 작은 교회들을 해결해야 할 문제가 아닌 가용한 핵심 수단으로 간주하는 하나님의 전략을 그르치게 되면 어떻게 될까?"

우리는 지난 두어 세대 동안 대형 교회나 초대형 교회를 사역 모델의 기준으로 삼았다. 그것은 대다수 교회들이 절대 도달할 수 없는 기준이었고, 또 많은 목회자들이 굳이 도달해야 할 기준도 아니었다. 왜냐하면 대부분은 작은 교회를 이끌라는 소명을 받았기 때문이다.

물론 대형 교회나 초대형 교회가 잘못된 것은 아니다. 나는 그런 교회들이 있어서 감사하다. 2,000명에서 20,000명에 이르는 교인들이 한 자리에 모여 예수님을 경배하는 데 어찌 기뻐하며 축하하지 않을 수 있겠는가? 그것은 참으로 굉장한 일이 아닐 수 없다.

그러나 20,000명의 신자들이 20개나 200개의 교회들로 조금씩 나뉘어 500명, 50명, 10명씩 모여서 예수님을 예배하는 것도 똑같이 기뻐하며 축하할 일이다. 예수님은 다양한 부류의 사람들, 다양한 형태의 방법들, 다양한 크기와 유형의 교회들을 통해 2,000년 동안 자신의 교회를 건설해 오셨다.

위대한 교회는 우연히 생겨나지 않는다. 그런 교회는 크기와 상관없이 기도하고, 계획하고, 협력하고, 힘써 일하며 하나님의 소명을 충실히 이행한다. 그러나 스스로가 위대한 교회가 될 수 있다는 사실을 자각하지 못하면 강한 교회가 될 수 없다. 교회의 규모가 커지기 전에는 강한 교회가 될 수 없다는 그릇된 생각에 사로잡혀 있는 교회와 목회자들이 너무나도 많다. 작은 교회를 담임하고 있는 모든 목회자들은 먼저 자신의 마음과 사역에서 그런 그릇된 생각을 몰아내야 한다.

'우리 교회가 작다구, 그래서 어쨌다고?'

교단 총회장의 현황 보고를 들을 무렵, 내가 담임했던 교회는 250명이 훨씬 못 되었다(나는 지금도 그 교회를 담임하고 있다). 그 통계 수치를 들으면 대개는 '우리 교회는 너무 작아. 어쩌지?'라고 생각하는 것이 보통이다. 그러나 그날 나에게는 다른 생각이 들었다.

'그래서 어쨌다고? 우리 교회가 작아서 어쨌다고? 우리 교회가 교단 교회의 90퍼센트 안에 든다고 해서 어쨌다고? 우리 교단의 신자들 가운데 절반이 큰 교회가 아닌 작은 교회에 다니고 있다고 해서 어쨌다고? 선한 일을 하고, 복음을 전하고, 예수님을 영화롭게 하고, 하나님 나라의 일을 한다면 작은 것이 무슨 문제지?'

그때 이후로 내가 깨닫게 된 것은, 작은 교회와 큰 교회의 비율은 교단이나 지역을 막론하고 교회의 영적 상태와는 아무런 상관이 없다. 교회들이 성장하고 영향력을 발휘하게 되면, 새로운 교회들을 개척하는 일이 반드시 포함된다. 그런 교회들은 모두 작은 교회에서부터 출발한다. 한 지역이나 교단이 영적으로 건강해질 때는 작은 교회들이 더 많아질 수밖에 없기 때문에 그런 교회들의 비율은 더 높아지기 마련이다.

한편 교회들이 건강하지 못한 상태이고, 기존 교회들의 규모가 줄어드는 추세여도 작은 교회들의 숫자가 증가한다. 따라서 잘하든 못하든 항상 작은 교회들이 많을 수밖에 없다. 교회의 건강과 성장을 측정하는 새로운 방법, 즉 교인들의 숫자를 포함하되 거기에만 국한하지 않고, 교회의 건강과 활력과 복음 전도의 열정과 같은 요인들을 아울러 포함시키는 방법이 필요하다.

총회가 끝나고 나서 몇 달 동안, '우리 교회가 작아서 어쨌다고?'라는 생각이 뇌리에서 떠나지 않았다. '어쩌지?'에서 '어쨌다고?'로 생각이 전환되었다. 그것은 나의 삶과 사역의 방향을 바꾸어 놓을 만한 중대한 발전의 첫 단계였다. '그래서 어쨌다고?'는 해결책이 아니다. 그 자체만으로는 교실 뒤에서 불량하게 침을 뱉으면서 반항심을 드러내는 것밖에 되지 않는다. 그것은 뭔가 더 나은 방향으로 발전하지 않으면 단순한 빈정거림이나 불쾌한 행동에 지나지 않는다.

그러던 어느 날, 생각에 약간의 변화가 일어났다. 작은 교회가 그렇듯 당시 우리 교회는 적은 것을 가지고 좀 더 많은 효과를 내려고 노력하면서 곧 다가올 행사를 준비하고 있었다. 그 순간에 '우리 교회가 작아서 어쨌다고?'에서 '우리 교회는 작아. 그러면 어떻게 할 것인가?'로 생각이 바뀌었다.

우리 교회는 큰 교회도 아니고, 큰 교회에 비해 자원이 턱없이 부족하다. 큰 교회가 할 수 있는 일을 우리는 할 수 없다. 그러면 지금 우리가 가진 것으로 무엇을 할 수 있을까? 그것이 과연 무슨 쓸모가 있을까? 결과는 쓸모가 있었던 것으로 드러났다. 작은 교회들이 할 수 있는 사역은 의외로 많다. 작기 때문에 더 잘 할 수 있는 일들도 있다.

'어쩌지?'에서 '어쨌다고?'를 거쳐 '그러면 어떻게 할 것인가?'로 정신적, 감정적, 영적인 발전이 이루어지면서, 내 인생의 가장 어려우면서도 가장 중요한 여정의 첫 단계가 시작되었다.

잠시 멈춰 서서 스스로에게 "우리 교회는 작다. 그러면 어떻게 할 것인가?"라고 물어보라. 만일 '어쩌지?'에서 '어쨌다고?'로 생각을 바꾼다면 사역과 교회와 삶이 크게 변화될 것이다.

그러면 작고, 건강한 교회는 어떤 모습인지부터 살펴보면서 이 새로운 질문에 대한 대답을 함께 찾아보자.

건강한 교회들의 유형과
그런 교회들이 작은 상태로 머물러 있는 이유

교회 성장론자들은 "단지 가만히 '앉아 있는 능력'만이 아니라 '보내는 능력'을 향상시키는 것이 필요하다."라고 말한다. 좋은 생각이다. 이 생각을 한 단계 더 발전시켜 보자. 그런 생각을 진지하게 받아들여, '보내는 능력'을 위해 '앉아 있는 능력'을 포기하는 경우를 생각할 수도 있다. 그렇다. 때로 우리는 두 가지 중에 하나를 선택해야 한다.

일부러, 또는 소명을 받은 사역의 특성 때문에 건강하지만 작은 상태로 머물러 있는 교회들이 많다. 몇 가지 사례를 들면 다음과 같다.

개척형 교회

어떤 교회들은 영적인 조니 애플시드처럼 자신의 성장 에너지를 교회의 규모를 더 키우는 대신 작은 교회들을 개척하는 일에 쏟아 붓는 것을 사명으로 삼는다.

훈련형 교회

내가 담임하는 교회를 비롯해 작은 교회들은 현장 훈련 센터로 매우 적합하다. 학기 중에는 학생들이 우리 교회의 출석 인원 가운데 거의 3분의 1을 차지한다. 우리는 세계 각지에서 온 대학생들에게 훈련의 기회를 제공해 교회 사역의 모든 측면을 경험할 수 있게 한다.

가정 교회

가정 교회는 나름의 타당성을 지니지만 '그리스도의 몸' 전체를 생각하지 않는 경우가 많다. 기업형 교회에 실망을 느끼거나 예배당 건축비, 교단, 교회 직원 사례비 등을 책임지고 싶지 않은 사람들이 늘어나는 추세이기 때문에 앞으로 가정 교회의 숫자도 더 늘어날 가능성이 많다.

은퇴자 공동체 교회

은퇴자 공동체에서 25년 이상 건강하고 멋진 교회를 이끌고 있는 친구가 하나 있다. 그는 매년 회중의 20퍼센트를 차지하는 교인들의 장례식을 치러야 한다. 따라서 출석 인원의 숫자를 일정하게 유지하려면 매년 20퍼센트의 성장이 이루어져야 한다. 다른 상황이라면 연 20퍼센트의 성장이면 괄목할 만한 수치가 아닐 수 없지만 그의 경우에는 불필요한 실패감을 달래주는 효과에 그칠 뿐이다.

틈새 교회

틈새 교회도 가정 교회처럼 앞으로, 특히 인구가 집중된 지역에서 더 많이 늘어날 것이다. 틈새 교회는 인종이나 언어가 같은 사람들이나 주류 사회에서 소외감을 느끼는 사람들을 대상으로 삼는다. 틈새 교회의 규모는 매우 작기 때문에 큰 교회를 건립할 만큼의 출석 인원을 확보하기가 불가능하지만 교인들의 독특한 정서와 필요에 적합한 방식으로 예수님에 관한 소식을 전한다.

반문화 교회

틈새 교회와 겹칠 수도 있지만 항상 그런 것은 아니다. 대형 교회나 초대형 교회들은 종종 주변 문화의 풍조를 적절히 이용하는 방법을 사용하기 때문에 신속하게 성장한다. 종종 문화를 거스르는 복음의 메시지를 그대로 유지하면서 문화에 적합한 방법을 사용해 복음을 상황에 맞게 전하는 일은 매우 중요하다. 그러나 어떤 교회들은 주변 문화가 마치 돌밭과 같은 곳에 설립되기도 하고, 메시지만이 아니라 방법까지도 반문화적인 특성을 드러내기도 한다.

몇 년 전에 아내와 나는 루마니아의 부쿠레슈티에 있는 한 교회를 방문한 적이 있다. 공산주의 이후에 자본주의의 노선을 걷고 있는 그 나라의 문화 속에서 그 교회 교인들은 후미진 하수구 지역을 찾아다니며 비인간적인 공산주의의 몰락 이후에 아무렇게나 버려진 거리의 아이들을 위해 사역한다. 그런 교회는 문화를 이용하는 것이 아니라 그것과 정반대되는 방향으로 나아간다. 따라서 그런 교회는 작을 수밖에 없다.

빈곤지역 교회

하나님은 기도도 많이 하고, 사랑도 많고, 근면하고, 충실한 사람들을 불러 빈민가에서 살며, 사역을 행하게 하신다. 그들도 대부분 가난하게 산다. 그런 교회들의 수적 성장을 기대하는 것은 불합리하다.

박해받는 교회

많은 사람이 수적 성장의 필연성을 강조한다. 교회가 심한 압제를 받고 있는 지역에서 사역하는 목회자들도 그런 주장에 귀를 기울인다. 그들은 도움을 원하지만 그런 주장이 그들의 부담을 덜어주는 것은 아니다. 그것은 오히려 그들의 부담을 가중시킨다.

나는 박해받는 교회의 지도자들로부터 가슴 아픈 이야기를 많이 전해 들었다. 부유한 나라에서 목회를 하는 교회 지도자들은 그들에게 좀 더 큰 믿음을 갖거나 교회 성장 방법을 채택하면 교회의 규모를 키울 수 있을 것이라고 말한다. 그러나 그들이 처한 환경을 조금만 눈여겨보아도 그곳에서는 그런 방법이 통하지 않으리라는 것을 금방 알 수 있다. 그들의 믿음이 충분하지 않다는 말은 사실이 아니다. 내 경우에는 그들의 작은 교회와 가정에 앉아 있다 보니, '저들이 가진 믿음의 절반만 있어도 영적 거인이 되었을 텐데.'라는 생각이 절로 들었다.

과도기의 교회

이런 교회들은 인구 이동이 잦은 지역에 존재한다. 그런 지역 인구는 대부분 매년 이동한다. 그들이 떠난 빈자리를 새로 메우는 사람들도 3년이나 5년 이상 머물 가능성이 거의 없다. 새로운 인구가 유입되면 교회로서는 기회가 주어진 셈이지만, 많은 거주자들이 매년 도시를 떠나는 상황에서는 수적인 성장은 고사하고, 현재의 규모를 유지하는 것만 해도 감당하기에 벅차다.

전략적인 작은 교회

어떤 교회들은 의도적으로 규모를 작게 유지한다. 그런 교회들은 그리스도의 지상 명령과 관련해 매우 중요한 역할을 한다(이 점은 "당신의 작은 교회는 실패인가 전략인가?"라는 제목의 장에서 좀 더 자세히 다룰 생각이다).

일전에 어느 일본 선교사로부터 전해들은 이야기다. 어떤 미국인 선교사가 좋은 의도를 가지고 일본의 한 도시 외곽에 큰 교회를 건축할 야심찬 계획을 시행했다고 한다. 그런데 교회당에 찾아오는 이가 아무도 없었다. 왜냐하면 그런 예배당을 건축하는 것이 일본의 문화와 어울리지 않았기 때문이다. 일본에서는 일본인이 그리스도인이 되는 것을 집안과 문화를 욕되게 하는 수치스런 일로 간주하는 경향이 있다. 따라서 보란 듯이 큰 교회당에 나가는 것은 그런 식의 평판과 인식을 더욱 악화시킬 수밖에 없다.

지금까지 작을 수밖에 없는 교회들의 유형을 몇 가지 살펴보았다. 이번에는 교회가 작기 때문에 유리한 이유를 몇 가지 살펴보기로 하자.

목회자는 목자다

우리 모두는 제각기 은사가 다르다. 모든 목회자가 400명에서 4,000명에 이르는 교회를 이끄는 데 필요한 행정력과 은사를 겸비하고 있는 것은 아니다. 사실 그런 목회자는 매우 드물다. 나도 그런 목회자가 아니다. 만일 내가 재정이나 행정과 관련된 결정을 하기 위해 일주일에 두어 시간 이상씩 소비해야 한다면 정신이 좀 혼미해질 것이다.

목회자는 목자다. 목회자는 위대한 목자가 되어 작은 교회를 위대한 교회로 만들어야 한다. 교회를 목양하는 일은 모든 사역을 목회자 혼자서 한다는 의미가 아니다. 그럴 경우에는 목회자는 심신이 고갈되고, 교회는 건강하지 못한 상태가 되고 만다. 목회자는 목자로서 신자들이 사역을 행할 준비를 갖추도록 도와야 한다. 교회가 작을수록 그런 준비를 갖추게 하는 일이 더욱 직접적으로 이루어질 수 있다.

세상은 건강한 작은 교회를 더 많이 필요로 한다

만일 건강한 작은 교회들이 없다면 무엇이 대안이 될 수 있겠는가? 작은 교회들이 일정한 성장률에 도달하지 못했다고 해서 모두 문을 닫게 만들어야 한다고 주장할 사람은 아무도 없다. 작은 교회가 존재하는 이유는 그런 교회가 필요하기 때문이다.

교인들은 목회자에게 목양받기를 원한다

건강한 대형 교회는 대개 더 크게 성장함과 동시에 더 '작게' 성장하면서 열심히 사역을 행한다. '작게' 성장하는 일은 주로 소그룹 사역을 통해 이루어진다. 대형 교회 목회자들은 목회적 역할을 '작은 목자들'에게 나눠주어야 할 필요가 있다. 그렇게 하는 것이 적절하다. 그러나 어떤 신자들은 소그룹 지도자가 아닌 목회자에게 직접 목양을 받을 때 영적으로 더 잘 성장하는 경향이 있다. 그들이 그런 필요 욕구를 느끼는 것은 전혀 잘못이 아니다.

대형 교회에 다니는 것을 원하지 않는 사람들이 많다

어떤 신자들은 크기가 작은 교회에서 신앙생활을 하고 싶어 한다. 자녀들을 또다시 연령별로 반을 나눠 가르치는 환경에 두기보다 세대 간의 소통이 이루어지는 환경에 두기를 원하는 부모들이나 주말을 한가롭게 보내기를 원하는 대기업 임원들 경우에는 작은 교회를 통해 필요를 충족시킬 수 있다.

이것은 교회에 다닌 경험이 없는 사람들이나 오랫동안 교회에 다닌 경험이 있는 사람들에게나 모두 마찬가지다. 모든 사람이 더 큰 공간과 더 많은 사람과 최대한의 생산 가치를 원한다는 개념은 결코 사실이 아니다. 유명한 레스토랑보다 동네의 작은 식당을 선호하는 사람들이 있는 것처럼 믿음을 발견하고, 실천할 수 있는 더 작은 환경을 찾는 사람들도 있다.

모든 사람이 대형 교회를 원하는 것은 아니라는 내 말은, 마치 미국의 유명한 야구 선수 요기 베라의 말처럼 들릴 수도 있다. 그는 한 유명한 레스토랑에 대해 "아무도 더 이상 그곳에 가지 않을 것이다. 그곳은 사람들이 너무 많다."라고 말한 것으로 유명하다.[1] 대형 교회가 죽어간다거나 필요를 충족시키지 못한다고 말할 생각은 전혀 없다. 대형 교회들은 큰 활기를 띠고 많은 사람들에게 축복을 전하고 있다. 그것은 대형 교회들이 그렇게 큰 교회로 성장하게 된 이유 가운데 하나다. 하지만 대형 교회가 모든 사람을 다 충족시키는 것은 아니다. 좀 더 작은 예배 경험을 원하는 사람들이 선택할 수 있는 곳이 있어야 한다.

하나님의 계획일 수 있다

사역자라면 누구나 하나님의 계획은 우리의 계획보다 뛰어나고, 교회는 그분의 뜻에 의해 세워진 것이라는 사실을 인정해야 할 것이다. 따라서 우리는 최선을 다해 하나님의 뜻을 세세히 분별하려고 노력하면서 겸손한 태도로 우리의 전략을 펼쳐나가야 한다. 하나님은 교회가 작고,

---

1) *Quote Investigator, Exploring the Origins of Quotations*. 다음 사이트를 참조했다. https://quoteinvestigator.com/2014/08/29/too-crowded.

건강해져야만 이루어질 수 있는 계획을 가지고 계시다.

'성장이냐 폐쇄냐'가 유일한 선택 사안은 아니다

건강한 작은 교회들이 많다. 그런 교회들은 단지 격려와 자원을 필요로 할 뿐이다. 그러나 안타깝게도 '성장이냐 폐쇄냐'라는 최후통첩을 받은 듯한 심정을 느낀다고 말하는 작은 교회 목회자들이 많다.

때로는 교인들과 교단은 물론, 가장 강력한 비판자인 우리 자신을 비롯한 모든 것으로부터 그런 압박감이 밀려든다.

'건강한 것은 성장한다.'라는 개념이 수적 성장을 의미한다는 그릇된 통념 때문에 교회가 건강하면서도 작을 수 있다고 생각하지 못하는 목회자들이 적지 않다.

양적 성장이 필연적인 현실이라는 생각은 잘못이다. 만일 그렇다면 작은 교회는 모두 건강하지 못한 교회일 수밖에 없다. 그런 생각을 가지고 있으니 작은 교회들이 건강한 작은 교회가 되도록 도울 수 있는 적절한 수단을 강구하는 것이 불가능할 수밖에 없다. 심지어 우리는 그것이 가능하다고 생각하지도 않는다.

우리는 '더 큰 것이 더 좋다.'는 사고방식에 사로잡혀 있는 문화 속에 살고 있다. 우리는 그런 사고방식이 교회 안에 침투하도록 허용했다. 이런 그릇된 생각 때문에 많은 사역자들이 또 다른 대안(작은 교회들을 도와 건강한 작은 교회로 만들 수 있다는 것)이 있다는 사실을 의식하지 못한다. 물론 건강한 교회가 되도록 돕는다는 것이 더 큰 교회로 발전할 수 있는 발판을 마련한다는 의미는 아니다(물론 그런 결과가 나타날 수도 있다). 나는 건강해지는 것 그 자체를 목적으로 생각한다.

　세상에는 작은 교회들이 많다. 따라서 크기의 문제를 건강의 문제와 동일시해서는 안 된다. 작은 교회들이 모두 건강하고, 강하고, 활력이 넘치는 상태가 된다고 상상해 보라(그런 교회들이 이미 많다). 그러면 작다는 것이 더 이상 무슨 문제가 되겠는가?

3.
작은 교회는
문제도 아니고,
자랑거리도,
변명거리도 아니다

나는 작은 교회를 사랑하지만, 그것을 이상화하지도 않는다. 모든 사람이 아담한 하얀 예배당에 모여 아무 걱정 없이 지냈던 오래된 옛 시절에 대한 향수는 조금도 없다. 혹시 아담한 하얀 예배당에서 목회하며, 예배를 드리고 있는 사람이 있다면 오해 없기 바란다. 그런 예배당에서 모이는 훌륭한 교회들이 많지만, 이제 그런 이미지는 예스럽고 조용하고 안전한 교회를 나타내는 상징이 되었다. 예수님의 복음은 결코 예스럽고 조용하고 안전하지 않다.

아울러 나는 오늘날의 기독교가 안고 있는 문제의 책임을 작은 교회들에게 전가할 의도도 전혀 없다. 마치 작은 교회들이 기독교가 어려움에 처했다는 증거라도 되는 것처럼, 그런 교회들의 숫자를 통계 수치로 나타낸다면 더 이상 수수방관하지 않을 것이다. 물론 작은 교회라고 해서 무작정 잘 봐줄 생각은 조금도 없다. 작다는 것이 그리스도를 영화롭게 하고, 사람들을 섬기고, 세상을 변화시키려는 뜨거운 열정 없이 사역을 대충해도 좋다는 변명거리가 될 수는 없다. 작은 교회는 해결해야 할 문제도 아니고, 칭찬해야 할 자랑거리도 아니며, 수준 낮은 사역을 위한 변명거리도 아니다.

그러나 작은 교회에 대한 그런 오해들이 사라지지 않고 있기 때문에 이 점을 하나씩 좀 더 자세하게 살펴봐야 할 필요가 있을 듯하다.

교회가 작다는 것은 문제가 아니다

교회가 작다는 것이 실패, 나태, 비전 부족, 내향적 성향, 지도력 결핍, 신학적 결함을 뜻하는 것은 아니다. 작은 교회들 가운데 그런 교회들이 있을까? 물론이다. 그러나 그 점은 일부 대형 교회들도 마찬가지다. 풍문과는 달리, 많은 그리스도인들이 작은 교회에 나가 섬기고 예배하는 것을 선택한다. 그들이 그렇게 하는 것은 전혀 잘못이 아니다.

하지만 안타깝게도 우리 귀에 종종 들리는 말들은 다르다. 마치 그런 것이 잘못인 양 주장하는 말들이 너무나도 많다. 예를 들면 '교회가 성장하지 못하는 열 가지 이유'와 같은 말이다.

나도 한때는 도움을 얻기 위해 그런 말에 잔뜩 귀를 기울였다. 나는 우리 교회를 진심으로 사랑한다. 나는 우리 교회가 강하고 건강하게 성장하기를 원한다. 따라서 나는 항상 내 힘이 닿는 한 교회를 더 낫게 만드는 데 도움이 되는 것이라면 무엇이든 힘써 찾으려고 노력하지만, 더 이상 그런 말들을 통해 해답을 얻으려고 기대하지는 않는다. 그 이유는 다음과 같다.

먼저 교회가 성장하지 못하는 이유로 그들이 제시한 것을 몇 가지 살펴보자. 다음은 그런 이유로 종종 지적되는 것들이다.

- 이기적인 태도
- 성경에 대한 불순종
- 불신자들에게 복음을 전하지 않고, 신자들을 돌보는 일에만 치중하는 태도
- 사람보다 건물을 중시하는 태도
- 모든 사람을 기쁘게 하려고 애쓰는 태도
- 에너지 낭비
- 기도 부족
- 하나님보다 유행을 따르려는 태도
- 지역주의
- 선교에 힘쓰지 않고 안일을 추구하는 태도
- 충실한 성경적인 설교의 부재
- 제자도의 부족

이런 문제들을 안고 있는 교회는 성장하지 못하는 것이 사실이다. 왜냐하면 건강하지 못하기 때문이다. 그렇다면 나는 왜 이런 문제들을 지적하고 있는 말들을 통해 더 이상 도움을 받으려고 하지 않았을까? 그 이유는 그런 말들이 그릇된 전제(교회가 수적으로 성장하지 않는 이유는 목회자의 소극적이고 잘못된 태도 때문이라는 전제)에 근거하고 있기 때문이다.

이런 이유들의 리스트를 작성하거나 자신의 블로그에 글을 올려 다른 목회자들에게 제시하는 목회자가 있다면, 입장을 바꿔서 스스로가 그런 내용을 읽거나 듣는 입장이라고 잠시 생각해 보라. 그런 목록이나 말은 도움을 주기보다는 선량한 목회자들과 교회들에게 상처를 안겨주기

쉽다. 나는 그런 '지침들'을 따른다면, 수적인 성장을 이루지 않을 수 없다는 말을 수없이 들었다. 하지만 나는 아직도 그런 성장을 이루지 못한 교회에서 목회하고 있다.

나는 그런 말을 듣는 동료 목회자들을 상대로 이따금 강연을 한다. 그들도 나처럼 교회가 성장하기를 원하며 도움을 구하고 있다. 그러나 이미 낙심해 있는 목회자는, 비전도 없고 이기적이고 충실하지 못한 자신 때문에 교회가 수적으로 성장하지 못한다는 식의 말을 듣게 되면, 용기를 얻기는커녕 더욱더 깊은 좌절감을 느낄 수밖에 없다. 죄책감을 자극하는 것은 동기를 부여하기보다 절망감을 가중시킬 뿐이다.

사실 선량한 목회자들은 위와 같은 태도를 취하지 않는다. 교회 사역이 어떻게 되든 신경 쓰지 않는 목회자들은 교회의 리더십을 가르치는 목록이나 글을 열심히 읽지 않는다. 그렇다면 누가 그런 목록과 글을 읽을까? 그런 것을 읽는 사람은 바로 교회 사역에 깊은 관심을 기울이는 선량한 목회자들, 곧 열심히 일하지만 뜻대로 되지 않아 실망한 목회자들이다.

물론 '교회가 성장하지 않는 이유'를 제시한 목록들이 모두 그릇된 전제를 가지고 있는 것은 아니다. 그 가운데는 우리가 원하고, 또 알아야 할 필요가 있는 전략적인 문제들이나 훈련을 위한 아이디어나 팀 사역의 원리를 다루고 있는 것들이 많다. 그러나 좋은 아이디어를 부정적인 어조로 전달하면, 작은 교회 목회자들이 그것을 읽기를 싫어할 것이 분명하다. 따라서 유익한 아이디어를 제시할 때는 긍정적으로 받아들이는 것이 좋다.

나는 오랫동안 그런 리더십 목록들을 통해 도움을 얻으려고 노력하면서, '그런 문제들 가운데 우리 교회에 해당하는 것은 별로 없지만 그래도 우리가 그런 잘못들 가운데 최소한 한 가지 잘못을 저지르고 있는 것은 분명해. 그런 말들이 지적하는 대로 교회가 건강하다면 성장해야 하는데 우리 교회는 그렇게 되지 못하고 있으니까.'라고 생각하곤 했다.

나는 "이러이러하게 하기만 하면 반드시 성장할 수밖에 없다."라고 말하는 것을 도무지 이룰 수 없었던 탓에 거의 미칠 것만 같았다. 더 이상 교회를 뜯어고치려고 애쓰지 말고 사역을 단념하고픈 생각까지 들었다.

그러던 중 몇몇 훌륭한 사람들의 도움 덕분에, 더는 숫자에 연연하지 않고, 사고의 관점을 다르게 바꿀 수 있었다. 내가 무엇을 깨달았는지 아는가? 바로 건강하고, 활력 있고, 사랑 많고, 선교적이고, 외부지향적인 멋진 교회였다. 내가 실망했던 이유는 뜯어고칠 필요가 없는 교회를 뜯어고치려고 애썼기 때문이다. 오히려 격려하고, 훈련시키고, 편안하게 풀어주는 것이 필요했다.

목회자들도 마찬가지다. 매년 자신들이 잘못했다는 가차 없는 비판을 듣고 크게 낙심한 나머지, 때가 이르기도 전에 사역을 영원히 포기하는 목회자들이 한둘이 아니다.

우리는 뭔가 실수를 저지르고 있다는 것을 알지만, 그렇다고 무책임하게 방관적인 태도를 취하지는 않는다. 우리가 필요로 하는 것은 지혜롭고, 긍정적이고, 고무적인 말이다. 그런 말은 아무리 많이 들어도 좋다.

교회가 작다는 것은 미덕이 아니다

큰 교회가 작은 교회보다 더 나은 것도 아니고, 작은 교회가 큰 교회보다 더 나은 것도 아니다. 내가 건강한 작은 교회를 옹호하는 말을 들으면 사람들은 종종 "맞아요. 큰 교회들을 잘 비판했어요."라거나 "나도 큰 교회들이 싫어요."라거나 "초대형 교회는 거만한 목회자들의 자기 본위의 산물입니다."라고 말한다. 이것은 내가 사람들로부터 들은 잘못된 말들이다.

따라서 이 자리를 빌려 이 문제를 확실하게 짚고 넘어가고 싶다. 교회가 크건 작건 나는 교회의 크기를 가지고 이러쿵저러쿵 말하고 싶은 생각이 없다. 앞서 말한 대로, 나는 교회가 작기를 원하는 것이 아니라 작은 교회가 위대해지기를 원한다.

교회가 작기를 원하는 것은 단지 하와이의 날씨가 화창하기를 바라거나 채소가 영양분이 많기를 바라는 것과 같다. 그것은 당연한 현실일 뿐이다. 작은 교회가 큰 교회에 비해 신약 성경이 가르치는 이상적인 교회에 더 가까운 것은 아니다. 작은 교회는 의로운 남은 자들이 아니다. 교회가 작은 이유는 '우리 교회가 마을에서 성경을 가르치는 유일한 교회이기' 때문이 아니다(만일 그렇게 생각한다면 다음 주일에 강단에 서기 전에 먼저 그런 교만한 생각부터 뜯어고쳐야 할 것이다). 교회가 작다고 특별히 거룩한 것도 아니다. 작은 교회와 큰 교회를 '우리와 그들'로 나누는 행위는 당장 중지되어야 한다. 큰 교회를 비난하지 않고서도 얼마든지 작은 교회를 사랑할 수 있다. 그렇게 하면 그리스도의 몸과 우리의 사역이 훨씬 더 건강해질 수 있다.

큰 교회를 무작정 비난하는 것이 얼마나 어리석은 일인지를 알려면 '교회가 성장하지 않는 열 가지 이유'를 다시 떠올리면 된다. 그리고 그것을 역으로 되돌려 큰 교회를 비난하는 용도로 사용해 "큰 교회들은 불신자들에게 복음을 전하지 않아. 그들은 작은 교회에 다니는 신자들을 빼앗아가고 있을 뿐이야."라거나 "큰 교회는 이기적이야."라거나 "큰 교회는 에너지를 낭비하고, 하나님이 아닌 유행을 좇아."라는 식으로 말하면 된다. 역겹게 들리지 않는가?

한쪽에서는 "너희 교회가 작은 이유는 건강하지 않기 때문이야."라고 말하고, 다른 한쪽에서는 "너희 교회는 너무 커서 깊이가 없어."라고 말하며 서로를 비난한다.

교회의 규모를 가지고 그런 식의 공방을 펼치는 것은 개인적인 취향일 뿐, 그 이상도 그 이하도 아니다. 사과를 좋아하는 사람들이 있고, 오렌지를 좋아하는 사람들이 있듯이 기술적으로 탁월하고, 기회들이 많고, 사람들이 북적거려 활기가 넘치는 대형 교회를 좋아하는 사람들이 있고, 관계가 친밀하고, 목회자에게 다가가기가 쉬운 작은 교회를 좋아하는 사람들이 있다. 우리는 교회의 규모가 다르다는 이유로 서로를 싫어한다.

사람들은 작은 교회가 실패인 이유나 큰 교회가 비성경적인 이유를 신학적으로 정당화할 수 있는 근거를 찾으려고 애쓴다. 그러나 그런 노력은 '나는 그들이 싫어. 그러니까 너도 그들처럼 되어서는 안 돼.'라는 의도를 전달하기 위한 것일 따름이다.

팀 켈러 목사는 이렇게 말했다.

"안타깝게도 대다수 사람들은 특정한 크기의 문화를 선호하는 경향이 있을 뿐 아니라 자신이 선호하는 크기의 문화에 도덕성을 부여하고, 다른 크기의 문화를 영적으로나 도덕적으로 열등한 것으로 취급하기를 좋아한다."[1]

---

1) Tim Keller, "How Strategy Changes with Growth", *Leadership and Church Size Dynamics*, PDF, 1, http://seniorpastorcentral.com/wp-content/uploads/sites/2/2016/04/Tim-Keller-Size-

물론 그릇된 동기로 큰 교회를 선호하는 경우도 있다. 예를 들어 어떤 사람들은 많은 군중 틈에서 수동적으로 지내면서 적당히 자기를 감추기에 좋고, 또 목회자가 듣기 좋은 소리로 자부심을 느끼게 만들어주기 때문에 큰 교회를 선택한다. 그와 마찬가지로 그릇된 동기로 작은 교회를 선호하는 경우도 있다. 예를 들어 어떤 사람들은 숫자가 적은 사람들 사이에서 대장 노릇을 하고 싶거나 복음 전도와 같은 사역에 신경 쓰지 않고, 혼자 조용히 신앙생활을 즐기고 싶은 마음에서 작은 교회를 선택한다.

개인적인 취향이 부정적인 변명이 아닌 긍정적인 기회를 추구하기 위한 것이라면 어떤 규모의 교회를 다니거나 섬기거나 친구들을 그곳에 초대하거나 아무런 문제가 되지 않는다. 자기가 원하는 크기의 교회에서 예배하고, 배우고, 효율적으로 섬길 수 있다면 그런 크기의 교회에 다니면 된다. 각자 자기가 원하는 크기의 교회에서 신앙생활을 더 잘 할 수 있다면 그것을 잘못이라고 말할 수 없다.

신자들을 훈련시키고, 불신자들에게 복음을 전하고, 하나님을 영화롭게 하라. 각자 자기 자신과 자신의 교회가 그런 일을 하고 있다면 교회의 크기는 조금도 중요하지 않다. 큰 교회냐 작은 교회냐 둘 중에 하나가 아니라 큰 교회와 작은 교회가 둘 다 있어야 한다.

나는 작은 교회들이 앞으로의 교회 성장에 좀 더 분명한 기여를 할 것이라고 믿지만 그렇다고 해서 대형 교회나 초대형 교회를 대체하게 될 것이라고는 생각하지 않는다. 그런 생각은 옳지 않다.

Dynamics.pdf.

그리스도의 몸은 우리 가운데 어느 하나가 없을 때보다 모두가 같이 있을 때 더 잘 성장한다.

교회가 작다는 것은 변명거리가 아니다

작은 교회 목회자들은 대부분 내가 알고 있는 가장 똑똑하고, 경건하고, 열정적이고, 근면한 사람들의 부류에 속한다. 그러나 때로는 그렇지 않은 목회자들도 더러 있다.

그들은 처음에는 온 마음과 열정을 다해 사역을 시작했지만 도중에 무엇인가를 잃어버렸다. 고된 사역으로 심신이 고갈되었다. 나도 심신 고갈과 열정 상실로 인해 중도에 사역을 포기할 뻔했던 경험이 있기 때문에 그런 상황을 충분히 이해할 수 있다. 만일 사역을 계속하기로 결정했다면 가끔은 재충전의 기회를 가져야 할 필요가 있더라도 아무런 변명도 내세우지 말고 우리의 존재 전체를 다 바쳐 그 일에 전념해야 한다.

그러나 목회자들은 여러 가지 변명을 내세워 사역에 최선을 다하지 않을 때가 있다.

- "돕고 싶지만 예산이 충분하지 않습니다."
- "대형 교회처럼 전문적인 음악가가 있으면 더 많은 사람들을 끌어올 수 있을 텐데."
- "나는 성격이 급해. 따라서 아무런 관심도 없는 사람들을 불러 모아 사역 팀을 구성하기보다 차라리 내가 직접 하는 것이 더 나아."
- "사람들은 우리 교회와 같은 교회에 다니는 것을 더 이상 원하지 않아."

- "이 세대의 사람들은 신뢰할 수가 없어."
- "나이든 사람들을 훈련하는 일은 힘들어."

작은 교회는 자원이 부족하기 때문에 하고 싶은 일을 모두 할 수가 없다. 사실 아무리 큰 교회도 무한정한 자원을 가지고 있는 교회는 없다. 그러나 혁신적인 교회는 변명을 내세우지 않고, 크기에 상관없이 대안을 찾으려고 노력한다.

목회자요 지도자요 복음 전도에 열심인 그리스도인이라면 부족한 점이 있을 때는 항상 좀 더 잘해 보겠다는 각오와 노력이 필요하다. 좀 더 잘 할 수 있는 방법을 알지 못할 때는 어떻게든 그 방법을 찾으려고 애써야 할 의무가 있다. 변명을 내세우지 말고, 새로운 방법을 찾아 그것을 잘 활용할 수 있는 기량을 길러야 한다. 작은 교회에서 목회한다는 것이 사역을 잘 못해도 좋다는 변명거리가 될 수는 없다.

모든 교회와 목회자들에게는 사역의 기회가 동일하게 주어진다. 그러나 그런 기회들이 우리의 기대에 부합하지 않는다는 이유로 무시하는 경우가 많다.

'우리 교회는 그렇게 크지 않아. 이 사역은 내가 생각하는 위대함의 개념에 부합하지 않아. 이것은 사람들이 위대하다고 말하는 사역이 아니야.'라는 식으로 우리는 생각한다.

과연 나중에 천국에 갔을 때, 주님께서 너의 사역이 왜 좀 더 위대해지지 않았느냐고 물으시면서, "나는 네게 상처 입은 교회와 영적, 도덕적 위기에 처한 이웃들을 보살피라고 맡겼고, 사랑 많은 배우자와 부모가 되어 주기를 원하는 가정을 네게 허락했다. 너는 왜 그런 사역을 위대하게 생각하지 않은 것이냐?"라고 말씀하신다면, 과연 어떻게 대답할 것인지 궁금하다.

작은 교회들이 최신식 장비나 영구적인 예배당을 갖추지 못하고 목회자 사례비를 충분하게 지급하지 못하는 것은 사실이다. 그러나 그것이 예수님이 우리에게 명령하시는 사역을 외면할 빌미가 될 수는 없다.

우리는 변명을 내세우는 대신 믿음을 가져야 한다.

- 예배 음악을 활기차게 인도해 줄 악단이 없다고 해서 열의 없는 예배에 안주하는 것은 옳지 않다.
- 사례비가 부족해서 두 가지 일을 하다 보니 설교를 준비할 시간이 없다는 이유로 열정도 없고, 신학적 내용도 충실하지 않은 설교를 전하는 것은 옳지 않다.
- 재정이 부족하다는 이유로 관대하게 베풀지 못하는 것은 옳지 않다.
- 전문적으로 제작한 전도지나 잘 도안된 슬로건이나 장식용 깃발 따위를 갖추지 못했다고 해서 친구들을 교회에 초청하지 못하는 것은 옳지 않다.

다음 장에서는 큰 교회와 작은 교회의 차이점, 격려와 도전, 다양한 아이디어들을 다룰 생각이다. 그러나 변명은 금물이다. 신약 성경의 명령 가운데 예수님을 사랑하는 사람 두세 명이 모여서 이룰 수 없는 명령은 단 한 가지도 없다. 교회가 커야만 예수님의 일을 잘 할 수 있는 것은 아니다. 중요한 것은 예수님의 일, 그 자체다.

PART 2

작은 교회를
향한
하나님의
숨은 뜻을
생각하다

4.
작은 교회는 다르다

큰 교회와 작은 교회의 차이는 전자가 후자보다 더 낫다는 것이 아니다. 그렇다면 그 차이는 무엇일까? 간단히 말해 사람들은 작은 집단에 속해 있을 때와 큰 집단에 속해 있을 때에 서로 다르게 기능한다. 크기의 차이가 클수록 기능의 차이도 그만큼 더 커진다. 그러나 신학은 교회의 크기에 따라 달라지지 않는다. 달라지는 것은 하나님이 부탁하신 사명을 이루는 데 사용되는 방법이다.

팀 켈러는 "리더십과 교회 규모의 역동성 : 성장과 더불어 달라지는 전략"이라는 글에서, 모든 교회는 '크기의 문화'에 큰 영향을 받는다고 말했다. "같은 규모의 장로교회와 침례교회의 차이보다 100명의 교회와 1,000명의 교회의 기능 차이가 훨씬 더 크다."[1]

라일 샬러는 "수동적인 교회를 활성화하기"라는 글에서 "교회의 공통점은 교파, 전통, 장소, 연령층을 비롯해 다른 그 어떤 요인보다도 크기

---

1) Keller, "How Strategy Changes with Growth."

에 의해 좌우된다."라고 말했다.[2]

아래의 도표는 큰 교회의 핵심 원리와 작은 교회의 핵심 원리를 나타낸다. 중간에 서로 겹치는 핵심 원리는 교회의 크기와 상관없이 두 교회에 모두 적용된다.

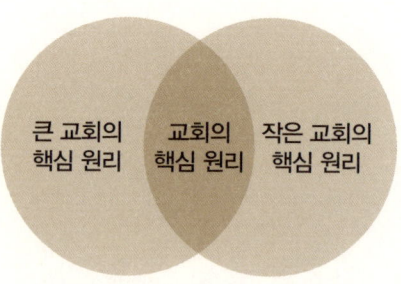

미리 밝혀둔 대로, 이 책은 작은 교회에만 적용되는 원리들에 초점을 맞춘다. 많은 교회에 적용되는 원리들이지만, 그 가운데는 더러 생소하게 느껴지는 원리들이 있을 수 있다. 그것들은 나도 최근까지는 잘 몰랐던 원리들이다. 나는 30년이 넘도록 작은 교회의 목회자로 일해 오면서 교회의 리더십을 연구했다. 그러나 10년 전부터 내가 직접 공들여 노력하기 전까지는 작은 교회가 큰 교회와 다르게 기능하는 방식에 대해 배운 적이 전혀 없었다.

나는 작은 교회의 목회자로 일하면서 많은 시행착오를 통해 그런 사실을 발견했고, 다른 작은 교회들에서도 그와 유사한 사실을 확인할 수 있었다. 마침내 나는 공책을 펼쳐 놓고, 내가 발견한 사실들과 그동안 겪었던 경험과 좌절감을 글로 옮기기 시작했다.

---

2) Lyle Schaller, *Activating the Passive church: Diagnosis and Treatment* (Nashville: Abingdon, 1981), 25–26.

비판하지 말고 비교하라

큰 교회와 작은 교회의 차이를 지적할 때는 '우리와 그들'이라는 태도를 취해서는 안 된다. 비판하지 않고서도 얼마든지 비교할 수 있고, 또 그렇게 해야 마땅하다. 그리스도의 몸에 속한 지도자들은 좀 더 나은 발전을 위해 서로 다른 요소들과 수단들과 방법들을 비교하고 대조해야 할 필요가 있다.

나는 젊었을 때는 교회 리더십을 다룬 책들과 콘퍼런스에서 배운 것들이 모두 나의 상황에 그대로 적용될 수 있을 것이라고 생각했다. 나는 새로 배운 것을 생각하며 잔뜩 흥분된 마음으로 머릿속으로는 다른 교회들에서 효과를 본 놀라운 최신의 아이디어를 교회에 적용할 계획을 세우면서 집으로 돌아오곤 했다. 그러나 그런 것들은 대부분 우리 교회에는 아무런 효과가 없었다.

너무나 실패가 많았기 때문에, 내가 새로운 책을 읽거나 새로운 콘퍼런스에 참석할 때면, 교인들과 교회 지도자들은 깊은 우려를 나타내기 시작했다.

하지만 그들은 교회의 발전을 바랐고, 심지어는 나의 리더십을 기꺼이 따르려고 했다. 안타깝게도 시간과 에너지와 비용만 허비하다 보니 차츰 모든 것이 어려워졌다.

약간의 성공도 있었지만 대부분은 모두 실패였다. 그런 경험을 거치고 보니 마침내 우리 자신이나 책이나 콘퍼런스에 문제가 있는 것이 아니라는 사실을 알게 되었다. 다른 상황에서 개발된 후, 시험을 거쳐 성공에 도달한 방법들을, 아무런 효과를 나타내지 못하는 우리의 상황에 무작정 적용하려고 애쓴 것이 문제였다. 콘퍼런스 강사가 목회자로 일하는 2만 명의 대형 교회와 내가 목회자로 일하는 100명 미만의 교회의 차이는 내가 상상했던 것보다 훨씬 더 컸다. 대형 교회의 지도자들은 자신의 상황을 토대로 가르쳤다. 당연히 그럴 수밖에 없었다. 그들의 상황은 작은 교회의 상황과는 매우 달랐다.

평균적으로 따져 볼 때, 대형 교회의 원리 가운데 200명 정도의 교회에 적용할 수 있는 원리는 약 3분의 1, 100명 이하의 교회에 적용할 수 있는 원리는 약 4분의 1 정도밖에 되지 않는다. 따라서 큰 교회와 작은 교회가 얼마나 다른지를 이해해야 할 필요가 있었다.

큰 숫자의 법칙

그런 차이가 무엇인지를 살펴보기 전에, 그런 차이가 나타나는 이유를 먼저 설명하는 것이 좋을 듯하다. 작은 교회와 큰 교회가 사역을 행하는 방식이 서로 다른 이유는 '큰 숫자의 법칙'으로 불리는 사실 때문이다.

'큰 숫자의 법칙' :
집단이 클수록 행동을 예측하기가 쉽고, 집단이 작을수록 행동을 예측하기가 어렵다.

'큰 숫자의 법칙'에 따르면, 규모가 일단 어느 정도에 도달하면 사람들이 기능하며 상호관계를 맺는 방식이 거의 차이가 없는 것으로 나타난다.³⁾ 이것이 2천 명의 교회를 담임하는 목회자가 숫적으로 10배 차이가 나는데도 불구하고 2만 명의 교회를 담임하는 목회자가 제시하는 교회 리더십 원리를 거의 모두 활용할 수 있는 이유이다(물론 이것은 사안을 지나치게 단순화시켜 말한 것일 수 있다).

이런 이유로, 여론 조사자들도 어떤 문제에 대한 생각을 모든 사람에게 일일이 물어보지 않고서도 국민 전체가 어떻게 행동할지를 큰 오차 없이 예측할 수 있다. 인구학적 균형을 적절히 유지하고, 질문만 옳게 던진다면 표본 조사에 응한 일부 국민의 행동과 신념과 욕구를 전체 국민에게 확대 적용할 수 있다. 그러나 중요한 문제는 표본의 규모가 타당한 자료가 될 수 있을 만큼 충분히 커야 한다는 것이다. 따라서 천 명의 교회를 담임하는 목회자는 표본의 규모가 충분히 크기 때문에 비록 숫적으로 10배 차이가 나더라도 2만 명의 교회에서 효과를 나타낸 원리들을 거의 대부분 활용할 수 있지만, 2백 명의 교회에서는 표본의 크기가 너무 작기 때문에 그렇게 할 수가 없다. 작은 교회 목회자가 100배의 차이를 극복하고, 그런 아이디어를 적용하기는 불가능하다.

숫자가 작은 경우에는 규모는 더 이상 문제가 되지 않는다. 집단이 작을수록 개개인의 개성과 그들 사이의 관계가 더 크게 작용하기 시작한다. 교회의 규모를 100명으로 낮추면 그 차이는 훨씬 더 커지고, 50명이나 25명으로 낮출수록 차이가 더 커진다. 그런 경우에는 '큰 교회와 작은 교회'의 벤다이어그램의 중첩 부분이 극도로 작아진다.

큰 교회들의 경우는 다르다. 대형 교회들도 교리나 형태의 차이를 드

---

3) Business Dictionary, "Law of Large Numbers", http://www.businessdictionary.com/definition/law-of-large numbers.html.

러내긴 하지만, 작은 교회들에 비해 일을 처리하는 방식에 있어서는 공통점이 더 많다. 이 문제는 다시 '큰 숫자의 법칙'으로 압축된다. 주일 예배에 2천 명 이상이 참석할 경우에는 그런 큰 집단을 운영할 수 있는 강력한 체계가 필요하다. 그런 체계는 장소에 따라 크게 달라지지 않는다. 교회들이 대도시와 같은 비슷한 환경과 문화 안에서 기능할 때는 특히 더 그렇다.

나는 초대형 교회들을 많이 접촉했고, 그들의 경험을 통해 많은 것을 배웠다. 그 교회들은 더러 차이가 있었지만 잘 만들어진 주차장 표지판, 친절한 예배 안내 위원, 연령층에 따라 잘 구분된 보육 장치, 전문적인 예배 팀 등 많은 공통점을 지니고 있다. 그러는 것이 당연하다. 대규모의 사람들을 위한 예배 경험을 더 잘 진작시킬 수 있는 방법을 발견한다면 다른 사람들도 활용할 수 있도록 아이디어를 공유하는 것이 바람직하다.

그러나 작은 교회의 경우에는 상황이 그런 식으로 전개되지 않는다. 그 이유는 작은 교회들과 그들의 목회자들이 사역을 더 잘 하는 법을 배우지 않거나 열심히 일하지 않기 때문이 아니라, 집단이 작을수록 행동을 예측하기가 어렵기 때문이다.

예를 들어 내가 큰 교회에 나간다면 내게 기대하는 것이 무엇인지 금방 알 수 있다. 나는 청중의 한 사람이다. (찬송가를 알고 있더라도) 함께 찬송가를 부르지 않고 가만히 지켜보며 듣고만 있어도 된다. 소그룹에 참석하지만 않는다면, 능동적인 참여자가 되지 않아도 된다.

그러나 만일 내가 작은 교회, 특히 50명 이하의 교회에 나간다면 내게 기대하는 것이 무엇인지를 확실하게 알기가 어렵다. 예배가 시작하기 전에 교인들이 서성거리며 서로 대화를 나누는 동안, 처음 보는 사람들에게 다가가서 나를 소개해야 할까? 아니면 예배당에 혼자 앉아 있어야 할까? 또 교인들이 커피를 나눠줄 경우에는 그것을 들고 예배당에 들어가서 앉을 수 있을까? 만일 내가 아이들을 데려왔다면 나와 함께 앉아 있을 수 있을까, 아니면 보육실에 맡겨야 할까? 보육실은 또 어디에 있을까?

대형 교회들의 경우에는 그런 의문들을 표지판이나 잘 훈련된 예배 안내 위원들의 도움으로 쉽게 해결할 수 있다. 교회에 처음 나왔더라도 청중의 한 사람으로서 어떻게 행동해야 할지를 금방 알 수 있다. 그러나 작은 교회들의 경우에는 명시되지 않은 규칙들이 많을 뿐 아니라 하나의 작은 교회에서 통용되는 명시되지 않은 규칙들을 또 다른 작은 교회에서 통용되는 행동 지침으로 삼기가 매우 어렵다.

작은 교회에서 출석 인원의 변화가 크게 중요하지 않은 이유

정확한 출석 인원의 유지는 작은 교회보다 큰 교회에서 더 중요하다. 그 이유는 다음과 같다.

대형 교회의 경우에는 출석 인원이 일 년에 10내지 15퍼센트만 변동해도 예산과 직원들과 시설에 많은 영향을 미칠 수 있다. 교인들이 2천 명일 경우, 10내지 15퍼센트면 200에서 300명에 해당한다. 이것은 상당한 주의를 기울여야 할 문제다.

그와는 대조적으로 작은 교회에서는 퍼센트의 변동이 크더라도 교회의 전반적인 기능에 그다지 큰 영향이 없다. 예를 들어 작은 교회에서 매달 벌어질 수 있는 상황을 하나 생각해 보자.

첫째 주 : 출석 인원 50명. 정상적인 주일.
둘째 주 : 출석 인원 25명. 독감 시즌이나 사냥철이나 새해 들어 처음 날씨가 좋은 주일.
셋째 주 : 출석 인원 75명. 유아 세례가 있는 주일. 가족들 모두가 참석.
넷째 주 : 출석 인원 50명. 또 하나의 정상적인 주일.

큰 교회에서는 이런 상황이 벌어지지 않는다. 만일 대형 교회에서 매주 예배 출석 인원이 5천 명, 2천 5백 명, 7천 명, 5천 명으로 바뀐다면 뭔가 심각한 문제가 발생했다는 징후일 것이 분명하다.

작은 교회에서는 단기적으로 출석 인원의 퍼센트가 크게 변동하는 일이 비일비재하다. 물론 그런 상황이 지속된다면 소홀히 다뤄서는 안 될 테지만, 그런 것 때문에 작은 교회의 목회자가 골머리를 앓거나 교회가 죽고 사는 일은 없다.

그러나 우리 교단은 출석 인원의 숫자를 요구한다

내가 담임하는 교회는 교단에 가입되어 있다. 교단은 매년 우리에게 다양한 형태(주일 예배 출석 인원, 수요 예배 출석 인원, 청소년부 인원, 아동부 인원, 소그룹 인원, 새로 구원받은 신자의 숫자, 세례자 숫자 등)로 교인들의 숫자를 묻는, 길고 복잡한 양식을 채워 넣으라고 요구한다. 아울러 헌금 액수, 전도활동 횟수, 자선활동 횟수를 묻기도 한다.

나는 숫자에 밝은 사람이 아니라서 그런 양식을 다 채운 적이 없다. 상황이 어려울 때는 그런 양식을 보내오는 것이 두려운 생각마저 든다. '지금 모든 것이 엉망진창이니 나를 가만히 좀 내버려 두라.'라는 선택 항목에 표기할 수 있으면 좋겠다는 생각이 들었던 연도도 수없이 많았다.

그러나 '큰 숫자의 법칙'은 내게 교단 운영자들이 크건 작건 모든 교단 교회들로부터 수치상의 보고를 받는 것을 중요하게 생각하는 이유를 일깨워 주었다. 교단은 대규모의 집단을 다룬다. 5내지 10퍼센트만 차이가 나더라도 프로그램 운영, 직원 고용, 미래의 프로젝트, 선교 전략 등에 영향을 미칠 수 있다.

따라서 우리 교단에 속한 작은 교회들은 그런 숫자를 계속 보고한다. 그런 차원에서는 숫자가 중요하다. 그러나 매주 숫자에 집착할 필요는 없다. 숫자의 변동이 있다고 해서 일희일비하거나 사역 윤리나 하나님 나라에 대한 가치 의식까지 덩달아 변화할 필요는 없다.

하나님은 출석 인원에 연연하지 않으신다

예수님은 우리의 교회들이 작다고 해서 우울해 하지 않으신다. 우리는 종종 그랬고, 나도 여전히 그럴 때가 있지만 예수님은 조금도 걱정하지 않으신다.

지난 주일도 힘든 하루였을 수 있다.

일주일 내내 주일을 위해 준비하고, 기도하고, 연구했다. 주일이 되기 이틀 전에 안내와 교육과 찬양의 순서를 맡은 자원 봉사자들에게 연락을 취해 그들이 해야 할 일을 상기시켜 주었다. 그리고 주일에 일찍 교회에 도착해서 문을 열어놓고, 모든 것이 깨끗하게 정리되었는지를 확인하고 나서 난방 기구와 전등과 음향기기의 스위치를 켰다. 자원 봉사자 한 사람이 나오지 않았다. 급히 서둘러 대신할 사람을 찾지만 찾을 수가 없었다. 당혹스러울 정도로 적은 숫자의 신자들이 참석한 상태에서 예배가 시작되었다. 속으로 '잠시 후면 사람들이 모두 올 거야.'라고 생각하지만 강단에 서서 설교를 해야 할 시간에도 여전히 사람들이 앉아 있는 자리보다 비어 있는 자리가 더 많았다. 그러나 성심을 다해 말씀을 전했다.

예배가 끝난 후에는 필요한 것들을 위해 기도하는 시간을 가졌고, 최근에 병을 앓다가 회복된 교인을 따뜻하게 맞이했으며, 지난주에 들었던 것과 똑같은 불평을 인내심 있게 다시 들어주면서 "다시 차근차근 잘 살펴보겠다."고 진심을 다해 약속했다. 마음에서 우러나는 미소와 포옹으로 목회자를 대하는 신자들도 더러 있었고, 목회자에게 고맙다고 말하는 것을 잊은 채 영적으로 재충전된 상태로 집으로 돌아간 신자들도 있었다. 그렇게 교인들을 목양했던 주일이 지나갔다.

그리고 다시 월요일이 밝았다. 그 날은 무척 힘들고 피곤했다.

그러나 목회자는 혼자가 아니다. 예수님은 지난 주말에 교회에서 어떤 일이 있었는지를 다 알고 계신다. 그분은 누가 예배에 나왔고, 누가 나오지 않았는지를 아신다. 그러나 예수님은 일반적인 작은 교회 목회자들과는 달리 교회의 크기에 괘념치 않으신다. 왜냐하면 그것은 나나 다른 목회자들의 교회가 아닌 그분의 교회이기 때문이다.

또한 예수님은 아랫동네에 있는 교회가 어제 최고의 출석 인원을 기록했다고 해서 천사들과 손바닥을 마주치며 즐거워하지 않으신다. 왜냐하면 하나님은 출석 인원에 연연하지 않으시기 때문이다. 그분은 작은 교회든 큰 교회든 상관없이 구원받는 사람이 있을 때면 천사들과 함께 기뻐하신다. 또 우리가 충실함을 계속 유지할 때는 기뻐하시고, 고민하고 괴로워할 때는 함께 슬퍼하신다. 우리가 또다시 충실한 태도와 간절한 마음으로 기도하며 이번 주일을 준비할 때도 예수님은 우리와 함께 하실 것이다.

예수님은 아신다. 그분은 우리와 우리가 목양하는 교인들을 자신의 도구로 사용하신다. 그리스도께서는 목회자의 감정이나 교인들의 숫자와 상관없이 충실하기만 하면 기꺼이 상을 베풀어 주신다.

5.

왜 우리 교회는 이토록 독특한가?

작은 교회 목회자들은 자기 교회가 다를 뿐 아니라 심지어는 이상하다 싶을 만큼 독특하다고까지 생각하는 경향이 있다.

그들은 큰 교회들과는 몇 가지 공통점이 있고, 다른 작은 교회들과는 더 많은 공통점이 있다고 인정한다. 그러나 그들로부터 그들이 처한 상황에 관한 이야기를 전해들을 때면, '그래요. 그거 새로운 문제네요.'라는 생각이 들 때가 많다.

그렇다면 전에 아무도 겪어보지 못한 상황(최소한 스스로가 의식하지 못하는 상황)에 직면해 있는 교회를 어떻게 다루어야 할까?

분명히 목회자나 그의 교회에게 겉으로 보기에 전례가 없는 듯한 문제들을 다루는 방법을 말해 줄 수 있는 사람은 아무도 없다. 그러나 그런 상황의 이유를 파악해 교회의 독특성을 이해할 뿐 아니라 감사할 수 있게 도와 줄 지침은 존재한다.

독특함은 어디에서 왔는가?

지금까지 논의한 대로 작은 교회 목회자들은 다음 두 가지 원리의 균형을 유지해야 할 필요가 있다.

1. 신학교와 책과 블로그에서 배운 교회의 핵심 원리. 즉 벤다이어그램의 겹쳐친 부분
2. 모든 작은 교회가 공통적으로 지니고 있는 작은 교회의 핵심 원리. 벤다이어그램의 중첩되지 않은 오른쪽 부분

여기에 더하여 특정한 교회의 (지문과도 같은) 독특한 특징을 이해해 활용할 수 있는 방법을 일러주는 세 번째 원리가 하나 더 있다. 이 원리는 아래 도표에 그려진 작은 교회 안의 점들을 통해 예시된다. 크기와 명암이 서로 다른 점들은 다양한 크기와 형태를 지닌 작은 교회들을 나타낸다. 그러나 그것들이 작은 교회들 안에 포함되어 있는 이유는 작은 교회의 핵심 원리가 그것들 모두에게 적용되기 때문이다.

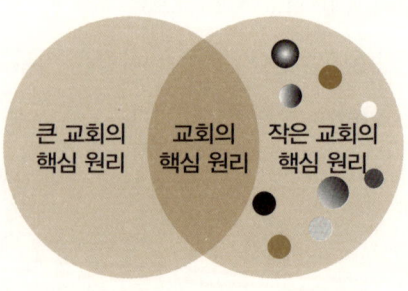

두 개의 큰 원과는 달리 작은 원들은 서로 겹쳐지는 부분이 없다. 그 이유는 그것들이 어느 한 교회만의 독특한 특성을 나타내기 때문이다. 이 작은 원들은 그것들이 나타내는 교회들에 관해 세 가지 중요한 사실을 알려준다.

첫째, 교회가 작을수록 독특한 원의 크기가 더 커진다

'큰 숫자의 법칙'에서 살펴본 대로, 대형 교회의 목회자들은 많은 공통점을 지니고 있기 때문에 서로에게서 많은 것을 배울 수 있다. 교회가 작을수록 그런 공통점은 줄어들고, 독특성은 더 커진다.

20,000명의 교회와 2,000명의 교회의 차이보다 200명의 교회와 50명의 교회의 차이가 더 크다. 더욱이 교인 수가 똑같이 50명인 교회가 둘 있으면 그 둘은 비슷한 점보다는 다른 점이 더 많다. 이는 심지어 두 교회가 같은 교단, 같은 동네, 같은 거리에 있더라도 마찬가지다. 그 이유는 교인 수가 50명인 교회는 서로 다른 50명의 사람들로 이루어져 있기 때문이다.

50명의 교회에서 한 가정이 떠나면 어린이부 사역이 전면 중단될 수 있고, 또 다른 50명의 교회에서 어떤 사람이 주일 예배에 나오지 않으면 온 교인이 한결 편안해진 분위기를 느낀다(왜냐하면 새로 온 사람 앞에서 항상 이상한 말만 내뱉는 사람이 없기 때문이다. 어떤 교회든 그런 사람이 한둘은 있기 마련이다).

교회가 크면 개인들이나 그들의 인격적 특성이 전체에 미치는 영향이 줄어든다. 그런 교회에서는 인격적 특성에서 비롯하는 엉뚱한 행동보다는 전체적인 군중 심리가 더 중요하게 취급된다. 작은 교회에서는 노골적인 언행으로 때로 당혹스런 일을 만드는 교인 한 사람으로 인해 교회 전체의 분위기가 바뀌는 일이 종종 있지만, 큰 교회에서는 그런 일이 그렇게 큰 문제가 되지 않는다. 그 정도의 문제는 목회자가 매주 받는 성가신 이메일 가운데 하나를 처리하는 문제와 비슷하다. 큰 교회에서는 그런 문제로 인한 영향력이 훨씬 적다.

이것이 큰 교회들이 리더십 원리들을 서로 쉽게 공유할 수 있는 이유다. 그들은 교인들의 주차장 출입을 원활하게 통제하는 방법과 같이, 다루어야 할 문제들이 서로 비슷하다.

그러나 작은 교회들은 한곳에서는 특이한 성격을 가진 교인을 다루어야 하고, 다른 한 곳에서는 자원 부족의 문제를 다루어야 하는 등 다루어야 할 문제들이 서로 상이하다. 교회가 작을수록 개개인의 특성을 이해하고 다루어야 하는 문제가 더 커진다.

둘째, 다른 교회들과의 공통점을 알면 상이점을 이해하는 데도 도움이 된다

나는 작은 교회들과 그곳의 목회자들을 위해 일하는 것을 좋아한다. 그러나 종종 느끼는 실망스러운 점 하나는 모든 교회가 공유해야 할 리더십의 원리(벤다이어그램의 겹친 부분)를 쉽게 무시해 버리는 목회자들이 적지 않다는 것이다.

'우리 교회는 다르다.'라는 것이 공통점을 무시하는 핑계가 될 수는 없다. 교회 리더십의 공통적인 측면들을 철저하게 숙지하지 않고서 그 독특한 측면에만 관심을 집중한다면 교회를 잘 인도하기 어렵다. 다른 교회들과의 유사점을 알지 못하면서, 어떻게 자기 교회의 상이점을 알 수 있겠는가?

셋째, 자기 교회의 독특한 특성을 통해 배우고, 유익을 얻을 수 있다

만일 작은 교회가 모든 교회와 몇 가지 공통점을 지니고 있고, 다른 작은 교회들과는 더 많은 공통점을 지니고 있다면 그것은 그것대로 좋은 것이다. 그렇다면 벤다이어그램의 마지막 세 번째 부분, 곧 어느 누구와도 공통점이 없는 역사와 문화와 인격적 특성이라는 작은 교회만의 독특성을 적절하게 활용할 수 있는 방법은 무엇일까?

먼저 리더십의 우선순위가 교회의 크기에 따라 바뀐다는 사실에서부터 이 문제에 대한 논의를 시작해 보기로 하자.

규모가 다르면 우선순위도 다르다

나는 그동안의 경험과 연구와 대화를 통해 이것이 큰 교회와 작은 교회의 가장 큰 차이라는 점을 발견했다.

- 큰 교회는 비전, 과정, 프로그램에 우선순위를 둔다.
- 작은 교회는 관계, 문화, 역사에 우선순위를 둔다.

이것을 좀 더 자세히 살펴보면 다음과 같다.

큰 교회는 비전, 과정, 프로그램에 우선순위를 둔다

교회가 클수록 해야 할 일이 많기 때문에 자칫 비전을 망각하기 쉽다. 따라서 비전과 사명을 좀 더 자주 강조하고, 상기시켜야 할 필요가 있다. 만일 그렇지 않으면 교회가 비전을 잃고 표류할 수 있다.

또한 비전을 실천에 옮기는 것이 필요하다. 그것이 과정이 필요한 이유다. 교회가 클수록 과정을 옳게 설정하고, 교인들의 열정을 독려하는 것이 더욱더 중요해진다. 그래야만 모든 과정이 원활하게 진행될 수 있기 때문이다.

이것이 최근에 교회 지도자들이 방법과 체계와 과정을 다루는 시간을 엄청나게 늘린 이유 가운데 하나다.

작은 교회의 관점에서 보면, 큰 교회가 사명보다 절차와 방법을 앞세우는 것처럼 보일 수 있지만 사실은 그렇지 않다. 큰 교회는 작은 교회보다 절차와 방법을 다루는 데 더 많은 시간을 할애하는 것이 필요하다. 그래야만 많은 교인들을 움직여 원활하게 기능할 수 있다. 만일 그런 일이 적성에 맞는다면 더욱더 좋을 것이다.

비전과 과정의 체계를 확립한 후에는 올바른 프로그램을 가동하는 것이 필요하다. 강의 일정을 정하고, 새로운 응용 프로그램을 고안하고, 교육 내용과 교재를 결정해 구입하고 활용하고 홍보해야 한다. 교회가 클수록 그런 문제들이 더 중요해진다. 목회자가 모든 강의와 소그룹 모임과 사역 팀 모임을 일일이 다 맡아 주관하거나 참석하는 것이 물리적으로 불가능할 경우에는 견실한 교육 내용과 교육 지침과 체계적인 프로그램을 마련해 올바른 신학을 가르치도록 돕는 것이 중요하다.

물론 큰 교회에서도 비전과 과정과 프로그램이 하나님을 예배하거나 사람들을 섬기는 일보다 더 선행되어서는 안 된다. 그것은 규모와 상관없이 모든 교회가 가장 힘써 추구해야 할 일이다. 강한 비전과 과정과 프로그램을 우선시하고 적극 독려하고 감독하는 이유는 그런 목적을 더욱 잘 수행하기 위해서다.

작은 교회는 관계, 문화, 역사에 우선순위를 둔다

비전과 과정과 프로그램은 작은 교회에서도 똑같이 중요하다. 그러나 그런 체계를 세우고, 실천하는 방식은 크게 다르다.

작은 교회가 과정이나 프로그램을 지나치게 강조하면 비인격적이고, 통제를 일삼는 것 같은 인상을 심어주기 쉽다. 비전을 지속적으로 상기시키는 것은 큰 교회에서는 사람들을 독려하기 위한 필수적인 일 가운데 하나이지만, 작은 교회에서는 괜스레 거창한 척하며 사람들을 조종하려는 듯한 느낌이 들게 만들 수 있다. 큰 교회를 안정감 있게 유지해주는 체계가 작은 교회에서는 마치 기업 같은 냉랭한 분위기를 조장해 작은 교회를 찾는 대다수 사람들이 원하는 것(인격적인 관계)을 부인하는 듯한 느낌을 줄 수 있다.

이것이 교회가 작을수록 관계, 문화, 역사를 우선시하는 것이 중요한 이유다.

관계

작은 교회는 관계에 의해 살고 죽는다. 아무리 위대한 비전과 과정과 프로그램이더라도 그 성패는 교회 안에서 인격적인 관계가 얼마나 잘 이루어지는지 여부에 달려 있다.

관계는 작은 교회의 수적인 성장에도 지대한 영향을 미친다. 사람들이 작은 교회에 나오는 이유는 예배당 건물이 훌륭하다거나 설교 제목을 체계적으로 잘 정리해 게시해 놓았기 때문이 아니다. 그들이 작은 교회에 나오는 이유는 최근에 동네에 새로 이사를 왔거나 누군가에 의해 초청을 받았기 때문이다.

그와 비슷하게 어떤 교인이 작은 교회를 떠나는 이유도 프로그램이나 체계와 관련된 문제들 때문이 아니다. 그것은 처음에 원했던 인간적인 관계를 맺을 수 없었기 때문이었을 가능성이 가장 높다. 친밀한 관계는 어느 교회에나 다 중요하지만 작은 교회에서는 특히 더 중요하다(친밀한 관계를 증진시키는 방법에 대해서는 나중에 좀 더 자세히 다룰 생각이다).

간단히 말해 작은 교회의 건강과 활력에 가장 큰 영향을 미치는 요인은 친밀한 관계(예수님과의 관계, 교인들끼리의 관계, 복음 전도의 대상자들과의 관계)다.

문화

교회 지도자, 특히 작은 교회 목회자의 우선적인 과제 가운데 하나는 교회의 문화를 발견해 활용하는 것이다. 필요한 경우에는 기존의 문화가 더욱 낫고 건강하게 발전하도록 이끌어야 한다.

여기에서 문화란 옷차림새, 찬송가, 예전을 의미하지 않는다. 이 경우의 문화는 교회의 정체성을 결정하고, 어떤 일을 결정하거나 거부하는 데 영향을 미치는 기본적인 전제들과 현실들을 가리킨다. 그런 것들은 가시적이지 않을 때가 많다.

이 점은 예수님의 '씨 뿌리는 자의 비유'에 잘 묘사되어 나타난다. 짐 파웰은 『토양이 중요하다』라는 책에서 이렇게 말했다. "이 비유는 개인적인 관점에서 생각할 수 있지만, 마가복음과 누가복음은 복수 용어를 사용해 토양과 인간의 마음을 서로 연관시킨다. 다시 말해, 예수님의 말씀은 단지 개인이 아닌 집단에 적용될 수 있다. 따라서 토양의 비유가 개인의 마음과 삶 속에서 나타나는 하나님의 말씀에 대한 수용성(궁극적으로는 생산성)을 묘사한다면, 그것은 또한 집단적인 신자들의 공동체에도 똑같이 적용될 수 있다."[1]

이 비유에서 '씨'는 (메시지나 사명이나 비전의 경우처럼) 아무런 문제가 없다. 그러나 그것은 한 가지 유형의 토양(또는 문화)에서만 싹을 틔워 건강하게 자랄 수 있다.

예수님이 비유에서 묘사하신 대로 토양의 종류는 네 가지다. 이 네 가지 토양은 네 가지 유형의 교회에 적용될 수 있다. 어떤 교회들의 문화는 너무 배타적이라서 새로운 아이디어가 뚫고 들어가 뿌리를 내릴 기회가 없다.

또 어떤 교회들은 새로운 아이디어를 쉽게 받아들이지만 오랜 기간에 걸쳐 시간과 물질과 기도와 열정을 기울이지 않는 탓에 교인들 가운데 깊이 뿌리를 내려 열매를 맺기가 어렵다. 모든 교인이 새로운 아이디어라면 무엇이든 반갑게 받아들여 흥분하지만 교회 안에 장기적으로 온전히 정착하는 것은 아무것도 없다.

또 어떤 교회들은 새로운 아이디어를 쉽게 받아들이지만, 다른 프로그램들과 행사가 많은 탓에 새로운 것은 무엇이든 끊임없이 계속되는 부서 모임이라는 '잡초'에 의해 질식되어 열매를 맺을 수가 없다.

마지막으로 간절한 열망과 수용성과 열정적인 기도와 인내심의 문화를 갖춘 교회들이 있다. 그런 교회들은 새로운 아이디어를 기꺼이 받아들여 뿌리를 내려 열매를 맺게 만든다.

---

[1] Jim Powell, *Dirt Matters: The Foundation for a Healthy, Vibrant, and Effective Congregation* (Bloomington, IN: WestBow Press, 2013), 7.

문화는 얼마나 강력할까? "문화는 전략을 아침 식사로 먹어치운다." 라는 경영과 관련된 잘 알려진 경구가 있다. 다시 말해 교회의 기본 전제(문화)는 위대한 사명과 비전과 전략의 성패에 지대한 영향을 미칠 만큼 강력하다.

큰 교회나 새로운 교회에서 교회의 문화를 주도하는 세력은 목회자들과 그들을 추종하는 교인들이다. 작은 교회나 오래 된 교회에서는 목회자보다는 교인들과 교회의 역사가 문화를 주도하는 경향이 있다. 교회가 작거나 오래될수록 문화가 새로운 아이디어나 프로젝트나 목회자가 원하는 변화에 미치는 영향이 더 커진다. 이런 경향은 목회자가 자주 바뀌는 교회일수록 더 심하다.

문화는 토양 깊은 곳에 있다. 즉 문화는 겉으로 드러나 있지 않다. 그것을 주도하는 사람들조차도 그것을 명확하게 의식하지 못할 수도 있다. 교회와 교회 지도자들은 입으로는 "젊은 부부의 가정들을 더 많이 인도해야 합니다.", "새로운 사람들에게 복음을 전해야 합니다.", "교회를 개선하는 일이라면 무엇이든 기꺼이 하겠습니다."라고 말하면서도 행동으로는 그것을 거부하는 일이 비일비재하다. 대체 무엇이 문제일까?

문제의 원인은 보이지는 않지만, 부인할 수 없는 현실로 작용하는 문화의 힘 때문이다. 교인들은 겉으로는 그리스도의 명령에 따라 이웃과 세상에 복음을 전하기를 원한다. 그러나 그 표면 아래에는 여러 가지 유해한 요소들(감추어진 죄, 완고한 태도, 율법주의, 타협 등)이 놓여 있다. 그런 그릇된 문화는 목회적 약속의 파기, 신뢰의 상실, 해결되지 않은 갈등과 같은 요인들이 수년, 또는 수십 년 동안 누적되어 온 결과인 때가 많다.

현명한 목회자라면 토양을 뒤집어 그런 문화의 실체, 곧 그 축복과 저주 및 상처와 기쁨을 밝히 드러내는 데 필요한 일이라면 무엇이든 할 것이 분명하다. 그렇지 않으면 부정적인 요인들이 계속 숨어서 목회자가 하고자 하는 일을 방해하고, 더욱 중요하게는 하나님이 교회를 통해 이루고자 하시는 일을 가로막을 것이다. 물론 교회 문화의 긍정적인 측면들도 밝히 드러내야 할 필요가 있다. 그렇지 않으면 귀한 보배와 같은 것들이 발견되지 않은 상태로 감추어져 활용될 수 없을 것이다.

보이지 않는 유해한 문화와 맞서 싸우기를 원한다면, 『토양이 중요하다』를 읽어보라고 강력히 추천하고 싶다. 그 책은 교회의 문화를 발견하고, 평가하고, 변화시키는 데 많은 도움이 된다. 올바른 문화가 형성되기 전까지는 그 어떤 사역도 뿌리를 내릴 수 없다.

역사

교회를 처음 개척한 경우에는 그때부터 교회의 역사가 시작된다. 기존 교회에서 목회하는 경우(특히 그런 교회의 목회자로 새로 부임한 경우)에는 교회 역사의 역동적인 힘을 간과해서는 곤란하다. 기억을 오랫동안 간직하는 경향이 있는 작은 교회일수록 특히 더 그렇다. 물론 이 점은 대도시에도 똑같이 적용된다. 왜냐하면 그곳에 있는 작은 교회들도 기억을 오래 간직하는 경향이 있기 때문이다.

그런 기억은 축복도 될 수 있고, 저주도 될 수 있다. 그것을 밝히 드러내기 전까지는 둘 중에 어느 쪽이 될 것인지 알기 어렵다. 그동안 나는 작은 교회를 앞으로 이끌고 나가려고 노력하면서 그 교회의 역사를 극복하기 위해 많은 고통을 겪어야 했던 목회자들의 이야기를 많이 들었다. 그러나 교회의 역사는 교회의 굳건한 토대가 될 수도 있다.

몇 년 전에 우리 교회는 창립 50주년을 기념했다. 교회 창립과 관련된 문서들을 뒤적거리다가 우연히 교회가 설립된 직후에 인쇄된 신문 기사를 하나 발견했다. 기사의 제목은 "교회는 복음으로 비행 청소년들을 선도할 수 있다."였다(1980년 이후에 출생한 사람들은 '비행 청소년'이라는 용어를 들어보지 못했을 수도 있다. 이 용어는 '위기의 청소년'으로 대체되었다).

제목을 보는 순간, 내 얼굴에 큰 미소가 번졌다. 우리가 스케이트보드 공원, 유치원, 어린이집을 비롯해 어린이와 청소년들을 위한 여러 가지 프로그램을 운영하고 있는 것이 어린이와 청소년들을 위해 교회가 본래 계획했던 목적과 정확하게 일치한다는 사실을 입증하는 증거 문서가 버젓이 존재했기 때문이다.

옛 추억에만 잠겨 있는 완고한 교회에서 비전 있는 새로운 사역을 추진하기를 원한다면, 교회의 기초를 훼손하면서 무작정 앞으로만 끌고나가려는 것은 해결책이 될 수 없다. 오히려 그 기초를 더욱 면밀하게 살펴야 한다. 용감한 교회 설립자들, 그들의 시대에 하나님이 하시는 새로운 일에 귀를 기울였던 사람들의 믿음과 헌신과 본래 의도를 발견하려는 노력이 필요하다.

교회는 비전을 거부하는 자들, 현실에 안주하는 자들, 현상 유지를 원하는 자들에 의해 설립되지 않는다. 교회는 비전가들, 개척자들, 혁신가들(즉 현재 상태에 머물기를 거부하고, 새로운 사역을 시작해 새로운 사람들에게 복음을 전하기를 원했던 사람들)에 의해 설립된다. 교회의 기초를 면밀하게 살피면 교회 설립자들의 마음과 열정을 알 수 있는 자료들을 발견할 수 있을 것이다.

교회의 문서 보관소는 "교회는 복음으로 비행 청소년들을 선도할 수 있다."나 "우리는 예수님을 위해 우리 마을과 세상에 복음을 전하기를 원한다."와 같이 과거를 존중함과 동시에 미래를 향해 나아가게 만드는 자료들이 간직된 보물 상자와도 같다.

만일 교단에 속한 교회를 담임하고 있는 경우라면 교단 설립자들로부터도 그와 동일한 영감을 얻을 수 있다. 그것을 이용해 교인들에게 마르틴 루터나 존 웨슬리나 윌리엄 부스나 에이미 셈플 맥퍼슨이나 그 밖의 교단 설립자들의 혁신적인 방법을 상기시켜 주라.

그들이 했던 일을 맹신적으로 모방하지 말고, 그들이 생각했던 방식대로 창의적으로 생각하면서 그들의 비전에 충실하라. 복음의 영원한 진리를 새로운 시대에 맞게 적절하게 적용하라. 어쩌면 새로운 종교개혁이 일어날 수도 있다.

사람들은 목적을 이루기 위한 수단이 아니다

영화 〈아폴로 13호〉에 보면 지상에 있는 기술자들이 망가진 우주선과 세 명의 비행사를 무사히 지구로 귀환시키는 방법을 찾기 위해 고심하는 장면이 나온다. 그들은 공기 정화 장치에 과부하가 걸려 이산화탄소 수치가 위험할 정도로 높이 치솟은 문제를 발견했다. 서둘러 고치지 않으면 비행사들이 호흡을 할 수 없게 될 상황이었다. 그러나 정화 장치의 구멍은 둥근 형태인데 우주선의 부품들이 손상을 입어 폐기된 탓에 우주선 안에 남아 있는 필터는 사각형 필터뿐이었다.

한 기술자가 자재 상자들을 꺼내 내용물을 테이블 위에 쏟아 놓고 다른 기술자들에게 "(테이블에 있는 자재들을 가리키며) 저기에 있는 자재들만을 사용해 (사각형 필터를 집어 들면서) 이것을 (둥근 필터를 집어 들면서) 여기에 맞게 설계된 구멍에 맞춰 끼울 수 있는 방법을 찾아야 합니다."라고 말했다.[2] 우주선 안에 없는 부품에 대해 이러쿵저러쿵 불평을 늘어놓아봤자 아무 소용이 없었다. 어떤 계획이나 노력이나 신념조차도 아폴로 13호에 없는 부품을 만들어낼 수는 없었다. 기술자들은 우주선 안에 있는 것과 자기들 앞에 높인 테이블 위에 있는 자재들만을 이용해 문제를 해결해야 했다.

비행사들의 목숨이 경각에 달려 있는 상황에서 테이블 위에 있는 자재들만을 이용해 둥근 구멍에 사각형 필터를 끼워 넣는 것은 작은 교회 안에서의 리더십을 구체적으로 예시하는 좋은 비유가 아닐 수 없다.

지난 몇 년 동안, 교회의 리더십 분야와 일반 기업계에서 가장 인기 있는 말 가운데 하나는 "올바른 사람들을 버스에 태워라."라는 것이었다. 짐 콜린스의 『좋은 기업을 넘어 위대한 기업으로』라는 책에 나오는 말이다.[3] 이 말에는 제품이나 용역을 팔려면 기술, 감정적인 균형, 관계 지수와 같은 것들을 올바로 갖춘 사람들과 함께 일을 시작해야 한다는 개념이 담겨 있다. 만일 그렇지 않으면, 제품이나 용역을 생산해 돈을 벌기보다는 내홍을 겪느라고 시간과 에너지를 모두 소비할 수밖에 없다는 논리다.

일리 있는 말처럼 들린다. 외부에서 얼마든지 사람들을 고용할 수 있

---

[2] "Apollo 13 Square Peg in Round Hole", YouTube video, 1:04. Posted by "VCServiceExcellence", November 8, 2012, http://www.youtube.com/watch?v=QETus6zBBvo&feature=youtu.be.

[3] Jim Collins, "Good to Great", *Fast Company*, October 2001, http://www.jimcollins.com/article_topics/articles/good-to-great.html.

기 때문에 둥근 구멍에 사각형 필터를 끼워 넣을 필요가 없는 일부 대형 교회에서는 그런 방법이 효과가 있을 수도 있다. 그러나 아폴로 13호의 경우처럼 활용할 수 있는 것이라곤 둥근 구멍과 사각형 필터가 전부라면 과연 어떻게 할 수 있을까?

한마디로 "올바른 사람들을 버스에 태워라."라는 방법은 작은 교회에서는 효과를 내기 어렵다. 작은 교회는 외부에서 사람들을 고용할 수 있는 여력이 없기 때문에 교회 안에 있는 사람들과 자원만을 가지고 그리스도의 지상 명령을 수행할 수 있는 방법을 찾아야 한다.

'올바른 사람들'이나 '그릇된 사람들'은 존재하지 않고, 우리의 사람들, 우리의 자원, 우리의 선택, 우리의 버스만이 존재할 뿐이다. 예수님의 열두 제자를 보라. 예수님은 직접 제자들을 선택하셨지만 다른 사람들이 볼 때는 올바른 선택이 아닌 것처럼 보이는 사람들을 불러 모아 함께 일하셨다. 작은 교회에서 일하는 목회자들의 상황도 그와 크게 다르지 않다.

기업계에서 버스에 탄 사람들은 지도자가 목표를 이루기 위해 사용하는 인적 자원에 해당한다. 그러나 '올바른 사람들'이란 원리를 교회에 적용하는 것은 잘못이다. 교회는 사람들을 목적을 이루는 수단으로 간주하지 않는다. 그들은 필요한 제품이나 용역을 만들기 위해 사용되는 수단이 아니다. 교회에서 사람들은 자원이 아닌 목적 그 자체이다. 그들은 목회자를 목적지까지 실어다주는 버스가 아니다. 그들 자체가 목적지다. 교회는 예수님을 경배하고, 그분의 사랑을 다른 사람들과 공유하는 사람들을 위해 존재한다. 그것 외에 다른 목적은 없다.

6.
교회의
건강과 성장에 대한
놀라운 비밀들

'아무도 내게 어떤 사실을 숨기는 사람은 없다.'

오랫동안 사역을 하면서, 이 말을 수없이 되뇌어 왔다. 올바른 일만 하면 반드시 이루어질 것이라던 성장이 아무리 노력해도 이루어지지 않자, 나는 모든 것을 포기하고 싶은 절망을 느끼지 않을 수 없었다.

나는 좀 더 나은 목회자가 되기 위해 수십 년 동안 기도하고, 연구하며 열심히 일했다. 게다가 나는 내가 발견할 수 있는 교회 성장의 방법들을 모조리 배워 적용하기까지 했다. 그렇게 3, 4년이 지나자 약 18개월 만에 교회가 200명이 밑도는 단계에서 거의 400명까지 빠르게 성장했다.

그런데 그 후부터는 교회가 성장 속도보다 더 빠르게 쇠퇴하기 시작했다. 일 년도 채 못 되어 출석 교인들의 숫자가 폭발적인 성장이 시작되기 이전보다 훨씬 더 크게 줄어들었다. 이유를 도통 알 길이 없었다. 교인들의 숫자가 앞으로 얼마나 줄어들 것인지 예상조차 할 수 없었다. 굳이 출석 점검표를 사용하지 않더라도 내 앞에 앉아 있는 사람들이 100명도 채 안 된다는 것을 분명하게 알 수 있었다.

나는 그 시기에 교회와 목회 사역을 거의 포기할 뻔했다. 그러던 중, 나는 하나님과 가족들과 사랑 많고 관대한 몇몇 교회 지도자들과 신자들과 한 사람의 훌륭한 조언자의 도움에 힘입어 침체의 늪에서 벗어나 영적 건강을 되찾을 수 있었다.

교회가 그렇게 퇴보하게 된 이유를 이해하기까지는 수년이 걸렸다. 한 가지 이유는 교회 성장 전문가라면 누구라도 지적할 수 있는 전략적인 잘못을 저질렀기 때문이었다. 그 잘못은 오직 나만이 볼 수 있는 것이었는데, 나는 미처 그것을 보지 못했다.

교회가 단기간에 신속한 성장을 이루는 동안, 나는 영적으로나 감정적으로 병약하고 불행했지만 그 사실을 전혀 의식하지 못했다

나는 '200명의 장벽'을 극복하기 위해 필요하다고 생각하는 일에 몰두했다. 나는 나의 역할을 목회자와 목자에서 조정자와 관리자로 바꾸었다.

그러나 그것은 내가 해야 할 역할이 아닌 것으로 드러났다. 나는 시스템을 관리하기 위해서가 아니라 사람들을 목양하기 위해 부르심을 받았다. 필요한 성장의 과도기를 자발적으로 성공리에 잘 극복해 냈지만, 그 과정에서 내가 싫어하거나 부르심을 받지 않았거나 내 영혼을 메마르게 만드는 일에 나의 시간을 거의 모두 할애했다. 결국 다른 사람들이 분명하게 지적하지는 못했어도 뭔가가 잘못되었다는 느낌이 들기 시작했다. 교인들은 다른 교회로 빠져나갔고, 교회는 차츰 줄어들었다.

분명한 사실은 감정적으로 건강하지 못한 목회자의 지도 아래서는 건

강한 교회가 확립될 수 없다는 것이다.

우리 교회가 200명에서 400명으로 불어나는 동안, 나는 몹시 불행했지만 교회의 양적 성공에만 눈이 멀어 그런 나의 상태를 의식하지 못했다. 단기간에 그런 성장이 이루어지는 상황에서 어떻게 목회자는 불행할 수 있는지 참으로 궁금하지 않은가?

그러나 이제는 하나님이 개입하셔서 교회가 더 커지도록 허락하지 않으신 것이 얼마나 감사한지 모른다. 만일 교회가 계속 성장했더라면 나의 영혼과 감정 상태가 점점 악화되어 가는 것을 알지 못한 채 필경 심신이 모두 고갈되었거나 그보다 더 심각한 상태에 이르고야 말았을 것이다.

그랬더라면 세간에 오명을 남긴 목회자들 가운데 한 사람, 도덕적 실패로 인해 자신의 생명과 가족과 사역을 위태롭게 만든 탓에 모두가 머리를 절레절레 흔들면서 "도대체 왜?"라고 의아해 할 목회자가 되고 말았을 것이 틀림없다.

요즘에 나는 잘 되었더라면 진실하고 재능 있는 목회자가 되었을 법한 사람들이 잘못된 길로 접어들었다는 소식을 들을 때마다 깊은 동정심을 느낀다. 교회가 내가 원하는 방식으로 계속 나아갔더라면 내가 그런 일을 당해 그렇게 되고 말았을 것이다. 출석 인원이 급감하는 바람에 나의 영적, 감정적 쇠락은 멈추었고, 그 덕분에 나는 미몽에서 벗어나 또 다른 목회 사역의 방법을 찾을 수 있었고, 교회와 가족은 그런 불행을 모면할 수 있었다. 나는 앞으로도 그런 은혜를 베풀어 주신 하나님께 감사할 것이다.

그렇게 영적 치유가 이루어지는 동안, 나는 무엇이 잘못되었는지를 알려고 노력했다. 그러던 중, 앞서 말한 교단 모임에서 나의 생각이 '어쩌지?'에서 '그러면 어떻게 해야 할까?'로 갑작스레 바뀌는 혁신이 일어났다. 그 후부터 교회가 작으면서도 건강할 수 있다는 낯설고, 이상한 개념을 깊이 생각하기 시작했다. 그러나 그 개념의 의미는 나 홀로 깨우쳐야 했다.

처음에는 이제와는 다른 유형의 건강한 교회를 모색하는 일이 너무나도 즐거웠다. 나는 작은 교회들이 건강하고, 선교적이고, 활력이 넘칠 수 있는 방법을 많이 발견했다. 그런데 이내 실망감이 느껴졌다. 건강한 작은 교회에 관한 원리들을 조금씩 찾아내려고 애쓰는 내 자신이 마치 송로버섯을 찾기 위해 땅을 파헤치는 돼지처럼 느껴졌다. 일단 찾아내면 귀한 보배와 같은 원리들이었지만 찾는 과정이 유쾌하지 않을 때가 많았다.

'세상에는 내가 담임하는 작은 교회보다 훨씬 더 작은 교회들이 많은데 굳이 내가 나서서 그런 원리들을 찾으려고 그렇게까지 공을 들여야 하는 이유가 무엇인가? 왜 그런 원리들을 신학교나 교회 리더십 콘퍼런스나 책에서 중요하게 다루어지지 않는 것일까?'라는 생각이 들었다.

그러나 나는 그런 생각을 뒤로 하고 더욱 분발하기 시작했다. 마침내 교회의 규모에 따른 법칙에 관해 내가 깨달은 것들과 큰 숫자의 법칙에 관해 내가 알게 된 지식을 연결시키고 나자, 나는 혼자 있던 방에서 "왜 아무도 이런 사실을 내게 가르쳐 주지 않은 거지?"라고 크게 소리를 지르지 않을 수 없었다.

그리고 나서는 곧 '내게 어떤 사실을 숨기는 사람은 없다.'라는 생각이 들었다. 그것은 송로버섯이 누군가가 발견해 주기를 기다리면서 땅 속에서 자라는 이치와 같았다. 그런 사실이 그토록 귀중한 이유가 거기에 있다. 작은 교회의 원리를 다른 사람에게 숨기는 사람은 아무도 없다. 그런 원리는 단지 발견하기가 어려울 뿐이다.

그렇게 몇 가지 핵심 원리를 발견하고 나자, 또다시 실망스런 생각이 들었다. '이 정보를 필요로 하는 나와 같은 목회자들에게 이것을 어떻게 전달하지?'라는 의문이 떠올랐다. 나는 여러 차례 아내를 붙잡고 내가 발견한 것들을 말해주었다. 그러자 아내는 "책을 쓰는 것이 어때요?"라고 말했다.

그 말에 나는 "누가 나 같은 사람의 책을 읽겠어? 나는 아무도 들어본 적이 없는 작은 교회의 목회자에 불과한데."라고 대답했다.

아내는 다시 "작은 교회의 목회자보다 이런 문제를 더 잘 논할 사람이 어디에 있겠어요? 또 당신도 알다시피 세상에는 유명한 사람들이 그렇게 많지 않잖아요?"라고 말했다.

그 말을 듣고 나는 『메뚜기 신화』라는 책을 저술했고, 블로그와 페이스북을 운영했다. 나는 곧 그런 대화가 이미 조금씩 이루어지고 있는 사실을 발견했고, 나도 마침내 거기에 참여하게 되었다. 인터넷 덕분에 작은 교회 목회자들은 서로를 쉽게 찾아내 아이디어와 실망감과 정보를 공유할 수 있게 되었다. 이 새로운 문명의 이기와 그로 인해 촉발된 대화 덕분에 이런 원리들이 하나씩 연결되기 시작했다.

나는 작은 교회에 필요한 세 가지 중요한 핵심 원리를 발견했다. 내가 이것을 '놀라운 비밀들'로 일컫는 이유는 지금까지 어떤 사람이 감추어 왔고, 또 내가 아무도 알지 못하는 것을 새롭게 밝혀냈기 때문이 아니라 내 스스로 그것들을 어렵게 찾아내야 했기 때문이다.

비밀 1 : 커지는 것이 문제를 해결하지 못한다

작다는 것은 무엇인가가 잘못되었다는 의미가 아니다. 작은 것이 무엇인가가 잘못되었다면 크게 만드는 것으로는 그것을 고칠 수 없다. 나는 전혀 그럴 가능성이 없어 보이는 장소에서 이 사실을 추가적으로 확인할 수 있었다.

심신이 거의 고갈 상태에 이르렀을 즈음에, 나는 리얼리티 텔레비전 쇼를 보는 데 많은 시간을 할애했다. 특히 레스토랑이나 호텔 전문가가 망해 가는 가게에 찾아와서 새로운 전환점을 마련해주는 '픽서 어퍼 쇼'를 즐겨 보았다. 물론 리얼리티 텔레비전 쇼는 사실이 아니지만, 상황이 어려운 교회를 이끌려고 애쓰면서 영적으로나 감정적으로 지칠 대로 지친 목회자의 관심을 끌기에는 충분했다. 나는 조금이라도 도움을 얻을까 싶은 마음으로 매회 방송을 빼놓지 않고 보았다(사실 이것은 자랑거리가 못 된다. 개인적으로 추천하고 싶지 않다).

전문가라는 사람들은 망해 가는 가게에 와서 가게를 찾는 것이 얼마나 어려운지, 또 가게의 청결 상태가 얼마나 나쁜지, 직원들의 훈련은 제대로 되어 있는지를 점검했다. 그런데 그들이 망해 가는 가게에 와서 결코 하지 않은 일이 딱 하나 있었다. 그것은 "이곳의 문제가 뭔지 알겠네요. 가게가 충분히 크지 않습니다."라는 말이었다.

그들은 그런 말을 한 적이 한 번도 없었다. 오히려 그와 반대되는 말을 한 적이 많았다. 그들은 경영난에 처한 호텔 주인에게 너무 많은 방과 레스토랑과 스파를 운영하고 있다면서 잘 하지 못하는 두 가지 사업을 접고, 가장 잘 할 수 있는 한 가지 사업에만 전념하라고 조언했다. 그들은 120개 요리가 적힌 20페이지의 메뉴판을 폐기하고, 그것을 동네의 다른 레스토랑에서 만들지 않는 다섯 가지 요리가 적힌 1페이지 메뉴판으로 대체시켰다. 그들은 경영난에 처한 작은 레스토랑과 호텔과 가게에 일련의 원리를 적용시켜, 작고 성공적인 레스토랑과 호텔과 가게로 탈바꿈시켰다. 리얼리티 텔레비전 쇼의 전문가들은 교회 지도자들이 종종 간과하는 한 가지 사실, 즉 '크게 만드는 것으로는 아무것도 해결할 수 없다.'라는 원리를 알고 있었다.

건강한 작은 교회가 성장하면 건강한 큰 교회가 되고, 건강하지 못한 작은 교회가 성장하면 건강하지 못한 큰 교회가 된다. 따라서 어려움에 처한 교회의 경우에는 규모를 키우라고 말하지 말고, 건강해지는 방법을 알려주어야 한다. 만일 교회가 건강한 결과로 규모마저 커진다면 더할 나위 없이 좋은 일이고, 설령 그렇게 되지 못하더라도 최소한 건강한 상태를 유지할 수는 있다.

우리는 대형 교회에만 너무 집착하는 탓에 양적 성장을 문제의 해결책으로 확신하는 경향이 있다.

- 경제가 어려운가? 근본적인 문제를 해결하려고 하지 말고 돈을 더 많이 쏟아 부어라.
- 자녀들이 문제인가? 훈육하려고 하지 말고 더 많은 것을 제공하라.
- 교회가 어려운가? 사역의 방식을 바꾸지 말고 사람들을 더 많이 데려 와라.

이런 잘못된 논리가 어떤 해악을 초래하는지를 보여주는 불행한 사례를 한 가지 소개하면 다음과 같다.

내 친구 하나는 한때 매우 크고 훌륭한 교회에 다녔다. 몇 년 전, 그 교회는 몇 가지 심각한 문제에 부딪쳤다. 교회 지도자들이 잘못해서가 아니라 그들이 통제할 수 없는 교단 차원의 법적 결정 때문이었다. 그런 문제로 인해 그 교회는 많은 교인들을 잃었고, 예산도 많이 축내다가 결국에는 대대로 모임을 가졌던 교회 건물마저 잃고 말았다.

그들은 몇 년 동안 다른 교회들이 호의로 제공해 준 장소에서 모임을 가졌다. 그러나 그런 장소들은 교인들 대다수가 사는 곳에서 몇 킬로미터씩 떨어진 동네에 있었고, 그마저도 주중에 비어 있을 때만 사용이 가능했다. 새로 개척한 교회의 경우에는 흔히 있는 일이었지만, 그들은 개척 교회가 아니었다. 그들은 그 지역에서 가장 오래된 교회 가운데 하나였다.

그렇게 몇 달이 지난 후, 나는 친구에게 교회 목회자가 앞으로 어떻게 할 생각을 가지고 있느냐고 물었다.

"1,000명을 만들 거라고 하던데."

"뭐라고?" 내가 말했다.

"목사님의 계획은 교회를 다시 1,000명으로 불려 충분한 기금을 마련하고 나서 새 교회 건물을 구입해 많은 부서와 사역을 운영하는 것이라네."

나는 친구가 빙긋이 미소를 짓는 것을 잠시 보고 있다가 "에이, 농담하지 말게."라고 말했다. 그러나 그의 말은 농담이 아니었다.

"그것은 계획이 아닐세." 내가 다시 말했다.

친구는 "나도 아네. 나도 목사님에게 그렇게 말했네. 그런데 내 말을 들으려고 하지 않았네."라고 말했다.

나는 안타까운 마음으로 "그렇다면 그 교회는 끝났네. 차라리 지금 문을 닫는 것이 나을 걸세. 교인 수를 늘리는 것은 계획도 아니고, 목적도 아니고, 문제의 해결책도 아니네."라고 말했다.

교회 성장 옹호자들도 대부분 양적 성장이 계획이나 해결책이 될 수 없다는 것에 동의하지만, 아직도 그것을 목적으로 삼는 사람들이 너무나도 많다. 그런 사고방식 때문에 교회가 어려워 고민하는 많은 목회자들이 교회 성장 콘퍼런스를 마치고 양적 성장이 계획이고, 해결책이라고 생각하며 집으로 돌아간다. 그들은 왜 그런 생각을 버리지 않는 것일까? 그 이유는 이렇다. 그들은 활기 넘치는 교회의 멋진 건물에서 며칠을 보냈다. 그들은 그런 건물과 시설이 자신들이 전해들은 방법들의 효과를 입증하는 증거라고 생각하고, 자기 교회도 그런 성공을 이루기를 바란다.

문제는 몇 가지 놀라운 성공담에 매료되어 그런 방법을 자신의 교회에 적용했다가 약속된 결과를 얻지 못한 채, 많은 비용과 시간과 에너지와 관계의 손실만을 경험한 교회들이 부지기수라는 사실을 의식하지 못하는 데 있다.

일전에 교회 연구가 에드 스테처는 한 교회 리더십 콘퍼런스에서 그곳에 모인 목회자들에게 그들이 앉아 있는 초대형 교회의 멋진 시설물들을 한 번 둘러보라면서 (지금은 조금 심했다는 평가를 받는 말투로) "이것은 여러분에게는 마치 '미니스트리 포르노그래피'와 같은 것입니다. 이것은 여러분의 눈을 가려 참되고, 영광스러운 것을 보지 못하게 만들 뿐 아니라 여러분이 결코 도달할 수 없는 경험을 비현실적으로 묘사한 것일 뿐입니다."라고 말하고 나서, "이 비현실적인 꿈 때문에 지금 여러분들 곁에 있는 사람들을 사랑하기보다 그들을 무엇인가를 위한 디딤돌로 생각하는 잘못을 저질러서는 곤란합니다."라고 주의를 환기시켰다.[1]

내가 내 친구의 교회를 담임하는 목회자였다면 어떤 계획을 세웠을까? 잘 모르겠다. 그러나 교인 수를 늘리는 것은 해결책이 아니라는 생각으로 다른 돌파구를 찾으려고 열심히 노력했을 것이다.

아마도 나는 양적 성장을 추구하는 대신 다음과 같은 질문들을 떠올렸을 것이다.

'지금의 규모로 무슨 사역을 할 수 있을까? 우리가 원하는 교회 건물을 새로 짓거나 아예 갖지 못하게 되면 어떻게 될까? 교회 건물이 없는 다른 교회들로부터 무엇을 배울 수 있을까? 이런 변화를 문제가 아닌 기회, 곧 우리가 상상하지 못한 방식으로 사역을 행할 수 있는 기회로 받아들이면 어떤 일이 일어날까?'

비밀 2 : 양적 성장은 필연적인 결과가 아니다

양적으로 성장하지 않으면, 교회가 이런저런 일들을 잘못하고 있는 증거라는 주장이 사실이 아니라는 것이 무척 다행스럽다. 나는 '성장하는 교회가 공통적으로 지니는 일곱 가지 특징'과 같은 긍정적인 목록을 종종 발견하곤 한다. 이 목록은 단지 양적 성장만이 아니라 교회의 건강

---

1) "Ed Stetzer and Jon Acuff: How to Fight Ministry Pornography", Church Leaders, May 26, 2015, https://churchleaders.com/pastors/videos-for-pastors/254859-ed-stetzer-john-acuff-fight-ministry-pornography.html.

과 관련된 원리들을 제시한다. 그런 목록을 읽으면 뭔가 익숙한 느낌이 들면서, '맞아, 우리 교회가 그래. 우리는 그렇게 하고 있어. 이미 오래 전부터 그렇게 해오고 있어. 기분 좋네.'라는 생각이 든다.

그 목록의 저자가 건강하게 성장하고 있는 교회의 모습을 그린 내용은 한 가지만 제외하고는 내가 담임하는 교회의 모든 것을 묘사하고 있다. 하지만 우리 교회가 오랫동안 목록에 제시된 교회 성장의 원리들을 건전한 방식으로 실천에 옮겨 왔지만, 아직도 수적 성장의 장벽을 넘어서지 못하고 있다. 어떻게 그럴 수 있을까? 그런 원리들을 실천에 옮긴다면 그런 결과가 나타나야 하는 것 아닌가? 우리는 완전한가? 절대 그렇지 않다. 내 자신이 실수를 저질러 성장의 기회를 방해한 것일까?

물론 그럴 수도 있다. 하지만 여기서 내가 말하려는 요점은 양적 성장이 불가능하다는 것이 아니라 필연적이지 않다는 것이다.

교회의 성장이 필연적인 것은 사실이다. 예수님은 자신의 교회를 세우실 것이라고 말씀하셨고, 실제로 그렇게 하고 계시고, 때로는 우리의 부족함에도 불구하고 그렇게 하신다. 2천 년 동안, 가장 꾸준하게 성장해 온 조직체는 역사상 교회 하나뿐이다. 교회의 성장은 아직도 멈추지 않았다. 그러나 보편 교회의 성장이 지역 교회의 양적 성장을 반드시 보장하는 것은 아니다. 지역 교회들이 건강하더라도 양적인 결과는 필연적이지 않다.

건강한 교회의 핵심 원리 외에 다른 무엇인가가 작용해 교회의 성장에 영향을 미치는 것이 분명하다. 비밀 3에서 그런 요인 가운데 몇 가지를 살펴보게 될 것이다. 그러기 전에 먼저 교회의 양적 성장이 필연적이지 않은 이유를 몇 가지 살펴보자.

'오랫동안 작은 상태로 머물지 않을 것이다.' 그러나 그럴 수도 있지 않을까?

나는 지난 20년 동안 목회를 하면서 방문자들(특히 내가 작은 교회 목회자라는 사실을 미처 알지 못했던 방문 목회자들)로부터 우리 교회가 폭발적인 성장의 문턱에 들어섰다는 말을 종종 들어왔다. 최근에 어떤 방문객은 우리 교회를 '벌집처럼 사역 활동이 왕성한 교회'로 일컬었다. 그는 평범한 목요일 오후에 우리 교회를 방문했었다.

나도 오랫동안 그렇게 믿었다. 마음이 고무되는 느낌이 들었다. 나는 우리 교회가 성장하기를 바란다. 그러나 세월이 흐르면서 양적 성장에 대한 기대가 충족되지 않자 나의 심적 부담은 크게 가중되었고, 그로 인해 아주 건강한 우리 교회와 나의 사역이 거의 고사할 지경에 이를 뻔했다.

놀랍게도 교회의 양적 성장을 요구하는 성경 구절은 어디에도 없다. 사실 신약 성경의 저자들은 초대 교회의 문제들을 다룰 때 조금도 사정을 봐주지 않았다. 예를 들어 요한은 요한계시록 2, 3장에 소아시아 일곱 교회에 대한 예수님의 말씀을 기록했다. 예수님은 에베소교회, 버가모교회, 두아디라교회, 사데교회, 라오디게아교회를 향해서는 회개하라고 엄히 꾸짖으셨고, 서머나교회, 빌라델비아교회를 향해서는 인내하라고 명령하셨다. 또한 그분은 일곱 교회 모두에게 강해지라고 당부하셨다. 그러나 예수님과 요한은 물론, 사도들 가운데 그 누구도 작은 교회를 향해 양적 성장을 요구한 적이 없다.

성경은 제자를 양육하라고 분명하게 말씀한다. 교회의 성장은 선택 사안이나 가외의 활동이 아니다. 그것은 자발적인 제안이 아닌 지상 명령이다. 그런데 우리는 왜 사람들이 모이는 건물의 크기에 신경을 곤두

세우는 것인가? 건강한 작은 교회들의 숫자가 늘어나는 것도 하나의 교회가 대형 교회로 성장하는 것과 똑같이 기뻐해야 할 일이 아니겠는가? 두 경우 모두 사람들의 회심 때문에 그런 성장을 이룬 것이라면 그래야 마땅하다.

우리는 오랫동안 교회가 양적으로 성장하지 않으면, 실패라는 말을 들어왔다. 그런 말은 다음 세 가지의 명백한 증거를 부인하는 것이다.

1. 큰 교회로 성장하는 것은 성경의 명령이 아니다.
2. 그런 경우는 흔하지 않다.
3. 양적 성장은 필연적이지 않다.

교회를 세우는 것은 우리의 일이 아닌 예수님의 일이다. 예수님은 "내 교회를 세우겠다."고 말씀하셨지 "큰 교회들을 세우겠다."고 말씀하지 않으셨다.

그렉 로리는 블로그 포스트에서 "네 가지 위험한 교회 성장의 신화"라는 제목으로 누가 교회 성장의 책임을 짊어지고 있는지를 설명했다.

사도행전 2장 42-47절을 주의 깊게 읽어보면, 초대 교회가 양적 성장과 번영을 추구하지 않았다는 것을 알 수 있다. 그들은 다섯 가지 우선순위(예배, 기도, 복음 전도, 가르침, 사랑)에 초점을 맞추었다. 위의 본문은 "주께서 구원받는 사람을 날마다 교회에 더하시니라"(『킹제임스 성경』 참조)라는 말씀으로 끝을 맺는다. 초대 교회는 성장의 문제가 없었다. 왜냐하면 그들은 하나님의 원리를 따르는 것에만 관심을 기울였고, 성장의 책임은 하나님이 짊어지셨기 때문이다. 교회 성장은 궁극적으로 하나님의 사역이다. 그것은 우리가 주관해야 할 사안이 아니다.[2]

위에 인용된 사도행전 2장의 말씀("주께서 구원받은 사람을 날마다 교회에 더하시니라")에서 두 가지를 눈여겨보는 것이 중요하다. 하나는 '주께서'이고, 다른 하나는 '교회'이다. 여기에서 '교회'가 반드시 '우리' 교회를 가리키는 것은 아니다.

'우리 교회의 성장'이라는 강박 렌즈를 끼고 사도행전 2장을 곡해하는 일을 중단해야 한다. 하나님의 명령에 충실하기만 하면 그분의 교회는 성장할 것이다. 역사적으로 보면, 이 성장은 주로 작은 교회들의 숫자가 늘어나는 것을 의미했다.[3] 물론 어떤 경우에는 양적 증가와 작은 교회들의 증가를 모두 뜻할 수도 있다.

아마도 작은 교회와 큰 교회가 그런 식으로 조합을 이룬 것이 오순절 이후에 나타난 결과일 것이다. 오순절의 군중 가운데는 최소한 16개의 지역을 대표하는 사람들이 모였을 것으로 추정된다. 예루살렘 거주자들이 열일곱 번째 집단이었다면 최소한 각 지역에서 평균 180명의 인원이 모였을 것이다. 그들은 대부분 오순절이 끝난 후에 예수님의 복음을 들고 고향으로 돌아갔을 것이 틀림없다.

군중의 절반이 예루살렘 거주자라고 치면 각 지역에서 온 사람들의

---

2) Greg Laurie, "4 Dangerous Church Growth Myths", Church Leaders, February 3, 2014, https://churchleaders.com/pastors/pastor-articles/164991-greg-laurie-4-dangerous-church-growth-myths.html.

3) Neil Cole, "Is Bigger Really Better? The Statistics Actually Say 'No'!" Church Planting, http://www.churchplanting.com/is-bigger-really-better-the-statistics-actually-say-no/#axzz2qU0Y8eZz.

평균 숫자가 100명 이하로 떨어질 것이다. 그들이 집으로 돌아가는 여행길이 멀면 멀수록 그 숫자는 훨씬 더 많이 줄어들었을 가능성이 높다. 예루살렘에서는 1,000명 이상의 신자들로 구성된 교회가 시작되었고, 그곳에서 가까운 몇 지역에서는 수백 명의 회심자들로 구성된 교회들이 시작되었으며, 그 밖의 대다수 지역에서는 소수의 신자들로 구성된 교회들이 시작되었을 것이다. 그때 이후로 지금까지 대형 교회와 중형 교회와 소형 교회는 그와 같은 비율을 유지해 왔다.

성장이 필연적이라면 왜 굳이 성장 장벽을 말하는 것인가?

작은 교회들은 우리가 생각하는 것보다 더 많다. 바너 연구소는 "미국 신자들의 대부분은 친밀한 분위기가 조성된 교회에서 예배를 드린다. 미국 신자들의 거의 절반(46퍼센트)이 100명 이하의 교회에, 그 3분의 1 이상(37퍼센트)이 100명 이상 499명 이하의 교회에 각각 출석하고 있다."라는 조사 결과를 발표했다.[4]

작은 교회들이 그토록 많은 이유가 무엇일까? 여러 가지 이유가 있다. 비밀 3에서 그 가운데 몇 가지를 살펴볼 예정이지만, 작은 교회의 목회자들이 열정이 없어서가 아니라는 것만은 분명하다. 한 가지 이유는 성장 도중에 사역 전략을 바꾸는 것이 매우 어렵기 때문이다. 교회 성장의 장벽을 극복하는 것이 그토록 힘든 것도 이 때문이다.

전형적인 시나리오를 한 가지 생각해 보자. 목회자가 교회를 처음 시작했거나 새로 맡게 되었다. 교회는 건강하고, 강하게 성장하기 시작했

---

[4] "The State of the Church", Barna Group Inc., September 15, 2016, https://www.barna.com/research/state-church-2016/.

다. 심지어는 작은 교회의 리더십 원리를 잘 적용했기 때문에 양적으로도 불어났다. 그러다가 어느 순간에 답보 상태에 도달했다. 50명, 100명, 200명의 한계에 머무는 기간이 생각보다 길어졌다.

목회자는 도움을 구하기 시작했고, 콘퍼런스에 참석하고, 성장 장벽을 극복하는 방법을 다룬 책들과 블로그 포스트를 찾아 읽었다. 모두 내용이 똑같았다. 양적 성장이 다음 단계에 도달하려면(소형 교회에서 중형 교회로 발전하려면), 지금까지 오랫동안 배워 실천해 습득한 목회 기술을 거의 모두 잊어야 한다. 그 가운데는 목회자가 목회 사역과 관련해 가장 즐겨 사용했던 방법이 많이 포함되어 있을 때가 많다.

그런 방법들은 잘못되지 않았다. 그러나 교회를 현재 상태까지 끌고 온 것과 똑같은 방법과 구조로는 200명의 성장 장벽을 돌파할 수가 없다. 그런 변화를 시도하는 것은 쉽지 않다. 목회자만이 아니라 다른 교회 지도자들과 교인들의 사고방식과 행동과 전략을 대폭 수정하는 것이 필요하다. 그동안 목회자와 교회가 배워 활용해 온 많은 방법들을 180도로 뒤집어 목자에서 목장 주인으로, 목회자에서 관리자로의 변신을 꾀해야 한다. 경우에 따라서는 하나님이 주신 은사마저 부인해야 할 수도 있다. 나에게도 그런 일이 일어났다.

게리 맥킨토시는 『하나의 크기로 모두에게 맞출 수는 없다』라는 책에서 작은 교회와 큰 교회 사이의 어정쩡한 단계에 관해 말했다. 그는 이 중간 단계를 '잡아 늘인 셀 교회'로 일컬었다.[5] 잡아 늘인 것은 무엇이든 다 그런 것처럼 그런 교회는 압력이 가해진 상황에 처해 있다. 그런

---

[5] Gary L. McIntosh, *One Size Doesn't Fit All: Bringing Out the Best in Any Size Church* (Grand Rapids: Revell, 1999), 43.

압력, 곧 장벽을 극복하려면 새로운 방법을 배워서 적용해야 한다. 이것이 대형 교회가 대형 교회로 성장하게 된 이유다. 그러나 그런 과도기는 우리가 말로 듣는 것보다 훨씬 더 힘들 뿐 아니라 항상 꼭 필요한 것도 아니다.

양적 성장은 과학보다는 예술에 더 가깝다

체중을 줄이려면 섭취하는 칼로리보다 더 많은 칼로리를 소비해야 한다. 교회를 양적으로 성장시키려면 성장을 방해하는 요인들을 될 수 있는 대로 많이 제거해야 한다. 이 공식을 따르면 성장은 필연적이다. 맞을까? 아니다.

우리가 배워서 적용해야 할 귀중한 원리들이 많지만, 교회 성장은 공식이 아니다. 변수가 너무 많다. 교회 성장의 원리는 체중 조절을 돕는 것보다는 회화나 악기 연주를 가르치는 것과 더 흡사하다. 회화와 악기 연주의 원리를 배워 모든 것을 옳게 이해하고, 아무리 열심히 노력해도 앙리 마티스나 에릭 클랩튼이 되기는 어렵다.

마티스의 작품이나 클랩튼의 연주를 똑같이 해보려고 애쓰는 예술가는 결국은 본래의 것보다 못한 결과를 낳을 뿐이다. 그러나 그들의 원리를 배워 자신의 상황에 맞게 적용하면 새롭고, 놀라운 결과가 나타날 수 있다.

교회 성장도 그와 비슷하다. 원리들을 옳게 이해하는 것은 유익할 뿐 아니라 필수적이다. 그러나 그것들은 상황에 따라 제각각 다른 효과를 나타낸다. 릭 워렌이나 앤디 스탠리와 같은 양적인 성공을 똑같이 이루지는 못하더라도, 우리도 각자의 상황 속에서 그들이 그들 자신의 상황

속에서 성취한 것에 결코 뒤지지 않는 중요한 성과를 거둘 수 있다.

따라서 교인 수를 늘리기 위해서가 아니라 더 나은 교회가 되기 위해 계속 배우고, 기도하고, 준비하고, 노력해야 한다. 다른 교회의 성공을 모방하려고 하지 말자. 왜냐하면 우리 각자의 교회는 다른 어떤 교회와도 같지 않으니까.

더욱이 우리 각자는 다른 교회의 목회자가 아니다. 그렇지 않은가?

비밀 3 : 두 가지 목록, 건강한 교회를 위한 것과 큰 교회를 위한 것

교회의 건강과 성장을 위한 원리들을 다룬 목록은 하나만 있는 것이 아니다. 목록은 두 개다. 하나는 건강한 교회를 위한 것이고, 다른 하나는 큰 교회를 위한 것이다. 이 두 목록은 서로 겹치지도 않고, 상호 배타적이지도 않다. 교회는 크고 건강할 수 있고, 또 작고 건강할 수 있다. 이 두 목록을 좀 더 자세히 살펴보면 다음과 같다.

목록 1 : 건강한 교회를 위한 목록
- 예수님을 사랑하고, 경배하라.
- 다른 사람들을 사랑하고, 섬기고, 제자로 삼아라.

가장 큰 계명과 지상 명령을 잘 수행하고 있다면 규모나 교파나 예전과 상관없이 그 교회는 이미 위대한 교회다. 이 두 가지 원리는 작게 나눠 적용할 수 있다. 그런 세분화 방법이 릭 워렌의 『새들백 교회 이야기』

를 통해 널리 알려졌다. 그는 그 책에서 예배, 사역, 제자 양육, 복음 전도, 교제라는 다섯 가지 요소를 다루었다.[6] 이 다섯 가지 요소는 모두 예수님과 다른 사람들에 대한 사랑을 실천하기 위한 것이다.

목록 2 : 큰 교회를 위한 목록

- 인구 밀집 지역
- 기금 모금의 은사
- 다수의 부유하고 관대한 그리스도인들
- 대규모의 시설(또는 서로 연결된 여러 시설들)
- 넓은 부지(한 장소나 여러 장소에 있는 많은 부지)
- 부지와 건물 확보를 위한 오랜 노력
- 고도의 행정과 권한 위임 기술
- 건축가, 디자이너, 건설업자들을 고용하고, 적절히 활용할 수 있는 능력
- 장기간 큰 비전을 제시하고, 유지해 나갈 수 있는 능력
- 다양한 사역을 수행할 수 있는 다양한 부서
- 교회를 불법 단체로 간주하지 않는 정부
- 교회를 박해하지 않는 문화
- 협조적인 시 정부
- 교회를 반대하지 않는 이웃들(또는 반대하더라도 극복할 수 있는 능력)

---

[6] Rick Warren, *The Purpose Driven Church* (Grand Rapids: Zondervan, 1995), 49.

이 외에도 많다. 어떤 교회나 목회자든 목록 1은 모두 다 실천에 옮길 수 있다. 예수님과 성경에 복종하기만 하면 그것을 다 이룰 수 있다. 그러나 대다수 교회나 목회자는 아무리 열심히 일하고, 기도하고, 바란다고 해도 목록 2를 모두 이행할 수 없다.

그 가운데 대부분은 내가 이룰 수 없는 것들이다. 그 이유는 나의 노력이 부족해서가 아니라 나의 은사와 재능과 인격적인 기질에 부합하지 않기 때문이다. 나의 소명과 은사와 기질은 작은 교회 목회자와 가장 잘 일치한다.

큰 교회를 세우는 데 필요한 요건들이 잘못된 것은 전혀 아니다. 그러나 목록이 두 개라는 사실은 양적 성장을 교회의 건강을 측정하는 주된 기준으로 삼아서는 안 된다는 점을 상기시켜 준다. 지속적인 양적 성장을 통해 대형 교회로 발전하는 데 필요한 기술과 상황을 모두 갖춘 교회나 목회자는 그리 많지 않다. 두 개의 목록이 하나로 합쳐진다면 더할 나위 없이 좋겠지만 그럴 가능성은 크지 않다.

큰 요구

최근에 내 친구 하나가 초대형 교회 목회자와 대화를 나눈 적이 있었다. 그는 그 목회자가 목록 2에 포함된 기금 모금의 은사에 관해 말한 내용을 내게 전해 주었다.

초대형 교회 목회자는 내 친구에게 이렇게 말했다. "대다수 교회들은 절대로 초대형 교회가 될 수 없습니다. 정기적으로 헌금을 내는 사람들에게만 의존해서는 초대형 교회로 성장할 수 없습니다. 큰 돈을 기부하는 사람들이 필요합니다. '큰 요구'를 성공적으로 할 수 있는 목회자는 백만 명 중에 하나에 불과하지요. 그런 사람만이 부유한 기부자에게 친근하게 다가가서 백만 달러를 기부하도록 설득할 수 있습니다."

'큰 요구.' 그 말을 듣자마자 '당연한 말이로군!' 하는 생각이 들었다. 그것은 누구나 한 번쯤은 생각해 보았을 당연한 사실 가운데 하나다. '큰 요구'를 할 수 있는 능력은 극도로 드문 은사다. 백만 명 중의 하나라는 말은 결코 과장이 아니다.

나도 그런 능력을 갖고 싶다. 나도 그런 기금을 모아 가치 있는 사역에 쓰고 싶다. 그러나 그런 능력이 없다고 해서 한탄하고 싶지는 않다. 왜냐하면 내가 그런 일을 얼마나 잘 처리할 수 있을지 확신할 수 없기 때문이다. 나는 순수한 동기로 '큰 요구'를 하고, 일을 끝까지 잘 마무리할 수 있는 능력을 지닌 사람들을 존경한다.

그러나 모든 사람이 그런 재능을 지니고 있지는 않다. 불순한 의도 없이 그 일을 잘 처리할 수 있는 사람은 더더욱 드물다. 교회사를 돌아보면, 웃음 띤 얼굴과 달콤한 언변으로 부자와 빈자들로부터 막대한 돈을 우려내 하나님의 나라를 위해 제대로 사용하지 않았던 사례들을 많이 찾아볼 수 있다.

작은 교회 목회자들은 초대형 사역을 일으키려면 그런 창의적인 재능이 필요하다는 것을 알고, 그리스도의 몸 안에 그런 일을 잘 할 수 있는 선량한 사람들이 존재한다면 그것으로 감사해야 마땅하다.

큰 교회를 위한 기술이 있고, 작은 교회를 위한 기술이 있다. 그 모든 것을 다 갖춘 사람은 아무도 없다. 하나님의 나라는 그 둘을 모두 필요로 한다.

7.
교회 성장의 정의를 바꾸다

나는 우리 교회와 다른 교회들이 함께 성장하기를 바란다. 무엇보다도 나는 그리스도의 몸이 더욱 성장하기를 바란다. 세계 전역에서 가능한 한 많은 사람들이 예수님을 알았으면 좋겠다. 복음의 좋은 소식은 우리 교회나 우리 교단이나 우리나라나 우리 문화 안에만 갇혀 있을 수 없다. 내가 건강한 작은 교회들을 열심히 독려하고, 교회 성장의 정의를 좀 더 폭넓게 바꾸기를 원하는 이유는 예수님의 복음이 최대한 많은 사람들에게 전파되기를 바라기 때문이다.

대형 교회와 초대형 교회들은 훌륭하다. 그런 교회들은 긍정적으로든 부정적으로든 종종 언론 보도에 오르내린다. 그들은 우리의 질투심과 비난이 아닌 기도와 지지를 받을 자격이 있다. 그러나 대형 교회들이 귀하기는 해도 대다수 사람들이 영적 자양분을 얻고, 제자로서 양육되는 주된 본거지는 아니다. 대다수 사람들이 그런 것을 얻는 본거지는 세계 전역에 퍼져 있는 수많은 작은 교회들이다.

닐 콜은 "더 큰 것이 더 나은가? 통계는 '아니오.'라고 말한다."라는 제목의 글에서, "통계에 따르면 1,000명으로 구성된 하나의 교회보다 100명으로 구성된 열 개의 교회가 훨씬 더 많은 것을 이룰 수 있는 것으로 나타난다."라고 말했다.[1]

아마존, 코스트코, 코카콜라와 같은 대기업은 업계에서 큰 주목을 받는다. 그러나 실제로 경제를 이끄는 주체는 작은 기업들이다.[2] 교회의 경우도 마찬가지다. 작은 교회들이 전 세계 교회의 성장을 이끈다. 아마도 작은 교회들은 가장 쉽게 간과되고, 가장 잘 활용되지 못하는 기독교의 자산일 것이다. 작은 교회들은 지금도 여전히 더 많이 늘어나고 있다.[3]

교회 성장의 모델은 하나 이상이다

지난 40년 동안 교회 성장의 모델은 오직 하나뿐이었다. 그것은 양적 성장의 모델이다. 그러나 교회가 성장하는 방식은 한 가지 이상이다. 자연계에서 계속해서 더 크게 성장하는 것은 아무것도 없다. 건강한 유기체는 무엇이든 성숙할 때까지 계속 자라다가 그 후에는 다른 방식으로 성장한다. 그런데 교회라고 해서 그와 다르기를 바랄 이유가 무엇인가?

사람들을 더 많이 끌어 모으는 것이 하나님의 나라가 교회를 통해 발전해 나가는 유일한 방식이 아니라면 어떻게 될까? 하나님은 교회와 사

---

1) Cole, "Is Bigger Really Better? The Statistics Actually Say 'No'!"
2) Jared Hecht, "Are Small Businesses Really the Backbone of the Economy?" Inc., December 17, 2014, https://www.inc.com/jared-hecht/are-small-businesses-really-the-backbone-of-the-economy.html.
3) Cole, "Is Bigger Really Better? The Statistics Actually Say 'No'!"

역을 성장시켜 그리스도의 몸을 위해 기여하고, 생산적인 결과를 낳게 하신다. 그런데 양적 성장이 오히려 그런 하나님의 성장 방식에 걸림돌이 될 수 있는 사역이나 교회들이 존재한다면 어떻게 될까?

최근에, 나는 에반 맥클래나한의 한 팟개스트에서 유진 윌슨과 게리 맥킨토시 박사가 작은 교회와 교회 성장 운동에 관해 우호적인 대화를 나누는 것을 듣고는 그런 신념을 더욱 확고히 다졌다. 자타가 공인하는 교회 성장 전문가인 맥킨토시는, 교회 성장 운동의 창시자로 널리 인정받는 도널드 맥가브란이 "초대형 교회를 권장하지 않았다."라고 말했다.

맥킨토시는 "그(맥가브란)가 교회 성장 운동을 처음 시작했을 때의 목표는 모든 민족을 제자로 삼는 것이었다. 이것은 교회가 우선적으로 작은 교회가 되어야 한다는 의미였다. …교회 성장 운동의 본래 목표와 취지는 모든 크기의 교회들, 그 중에서도 특히 작은 교회들이 제자를 양육하는 일에 좀 더 효율적이고, 생산적인 역할을 하도록 돕는 것이었다."라고 말했다.[4]

그렇다면 무엇이 바뀌었을까? 맥킨토시는 "그런데 어느 시점에서부터 초대형 교회들이 주입시킨, 좀 더 인기 있는 교회 성장의 견해들이 교회 성장 운동을 독점하고 주도하게 되었다."라고 설명했다. 그러나 교회 성장을 다룬 초창기 책들은 "초대형 교회 자체를 건설하려는 의도를 전혀 내비치지 않았고, 단지 교회들이 제자를 양육하는 일에 좀 더 창의적인 역할을 하도록 도우려고 했을 뿐이다."[5]

---

4) "Church Growth Confab", *The Sin Boldly Podcast*, No. 61, minutes 16–18, January 27, 2017, https://itunes.apple.com/us/podcast/the-sin-boldly-podcast/id1018850681?mt=2&i=1000380484736.
5) Ibid, minutes 16–17.

교회를 양적으로 성장시키는 것은 제자를 양육하는 훌륭한 방법일 수 있다. 그러나 그것이 유일한 방법이거나 심지어는 가장 좋은 방법은 아니다. 지속적인 양적 성장이 없더라도 제자들을 양육하고, 그리스도의 몸에 기여하는 교회들을 인정하지 않는 교회 성장의 정의는 지나치게 편협한 것이다. 성장에 관한 논의들이 많은 교회에게 실패자라는 인식을 심어준다면 어떻게 다 함께 힘을 합쳐 앞으로 나아갈 수 있겠는가? 양적으로 성장하는 교회만을 성공한 교회로 인정한다면 그런 일은 절대로 불가능할 것이다.

바울이 말한 몸의 비유에서 손이 발더러 "나는 네가 필요없어."라고 말하는 식으로 대다수 교회를 그렇게 대하는 행위를 중단해야 한다. 모든 교회는 복음 전도와 제자 양육에 힘써야 한다. 이 두 사역 가운데 어느 하나를 더 잘하는 교회들이 있을 것이 분명하다. 따라서 제자 양육 훈련을 잘하는 교회들을 내향적이라고 비판하는 것은 건강하게 양적으로 성장하는 교회를 피상적이라고 비판하는 것 못지않게 무익하고 그릇된 일이다.

그런 삐뚤어진 견해는 양적으로 성장하지 못하는 교회들에게는 수치심을 불러일으키고, 양적으로 성장하는 교회들에게는 교만한 마음을 갖게 만든다. 교회 출석 인원이 항상 그대로이거나 줄어들더라도 죄책감이나 절망감이나 수치심에 짓눌리지 않고 교회를 계속 이끌려면 강하고 성숙한 목회자가 되어야 하고, 교회가 계속 양적으로 성장하더라도 교만하거나 거만한 마음을 갖지 않으려면 강하고 겸손한 목회자가 되어야 한다.

교회의 성공을 새롭게 정의할 때 얻어지는 이점들

　교회의 성공을 위한 패러다임을 바꾸면 어떻게 될까? 모든 교회에게 양적 성장만을 요구하지 말고, 교회가 훗날 좀 더 크게 성장했을 때가 아닌 현재의 규모에서 곧바로 각자의 장점을 살려 사역을 잘 할 수 있도록 격려하고 지원한다면 어떻게 될까? 그 한 가지만 바꾸어도 우리의 교회들은 물론, 우리가 예수님을 위해 복음을 전하고 섬기라는 부르심을 받아 일하는 지역사회를 변화시킬 수 있다.

　작은 교회의 한계를 빌미삼아 일상에 안주해서는 안 된다. 오히려 그런 한계가 좀 더 창의적인 발전의 자극제가 되어야 한다. 역사적인 혁신은 거의 항상 모든 것이 잘 되고 있을 때가 아니라 도전에 직면했을 때에 일어났다.

　작은 교회들을 선입견적인 성공의 정의에 억지로 짜 맞추려고 하지 말고, 새롭고 창의적인 사역 방식을 찾도록 격려한다면 그 가운데 많은 교회가 한층 더 강해져 우리 모두를 놀라게 하고, 더 나아가서는 우리를 이끌어나갈 수도 있을 것이다.

　예를 들어, 작은 교회는 직원을 고용할 여력이 없다. 그런 한계는 종종 필요한 인원을 고용할 수 있을 만큼 재정이 늘어나야만 해결될 수 있는 문제인 것으로 간주되는 것이 보통이다. 그러나 재정적인 한계를 좀 더 창의적으로 생각할 수 있는 발판으로 삼는다면 어떻게 될까? 외부에서 사역자를 데려올 재정적인 여력이 없다면 교인들을 훈련시켜 사역을 감당하게 할 수 있다.

　몇 년 전, 우리 교회에서도 그런 문제가 대두된 적이 있었다. 사역은 잘 진행되고 있었지만 평균 출석자의 연령은 차츰 낮아졌다. 그것은 과거보다 교인들이 드리는 헌금이 훨씬 줄어들고 있다는 의미였다. 우리는 외부에서 사역자를 데려올 수 없다면 안에서 교인들을 훈련시키기로 결정했다.

그때 이후로 교회 직원들이나 사역 지도자들이나 자원 봉사자들이 모두 교회 안에서 충당되고 있다. 사실 외부에서 고용되었기 때문에 교회에 나오게 된 사람은 나 혼자뿐이다. 이런 관행을 정착시키기까지는 상당히 많은 노력이 필요했지만 그로 인한 보상은 매우 크다.

효율적인 사역을 위한 능력을 키우라

나는 '교회 성장'이라는 용어를 교회들이 더 강해지고, 더 건강해지고, 사역의 효과를 더 크게 나타내는 것을 뜻하는 의미로 사용하지 않기로 결심했다. 그 용어는 감정적인 중압감을 너무 심하게 느끼게 만드는 탓에 나의 상황에서는 거의 아무런 유익도 없게 되었다.

물론 그렇다고 해서 그 용어에 대해 적개심을 느끼는 것은 아니다. 나는 교회 성장 운동을 반대하지 않는다. 어떤 용어들은 특정한 시대와 장소에서 효과를 발휘하지만 다른 곳에서는 그렇지 못할 수도 있다. 교회 성장도 그런 용어들 가운데 하나다. 이 용어는 보편적이지 않다. 이것은 1950년대와 60년대에 맥가브란에 의해 대중화된, 비교적 새로운 용어다. 그 이전까지도 교회는 이 용어에 의해 정의되지 않은 상태에서 꾸준하게 성장해 왔다. 앞으로도 이 용어의 사용 여부와 상관없이 교회는 계속 성장할 것이다.

그렇다면 '교회 성장'이라는 용어를 사용하지 않고서 교회가 앞으로 나아가 더 많은 사람들에게 복음을 전하고, 하나님의 나라의 발전을 위해 기여하기를 원한다는 것을 사람들에게 알리려면 어떤 용어를 사용해야 할까?

나는 "우리는 효과적인 사역을 위한 능력을 키우려고 항상 노력하고 있다."라는 말을 사용할 수 있다고 생각한다.

물론 나는 위의 말이 유행되기를 기대하지 않는다. 사실 말이 좀 길다. 그러나 이 말은 우리의 상황에서 효과적일 수 있는 몇 가지 이점을 지닌다.

첫째, 이 말은 예배당 안에 좀 더 많은 장비들이나 좀 더 많은 사람들을 채우는 것이 아니라 효과적인 사역에 관심을 기울일 수 있게끔 도와준다.

둘째, 이 말은 변명을 용납하지 않는다. 우리는 우리의 능력을 키우기 위해 항상 노력하고 있다. 양적 성장이 이루어지지 않는다는 것이 우리의 마음과 생각과 힘을 온전히 쏟아 붓지 않고 사역을 해도 좋다는 변명거리가 되어서는 안 된다.

셋째, 이 말은 불필요한 죄책감을 없애준다. 사역을 좀 더 효율적으로 잘 하려고 노력하는 중이라면 출석 인원이 늘어나지 않더라도 패배감을 느낄 필요가 없다. 왜냐하면 출석 인원이 늘어나는 것이 아니라 효율적인 사역이 목표이기 때문이다.

넷째, 이 말은 출석 인원이 아닌 복음의 영향력을 사역의 효율성을 측정하는 기준으로 제시하기 때문에 특정한 의도 없이 자유롭게 사역을 행할 수 있게 해준다. 즉 우리 자신을 위해 무엇인가를 이루려는 인상을 풍기지 않기 때문에 사람들이 우리와 우리가 전하는 메시지를 신뢰하게 될 가능성이 더욱 높아진다.

다섯째, 이 말은 세상에서의 우리의 위치와 교회를 좀 더 큰 안목으로 바라볼 수 있게 해준다. 작은 교회도 국제적인 차원에서 사역을 할 수 있다. 이것은 10년 전만 해도 상상조차 할 수 없는 일이었다. 예배 실황에 대한 인터넷 실시간 방송과 팟캐스트에서부터 소셜 미디어와 블로그와 책에 이르기까지 교회와 교회의 사역이 지리적 한계를 뛰어넘어 수많은 사람들에게 전달된다.

교회 안에 있는 사람들이 목회 사역의 제1순위 대상자들이지만, 그들이 교회 사역의 영향권 내에서 차지하는 비중은 극히 적다.

효율적인 사역을 위한 능력을 키우는 것은 우리 각자의 교회에서 어떤 의미를 지닐까? 예단하기는 어렵다. 그러나 각자 교회의 크기에 따라 시도해 보고, 결과를 지켜보기 바란다. 이를 시도해 볼 가능한 방법을 몇 가지 제안하면 다음과 같다.

- 교회 건물이 작은가? 단지 건물 안에서만 사역하지 말고, 건물을 중심으로 효율적인 사역을 펼쳐나갈 수 있는 능력을 키워라.
- 인구가 적은 시골 마을에 있는가? 교회 출석 인원만 늘리려고 애쓰지 말고, 지역사회의 관계를 이용해 영향력을 발휘하라.
- 크고 요란한 방식이 아니라, 작고 친밀한 방식으로 사역하라는 부르심을 받았는가? 가장 잘 할 수 있는 몇 가지 일을 함으로써 소명의 의무를 단순화시켜라.

모든 교회가 큰 교회가 되라는 소명을 받은 것은 아니다. 그러나 효율적인 사역을 행하는 것은 모든 교회에게 주어진 소명이다. 이 소명은 어떤 교회든 이룰 수 있다.

PART 3

작은 교회에 새로운 생명력을 부여하다

8.

**당신의
작은 교회는
실패인가, 전략인가?**

우리는 대부분 마음속으로 우리가 원하는 교회의 모습을 생각하고 있다. 더 많은 교인이나 더 큰 건물을 생각하는 사람들도 있고, 크지만 비어 있는 건물이 다시 교인들로 채워지는 광경을 생각하는 사람들도 있다. 우리가 흔히 생각하는 교회 성장의 이미지는 하나의 결론, 더 많은 교인들로 간단하게 압축된다. 아무리 이 사실을 부인하고 싶어도 우리는 더 큰 교회가 더 나은 교회인 것처럼 생각하고 행동한다. 양적 성장이 이루어지지 않으면 우리는 교회가 실패했다고 결론짓는다.

교회를 실패에서 벗어나게 하려고 한 푼의 비용을 더 쓰고, 1분의 시간을 더 할애하고, 한 방울의 땀을 더 흘리기 전에, "우리 교회는 실패인가, 아니면 단지 작을 뿐인가?"라는 중요한 질문을 묻고, 그 대답을 생각해 보자.

작은 교회가 예수님의 지상 명령에서 중요한 비중을 차지한다면 이 둘의 차이를 옳게 파악해야 할 필요가 있다.

작은 것이 반드시 실패를 의미하는 것은 아니다

'허만 밀러'사의 최고경영자를 지냈고, 『리더십은 예술이다(Leadership Is an Art)』를 저술한 바 있는 고(故) 맥스 드프리는 지도자의 첫 번째 책임은 올바른 현실 파악이라고 말했다.[1] 현실을 올바로 파악하려면 기회와 도전을 찾아내 정확하게 평가하고, 도전을 극복할 수 있는 대안을 마련해야 한다.

"그런 식으로는 안 된다. 다른 방법을 찾아보자."라고 말하면 문제가 변명이 되지 않지만, "다른 어떤 방법도 통하지 않아."라고 말하면 변명이 된다.

작은 교회는 항상 자원이 부족할 수밖에 없지만 그것을 변명거리로 삼아서는 안 된다. 혁신적인 사역은 멋지거나 현대적이거나 유행을 선도하는 것과는 무관하다. 혁신적인 사역은 일반적인 방법이 더 이상 효과가 없을 때 사역을 행할 대안을 찾는 것이다. 예를 들어 교회에 시설이 부족하면 그것을 문제로 생각하기 쉽지만 사실은 기회로 생각하는 것이 더 낫다. 다른 교회들이 지역사회를 위한 활동을 벌이기 위해 건물 밖으로 나가면 그들과의 교섭을 통해 그런 때를 이용해 시설을 공유할 수도 있다.

그렇다면 작은 교회가 실패인지 전략인지를 어떻게 알 수 있을까?

---

1) Mark D. Roberts, "God as the Leader Who Defines Reality", *Life for Leaders*, April 18, 2015, https://lifeforleaders.depree.org/god-as-the-leader-who-defines-reality.

교회가 실패라는 증거

실수로 작은 경우

(이런 말을 하기는 싫지만) 어떤 교회들이 작은 이유는 일이 서툴러서다. 그런 교회들은 너무나도 많은 실수를 저지른다. 교인이 한 사람이라도 출석하는 것이 기적이다. 어떤 교회는 예배당에 측면 구조물을 증축했는데 새로 만든 복도를 통해 예배당 안으로 들어가게 되어 있는 문들을 대부분 강단 양쪽 옆에 설치했다. 교회에 자주 나오는 교인들은 그 사실을 알고, 예배당 뒤쪽에서부터 돌아서 들어오지만 그 사실을 알지 못하는 방문자들은 예배 도중에 문을 열고 들어오면 온 교인이 자기를 쳐다보는 당혹스런 상황에 직면해야 한다. 그런 분명한 실수를 왜 바로 잡지 않았느냐고 물었더니 "그런 일이 그렇게 자주 일어나지는 않습니다."라는 대답이 돌아왔다. 교회가 그런 태도를 지녔다는 소문이 퍼지면 그곳을 처음 찾는 방문자들이 더 이상 눈에 띄지 않게 될 것이다.

시정할 필요가 있는 문제에 관심을 기울이지 않은 이유 때문에 교회가 작다면 그 교회는 전략이 아닌 실패라고 말할 수 있다.

배타적이어서 작은 경우

의도적으로 사람들을 배척하는 교회는 없다. 그러나 의도적이든 아니든 배척당했다고 느끼는 사람들에게는 결과적으로 아무런 차이가 없다. 사실 어떤 면에서 의도적으로 사람들을 배척하는 교회들이 없지는 않다. 그런 교회들은 지나치게 엄격한 신학을 주장한다(현대판 바리새인들). 그들은 중요하지 않은 것을 문제로 삼고, 자신들의 작음을 악한 시대에 살고 있다는 '증거'로 내세운다. 그들은 오직 자신들만이 참된 복음을 전하고 있지만 아무도 그것에 귀를 기울이지 않는다고 생각한다.

사람들을 배척하기 때문에 교회가 작다면 그 교회는 전략이 아닌 실패라고 말할 수 있다.

과거에만 머물러 있어서 작은 경우

교회에 유행을 선도하는 사람들이 가득해야만 새롭고, 전략적인 것은 아니다. 과거를 존중하면서도 얼마든지 미래를 향해 나아갈 수 있다. 성경은 거의 2천 년이나 되었지만, 그 어느 때보다 오늘날에 더 적절하다. 전통을 존중한다는 것은 지금은 처음만큼 효과적이지 못한 '지나간 옛 시절'의 방법을 고집하는 것을 의미하지 않는다.

아름답게 장식된 유럽의 예배당들은 요즘에는 대부분 거의 박물관이나 다름없다. 그와는 달리 어떤 고딕 예배당들에서는 배경과 연령이 제각기 다른 사람들이 가득 모여 악단의 연주에 맞춰 복음 성가도 부르고, 오래된 파이프 오르간에 맞춰 존 웨슬리의 찬송가도 부르면서 예배를 드리기도 한다.

지상 명령을 수행하려면 변화가 필요한데도 전통만을 숭배하는 까닭에 교회가 작다면 그 교회는 전략이 아닌 실패라고 말할 수 있다.

지역사회보다 발전이 뒤떨어져서 작은 경우

실패에 직면한 교회들 가운데는 교회가 처음 설립되었을 때나 마지막으로 목회 사역이 활기를 띠었던 때의 지역사회처럼 보이는 교회들이 많다.

지역사회에 다양한 인종이 모여 사는 경우, 전략적으로 작은 교회는 다양한 인종을 포용하는 교회가 될 것이 분명하다. 그러나 만일 교인들의 평균 연령이 지역사회 거주자들의 평균 연령보다 25세나 더 많다면 그 교회는 전략이 아닌 실패라고 말할 수 있다. 그와는 달리 은퇴자들이 모여 사는 마을에 주로 노인들로 구성된 교회가 존재한다면 그 교회는 지역사회의 필요를 적절히 채워주고 있다고 말할 수 있다.

교회의 인구 분포가 현재의 지역사회가 아닌 과거의 지역사회처럼 보인다면 그 교회는 전략이 아닌 실패라고 말할 수 있다.

교회가 작지만 전략적이라는 증거

이유가 있어서 작은 경우

작은 것이 통하는 사람들이 많다. 심지어는 대형 교회들도 그런 사실을 의식하고 있다. 에드 스테처가 쓴 기사에 보면 "(초대형 교회들은 계속해서 성장하지만) 수천 명의 사람들을 한꺼번에 수용할 목적으로 큰 공간을 마련하려고 애쓰는 교회는 별로 없다. 초대형 교회들은 건물을 더 크게 짓기보다는 작은 건물들을 늘리는 방식을 취하고 있다."라는 내용이 발견된다.[2]

어떤 사람들은 작은 곳에서 더 잘 예배하고, 교제하고, 사역한다. 항상 그래왔던 상태를 유지하기 위해 교회가 작기를 원하는 전형적인 보

---

[2] Ed Stetzer, "Trends in Big Church Buildings", *The Exchange, Christianity Today*, September 12, 2013, http://www.christianitytoday.com/ed-stetzer/2013/september/trends-in-big-church-buildings.html?paging=off.

수주의 신자들의 유형은 차츰 자취를 감추고 있다. 새로운 '작은 교회형 인간'은 젊고, 활동적인 성향을 띤다. 연구 조사에 따르면, 그런 사람들은 새로운 기술을 잘 다루고, 친밀한 분위기에서 활동할 수 있는 명분과 관계들을 찾으려는 경향이 강한 것으로 드러난다.[3] 바나 연구소와 아스펜 그룹이 주관한 연구를 통해서도 다음과 같은 사실이 밝혀졌다. "밀레니얼 세대는 끊임없이 소란스러운 문화를 피해 휴식을 취할 수 있는 공간을 원한다. 그들은 구석지거나 후미진 조용한 장소를 제공하는 교회들에게 공감을 느낀다."[4]

당분간만 작은 경우

대다수 작은 교회 목회자들이 그런 생각을 가지고 있다. 나도 세 교회에서 20년이 넘게 목회를 하면서, 늘 머지않아 상당한 성장이 이루어질 것이라고 생각했었다. 그 '머지않아'는 너무나도 길었다. 결국 우리 교회는 작은 교회로 머물렀고, 우리는 우리가 마치 일부러 그러는 것처럼 생각하기 시작했다.

어떤 작은 교회들은 당분간만 작을 것이라고 생각한다. 문제는 그 기간이 얼마나 길는지를 아무도 모른다는 것이다. 따라서 작은 교회일 때 위대한 작은 교회가 되어야 한다. 양적 성장에 에너지를 모두 쏟아 붓지 말라. 건강함을 추구하라. 양적으로 성장하면서 건강하지 못한 교회가

---

3) Justin Miller, "How Millennials Are Changing the Landscape of Non-profit Giving", *Forbes*, October 11, 2017, https://www.forbes.com/sites/forbesnonprofitcouncil/2017/10/11/how-millennials-are-changing-the-landscape-of-nonprofit-giving/.

4) Marian Liautaud, "3 Purposeful Ways Churches Can Make Room for Millennials", Aspen Group, April 26, 2017, http://www.aspengroup.com/blog/3-purposeful-ways-churches-can-make-room-for-millennials.

되기보다는 양적으로 성장하면서 또한 건강한 교회가 되는 것이 더 낫다. 그렇지 않은가?

교회가 현재 작고, 작은 동안 건강하다면 그 교회는 실패가 아닌 전략이다.

단순화와 간소화를 위해 작은 경우

내가 작은 교회들의 가치를 논하는 글을 쓰기 시작한 직후에, 가정 교회 지도자들이 모인 콘퍼런스에서 강연을 해달라는 요청을 받았다. 그런 교회들은 일부러 교회를 작게 유지한다. 제자들을 양육하고, 하나님의 나라를 발전시키려는 그들의 열정은 내가 만난 그 어떤 교회 지도자들에 못지않았다.

그들 가운데 거의 대부분이 과거에 큰 교회에서 일하다가 그만 둔 경력이 있다. 왜냐하면 유지해야 할 체계나 번거로운 업무가 없는 교회에서 예배에서부터 제자 훈련과 지역사회 활동에 이르는 모든 것을 의도적으로 할 수 있고, 믿음에 좀 더 충실할 수 있는 길을 발견했기 때문이다. 그들은 전통적인 교회는 별로 반기지 않는 성향을 지녔지만, 그들과 그들의 사명에는 작은 교회가 더 효율적이었다.

거추장스러운 것을 줄이고, 삶과 메시지를 단순화하기 위해 교회가 작다면 그 교회는 실패가 아닌 전략이다.

침투하기 위해 작은 경우

큰 자동차, 트럭, 다목적용 차량(SUV)은 특히 큰 물건을 운반하는 사람들에게 가치를 지닌다. 그러나 그런 차량들은 쇼핑몰에서 적절한 주차

장소를 찾기가 힘들 때가 있기 때문에 다소 곤란할 수도 있다. 큰 교회들의 입장이 그와 비슷하다. 큰 교회들은 작은 교회들이 할 수 없는 일들을 할 수 있지만 모든 일에 다 적합하지는 않다. 예를 들어 다음과 같은 상황에서는 큰 교회가 맞지 않는다.

- 교회를 불법으로 간주하는 나라
- 사람들이 가난한 지역
- 토지 가격이 비싼 지역
- 인구가 적은 지역
- 복음이 처음 전파되는 지역
- 전쟁으로 황폐해진 나라
- 문화가 극도로 보수적인 지역

   (이 밖에도 다른 많은 이유가 있다)

큰 교회가 맞지 않는 지역에 복음을 전하기 위해 교회가 작다면 그 교회는 실패가 아닌 전략이다.

타고난 소질과 은사 때문에 작은 경우

기금 모금자가 되거나 직원들을 관리하거나 시청과 건축 허가를 놓고 다투기 위해 목회 사역을 시작한 목회자는 지금까지 만나본 적이 없다. 물론 처음부터 그런 소명을 느끼는 사람들이 없지는 않겠지만 대다수 목회자들이 전임 사역자의 길을 선택하는 이유는 좀 더 직접적인 목양 사역을 통해 사람들의 마음과 삶에 다가가기를 원해서일 것이 분명하다. 어떤 노력의 분야에서든지 예기치 않은 도전이 있을 수 있지만, 목회자들은 대부분 작은 교회들이 원하는 은사들을 소지하고 있고, 또 그것들을 활용해 사역하기를 좋아한다.

모든 그리스도인, 모든 목회자, 모든 교회가 잘 하는 일이 있고, 못하는 일이 있다. 그것이 바울이 몸의 비유를 통해 가르친 것이다. 작은 방식으로 사역을 하기에 적합한 은사와 소명을 받았다면 작은 일을 잘하면 된다. 다른 사람의 자리나 큰 규모의 교회를 탐하는 마음 때문에 그리스도의 몸 안에서 스스로가 차지하는 역할을 무시해서는 안 된다.

작은 환경에서 사역과 교회가 하나님의 나라를 위해 가장 큰 효율성을 발휘한다면, 그 사역과 교회는 실패가 아닌 전략이다.

실패인 경우에는 어떻게 해야 하나?

작다는 것을 항상 실패로 간주하는 것은 잘못이다. 그러나 그런 상태에 처한 작은 교회들이 적지 않은 것도 부인할 수 없는 사실이다. 실패한 상태가 너무 오래되어 문제들이 만성화된 교회들도 더러 있다.

다음 장에서는 전략적으로 작은 교회들이 발전을 이룰 수 있는 방법을 몇 가지 살펴보기 전에, 먼저 작은 교회의 만성적인 문제를 타개할 수 있는 길을 모색해 보기로 하자.

9.
작은 교회의 만성적인 문제를 타개하라

교회의 만성적인 문제를 타개해 변화를 가져오는 일은 쉽지 않다. 오래된 역기능적인 방식이 고질화된 상황에서는 특히 더 그렇다. 때로 우리는 잘못된 일을 해서가 아니라 적절하지 않은 때에 올바른 일을 하는 바람에 일을 더 힘들게 만들곤 한다.

솔로몬은 "범사에 기한이 있고 천하 만사가 다 때가 있나니"로 시작되는 전도서 3장 1-8절에서 이 점을 가장 잘 표현했다. 이 본문 가운데는 "…심을 때가 있고 심은 것을 뽑을 때가 있으며…헐 때가 있고 세울 때가 있으며…지킬 때가 있고 버릴 때가 있으며 찢을 때가 있고 꿰맬 때가 있으며"라는 내용이 포함되어 있다.

필요한 변화도 모두 올바른 때가 있다. 그렇다면 언제가 올바른 때인지를 어떻게 알 수 있을까? 나는 다음의 옛 우화를 통해 나와 나의 교회를 유익하게 해준 세 가지 원리를 발견했다.

비가 새는 오두막

한 남자가 숲속 오두막에 사는 옛 친구를 방문하기 위해 길을 떠났다. 그가 그곳에 도착할 즈음에 비가 쏟아졌다. 그의 몸이 비에 젖기 시작했다. 친구가 문을 열어주자 그는 비를 피할 수 있어서 다행이라고 생각하고 얼른 안으로 뛰어 들어 갔다. 그러나 오두막 지붕에서 빗물이 새 온통 여기저기에 물이 떨어졌다.

그는 물이 새는 지붕과 빗물을 받는 양동이들에 관해 물었다.

그러자 친구는 "아, 그거 말인가? 나는 아무렇지도 않네. 자네도 이 지역에서 내리는 비에 곧 익숙해질 걸세."라고 대답했다.

그는 "우리, 지붕에 올라가서 새는 곳을 고치지 않겠나? 내가 도와줌세."라고 말했다.

친구는 "안 되네. 비가 올 때 지붕에 올라가면 위험하네. 더욱이 곧 날이 어두워질 걸세. 나중에 하세나."라고 말했다.

그는 친구의 말에 따랐다. 그들은 빗물이 새는 축축한 집에서 자는 둥 마는 둥 하면서 하룻밤을 보내고 화창한 아침을 맞이했다. 그가 다시 친구에게 "이보게, 간단히 요기나 하고 나서 지붕을 고치세."라고 말했다.

그 말에 친구는 "왜 그래야 하지? 지금은 빗물이 새지 않는데."라고 대답했다.

안타깝게도 이 우화는 많은 사람의 삶과 사역 안에서 현실이 되어 나타날 때가 많다. 상황이 잘못되면 급한 불을 끄기에만 바빠 장기적인 해결책을 생각하지 못하고, 급한 상황이 지나가면 문제를 근본적으로 해결해야 한다는 것을 잊어버리고 마치 모든 것이 다 괜찮을 것처럼 행동한다. 새는 지붕을 고쳐야 할 가장 좋은 시기는 언제일까? 당연히 지붕에서 물이 새지 않을 때가 가장 좋다.

문제는 해결을 미룬다고 해서 저절로 사라지지 않는다. 오히려 갈수록 악화되다가 나중에는 아무런 문제가 없는 것처럼 무감각해진다. 오두막 주인은 너무 오랫동안 지붕을 고치지 않고 살았기 때문에 그의 귀에는 빗물이 새는 소리가 더 이상 들리지 않는다. 상황이 나빠지면 그냥 나쁜 상태로 지속된다. 교회에 문제가 있는데도 '이곳은 비가 많이 와.'라는 식으로 생각하며 거기에 익숙해져 버린다. 사실, 어느 교회나 다 문제가 많다. 따라서 문제가 많다는 것을 해결책을 강구하지 않는 변명거리로 삼아서는 안 된다. 비를 멈추게 할 수는 없지만, 지붕을 고칠 수는 있다.

만성적인 문제를 안고 있는 교회들은 새로운 사람들을 끌어들이기가 어렵다. 왜냐하면 새로 온 사람들은 오두막을 방문한 사람처럼 여기저기에서 문제가 불거져 나오는 것을 가만히 두고 볼 수가 없기 때문이다. 교회를 오래 다닌 신자들은 그런 상황에 익숙해져 있기 때문에 서로 협력해 문제를 해결하려고 애쓰지 않는다.

문제를 가장 쉽게 발견하는 사람은 방문객이다. 따라서 교회를 오래 다녔다고 해서 상황을 더 잘 알고 있다고 생각하는 것은 금물이다. 새로운 사람들은 오래된 교인들이 익숙해져 있는 문제를 옳게 바라볼 수 있도록 도와줄 수 있다. 지혜로운 지도자라면 새로운 사람들의 목소리에 귀를 기울여 스스로가 알지 못하거나 잊어버렸던 문제를 고치려고 노력할 것이 틀림없다.

큰 문제를 해결할 수 있는 때는 위기가 막 지나고 난 직후다. 사람들은 평소보다 그런 때에 변화의 필요성을 더욱 분명하게 절감한다. 훌륭한 지도자는 일단 폭풍우와 같은 문제가 사람들의 삶에 더 이상 문제를 일으키지 않고 잘 지나가기를 기다렸다가 그 후에 곧바로 기회를 잡아 문제가 재발하지 않도록 조처한다.

윈스턴 처칠은 "좋은 위기의 때를 헛되이 낭비하지 말라."고 말했다고 한다.[1] 또한 많은 사람들이 "하나님은 고통을 헛되이 낭비하지 않으신다."고 말한다. 우리가 도움을 구하면 하나님은 그 모든 고통을 치유하신다.

위기 상황의 빈도와 영향력을 줄일 수 있는 가장 좋은 방법 가운데 하나는 가능한 한 (일상적인 사건에서부터 크고 새로운 사건에 이르기까지) 교회에서 일어나는 사건을 모두 점검하는 것이다. 그러면 문제가 아직 작을 때 미리 예견해 해결할 수 있다.

우리 교회에서는 매주 교회 직원회의를 하는 자리에서 그런 활동을 벌인다. 지난 번 모임 이후로 교회에서 일어난 모든 일을 점검하는 것이 우리가 가장 먼저 다루는 안건 가운데 하나다. 우리는 "무엇이 잘 되었는가? 더 잘 할 수 있었던 일은 없었는가? 다음에 그 일을 할 때 더 잘 하려면 어떻게 해야 할까?"와 같은 간단한 질문을 제기한다. 목회자는 마음을 열고 직원들의 말에 귀를 기울여야 한다. 그런 시간이 효과를 거두려면 정직한 의견을 존중하고, 고맙게 여기는 분위기가 조성되어야 한다.

---

1) Andrew Low, Real Business, "As said by Winston Churchill, never waste a good crisis", February 25, 2016, http://realbusiness.co.uk/hr-and-management/2016/02/25/as-said-by-winston-churchill-never-waste-a-good-crisis/.

점검이 이루어지고 나서 고쳐야 할 문제나 개선을 위한 아이디어가 제시된 경우에는 핵심 지도자들과 모임을 갖고, 다음 행사와 관계가 있는 사람들의 의견을 청취하는 시간이 필요하다. 그리고 나서 그런 제안과 의견을 모두 종합해 행사를 개선할 수 있는 방안을 마련하면 된다.

건강한 교회들은 항상 잘하는 일을 더 잘 할 수 있는 방법을 찾을 뿐 아니라 문제가 발생할 때까지 기다리지 않고 미리 해결한다. 물론 살다 보면 예기치 않은 문제가 발생할 수도 있다. 선량한 사람들과 훌륭한 교회에도 나쁜 일이 닥칠 수 있다. 우리에게 그런 현실을 바꿀 능력은 없다. 그러나 큰 문제를 해결하려면 아직 그것이 크게 불거지지 않았을 때에 해결하는 것이 가장 좋다. 오두막 주인이 지붕의 상태를 정기적으로 점검했더라면 빗물이 새는 지붕 아래에서 잠을 자야 하는 일은 없었을 것이다.

작은 교회에서 통제 욕구가 강한 교인들을 다루는 법

큰 교회와 작은 교회의 가장 큰 차이 가운데 하나는 교회에 나오는 사람들의 종류도 다르고, 그들로 인해 발생하는 문제들도 다르다는 것이다. 사람들 틈 속에 끼여 수동적인 상태로 머물러 있기를 좋아하는 사람들은 작은 교회보다는 큰 교회를 원하는 것이 보통이다. 두드러지지 않게 수동적으로 머물러 있기를 원하는 사람들은 작은 교회를 꺼려한다.

한편 통제 욕구가 강한 사람들은 주로 작은 교회를 선택하는 경향이 있다. 그들은 작은 연못을 휘젓는 큰 물고기처럼 되고 싶어 한다. 물론 작은 교회 안에도 수동적인 교인들이 존재한다. 교회가 덜 건강할수록 그런 사람들이 더 많다. 그러나 작은 교회의 수동적인 교인들은 대개는 처음부터 그런 태도를 취하지는 않는다. 그들은 오랫동안 상처를 받았거나 기대감이 충족되지 않았거나 지루하거나 혼자서 모든 일을 다 하려는 목회자들을 겪어 온 탓에 수동적으로 변했을 수도 있다.

교회 일에 간섭하기를 좋아하는 교인들은 대개 두 가지 특징을 드러낸다. 즉 그들은 참여는 하지 않으면서 말만 많은 특징을 지닌다.

건강한 큰 교회 목회자들은 익명성과 수동성을 원하는 교인들을 의식하고, 그 문제를 해결할 방도를 찾는다. 그것이 그들이 소그룹 모임에 열성을 기울이는 이유 가운데 하나다. 작은 교회 목회자들은 그와 반대되는 문제를 의식해야 한다. 교회에서 통제 욕구가 강한 사람들은 항상 목회자를 예의주시한다.

그렇다면 작은 교회 목회자는 이 만성적인 문제를 어떻게 처리해야 할까? 우리 교회에서 효과가 있었던 여덟 가지 원리를 간단히 제시하면 다음과 같다.

그들을 통제하려고 하지 말라

통제 욕구가 강한 교인들을 통제하려는 것은 달리는 차 안에서 운전대를 서로 잡겠다고 다투는 것과 같다. 그런 방법으로는 아무도 승리자가 될 수 없고, 애꿎은 동승자들을 비롯해 모두가 상해를 입을 가능성이 높다.

목회자의 지위를 이용해 사람들을 억압하지 말라

"이 교회 목사는 나요."라는 식의 태도는 가장 현명하지 못한 반응 가운데 하나다. 그런 식의 태도를 내비칠 즈음이면 이미 생각보다 더 많은 것을 잃은 상태라고 할 수 있다. 그런 태도를 취하면 기분이 좀 나아질 수도 있고, 당장의 목표를 이루는 데 다소 도움이 될 수 있을지도 모르지만 장기적인 목표로부터는 더 멀어지는 결과가 발생하기 쉽다. 즉 전투는 이기고, 전쟁은 패하는 현상이 나타날 수 있다.

너무 급하게 서두르지 말라

교인들이 목회자의 말을 귀담아 들을 준비가 될 때까지 기다려야 할 필요가 있다. 교회가 작을수록 목회자의 말을 듣는 것이 더 중요해진다. 천천히 시간을 두고 교회의 관계와 문화와 역사가 복잡하게 얽혀 있는 속사정을 먼저 잘 파악해야 한다.

너무 느리게 대처하지 말라

모든 리더십의 상황에는 기회의 순간이 존재한다. 너무 서두르면 교인들이 준비가 되지 않을 수 있고, 너무 늦으면 추진력을 잃을 수 있다. 이것이 교회의 관계와 문화와 역사를 세세하게 파악하는 것이 그토록 중요한 또 하나의 이유다. 그런 정보를 잘 알아야만 타이밍을 정확하게 맞출 수 있다.

좋은 동기를 지녔다고 생각하라

통제 욕구가 강한 사람들이 나쁜 동기를 지니고 있다고 속단하기는 쉽다. 그러나 그것이 사실이 아닌 경우가 많다. 그런 교인들도 대개는 좋은 동기를 지니고 있다. 단지 그런 동기를 나타내는 방식이 그릇될 뿐이다. 때로 그들이 그런 태도를 취하는 이유는 과거에 상처와 불신이 많았기 때문일 수도 있고, 그런 기질을 타고났기 때문일 수도 있다. 따라서 확실한 증거 없이 교인들이 악한 동기를 지녔다고 생각하지 않도록 주의하라.

좋은 동기를 지녔다고 생각했다가 나쁜 동기를 발견하게 되면 서로의 대립을 원만하게 타결하기가 쉽지만 나쁜 동기를 지녔다고 생각하고 처음부터 관계를 잘못 맺기 시작하면 되돌리기가 어렵다.

통제 욕구가 강한 사람이 나서기 전에 문제를 해결하라

내가 젊은 목회자였을 당시 우리 교회에는 개선해야 할 노후 시설들이 많았다. 매주 주일이 되면, 교인 중에 한 사람이 그 일을 점검하기 위해 교회에 일찍 나왔다. 그때마다 그는 예배가 막 시작하려는 시간에 내게 문제들을 적은 목록을 보여주며 해결할 방도를 알아내라고 요구했다.

그로부터 몇 주가 지난 후에, 나는 그 교인보다 먼저 선수를 치기로 결심했다. 그가 교회에 도착하자, 나는 "마침 잘 오셨습니다. 우리가 살펴봐야 할 문제가 몇 가지 있습니다."라고 말했다. 그리고 나서 그에게 모든 문제를 일일이 거론하고, 해결책을 강구하기 위해 어떻게 노력하고 있는지를 설명했다. 나는 그를 불쾌하게 만들지 않고, 필요한 정보를 알려주며 안심시켰다. 또 한 주를 그런 식으로 대해주었더니, 그는 마침내 "목사님이 문제를 잘 처리하시는 것 같네요. 제가 더 이상 관여하지 않아도 되겠습니다. 감사합니다."라고 말했다.

그것으로 문제는 일단락되었다. 나는 나중에 그 교인이 전임 목회자가 충분히 부지런하지 못했던 탓에, 교회의 시설 개선에 가외로 수천 달러가 더 소요되었던 것을 경험한 적이 있었다는 사실을 알게 되었다. 내가 문제를 잘 처리할 수 있다는 것을 입증해 보이자, 그는 더 이상 간섭하려고 들지 않았다. 그런 유형의 교인들 가운데는 교회 일에 관심이 많은데 전에 안 좋은 경험이 있었던 사람들이 더러 있을 수 있다. 그런 사람들의 신뢰를 얻으면, 그동안의 불신을 털어내게 할 수 있다.

더 많이 사랑하고, 더 많이 인내하라

이 문제를 다루는 데는 때로 인내가 필요하다. 다시 말해 "그들보다 더 오래 버틸 거야. 그들이 교회를 떠나든지 내가 그들의 신뢰를 얻든지 둘 중에 하나 결판이 날 때까지 참아야 해."라는 태도가 요구된다.

불행히도 그들은 교회 안에 깊이 뿌리를 내리고 있기 때문에 목회 사역을 불가능하게 만들 수 있다. 나도 내가 전에 담임했던 교회에서 그런 문제가 발생해 결국 그곳을 떠나야 했다. 그들이 나보다 더 오래 버틴 것이다. 그런 일이 있더라도 그들을 사랑해야 한다. 실제로 진심을 다해 사랑해야 한다. 그들이 간섭하기를 포기하지 않더라도 굴하지 않고, 초연하게 행동해야 한다.

진정한 통제자가 누구인지를 기억하라

통제 욕구가 강한 교인들을 다룰 때, 가장 어려운 점은 그들이 목회자인 우리에게 속한 통제력을 빼앗아가고 있다고 생각하는 것이다. 그러나 교회의 통제력은 우리나 그들에게 있지 않다. 교회는 그리스도의 것이다. 목회자든 교인이든 그것을 그분에게서 빼앗아 갈 수 있는 사람은 아무도 없다.

건강하지 못한 교회를 위한 집중 치료

건강하지 못한 교회, 특히 위기의 때를 지나고 있는 교회를 담임하고 있는 목회자들을 위해 한 가지 제안을 한다면, '건강하지 못한 교회는 건강한 교회와는 다르게 목양해야 한다.'는 것이다.

건강하지 못한 교회는 건강한 교회와 다르다. 그런데 그런 교회가 마치 건강한 것처럼 행동하는 것은 유익이 아닌 해를 초래할 수밖에 없다. 건강한 두 다리를 가지고 있는 사람은 서거나 걷거나 뛸 수 있지만 부러진 다리를 건강한 다리처럼 사용하면 도움이 되기는커녕 상처가 더 악화되기 마련이다. 만일 상태가 심각한 경우라면 환자는 중환자실에서 집중 치료를 받아야 한다.

어떤 교회들은 영적 중환자실 치료가 필요하다. 그런데도 우리는 그런 병든 교회를 향해 강하고, 건강한 교회처럼 행동하라고 요구하거나 양적으로 성장하는 것이 곧 건강해지는 것이라고 주장하며 교인 수를 늘리는 방법을 가르칠 때가 많다. 일반적으로 목회자들은 교인들에게 더 많은 희생과 헌신을 독려해야 할 필요가 있다. 건강한 교회에서는 당연히 그래야 한다. 그러나 건강하지 못한 교회를 상대로 그렇게 하는 것은 교회를 더 빠르게 죽게 만든다.

예를 들어 교회들을 다음과 같이 독려하라고 가르치는 책들과 블로그가 많다.

- 교인들에게 한층 더 높은 수준의 헌신을 요구하라.
- 참석한 교인들만이 아니라 참석하지 않는 교인들에게 초점을 맞춰라.

- 유지보다 사역에 더 많은 시간과 에너지와 재정을 할애하라.
- 목회자의 도움이나 관심을 덜 기대하게 하라.

교회가 건강하다면 모두 다 좋은 아이디어들이다. 그러나 건강하지 못한 교회에서 이런 방법을 너무 성급하게 적용하면 부러진 다리로 뛰게 만드는 결과를 초래하기 쉽다. 교인들을 무작정 보살피고 달래기만 해서는 안 되지만 때로는 활동보다는 휴식이 더 필요할 때도 있다. 건강 상태가 심각한 교회는 적극적인 목회적 돌봄을 아끼지 말고, 부드러운 사랑으로 보살피고 감싸주는 것이 필요하다.

   나는 '코너스톤 교회'를 맡아 첫 해를 보내는 동안, 매우 적극적으로 교인들을 돌보았다. 내가 가기 전에 10년 동안 모두 다섯 명의 목회자가 그곳을 거쳐 갔다. 그들은 제각기 새로운 아이디어와 새로운 사역 활동을 시도하려고 노력했다. 교인들은 그 다섯 목회자를 기쁘게 하려고 애쓰다가 결국 모두 지치고 말았다. 따라서 나는 그들에게 휴식을 제공했다. 우리는 함께 예배하고, 성경을 배우고, 야유회를 즐기고, 서로 음식을 조금씩 가져와 나눠 먹으면서 그렇게 2년을 보냈다. 그러자, 교회는 서서히 기운을 되찾아 두 발로 일어서더니 걷기 시작했다.

   나는 처음에 많은 관심이 필요했던 상처 입은 교회를 물려받았다. 요즘에는 내가 직접 개입해서 돌보는 일이 훨씬 줄어들었다. 나는 놀랍도록 강하고, 혁신적이고, 건강한 교회를 목양하는 즐거움을 누리고 있다. 그러나 몹시 필요했던 휴식을 의도적으로 제공하지 않았다면, 지금처럼 건강해지지 못했을 것이다. 교회가 일단 건강을 되찾고 나면, 목회자는 교회가 너무 성급하고 지나치게 많은 일을 하려는 유혹에 빠지지 않도록 보호하는 것이 현명하다.

이런 사실은 채움과 비움의 균형을 유지하는 것의 중요성을 일깨워준다. 건강한 교회는 다음의 활동을 통해 자신을 채운다.

- 예배
- 교제
- **제자도**

그리고 또 다음의 활동을 통해 자신을 비운다.

- **제자도**
- 사역
- 복음 전도

(제자도가 두 곳에 모두 해당하는 이유는 지식과 훈련을 통해 채우고, 실천을 통해 비우게 하는 가교 역할을 하기 때문이다.)

건강한 교회는 스스로를 채우고, 비우는 것을 균등하게 유지하지만 건강하지 못한 교회는 둘 중 하나를 무시하고 한쪽으로 심하게 치우치는 경향이 있다. 어떤 교회들은 마치 '주유소'와 같이 채우기만 한다. 그런 교회들은 교회의 울타리 안에서만 시간을 보내면서 찬양하고, 교제를 즐긴다. 교인들은 말씀의 꿀을 잔뜩 받아먹고, 스스로가 건강하다는 착각에 빠진다. 그와는 대조적으로 적절하게 채워주는 것 없이 사역과 활동에만 집착해 교인들을 기진맥진하게 만드는 교회들도 있다.

건강하지 못한 교회들은 채움에만 치우치는 경우가 많다. 그런 이유 때문에, 많은 목회자들이 채움에서 벗어나 외적인 활동만을 강조하는 것을 문제의 해결책으로 삼으려는 잘못을 저지른다. 이것은 위험하다. 사역을 통해 스스로를 비우는 교회는 분주히 활동하는 까닭에 스스로가 건강하다고 믿는다. 그러나 그와 동시에 가르침과 예배와 교제를 통해 채우지 않으면, 내향적인 교회와 마찬가지로 건강하지 못한 교회가 되고 만다.

사역을 하다가 종종 휴식과 재충전의 시간을 보내곤 하셨던 예수님을 본받아야 할 필요가 있다. 일단 교회가 균형을 되찾으면, 그로 인한 변화들에 옳게 대처할 수 있는 준비를 더 잘 갖출 수 있다.

무리한 충격이 없는 변화

교회는 변화에 잘 대처할 수 있다. 교회에서 변화를 시도했다가 실패한 경험이 있는 경우에는 이 말이 실감나게 들리지 않을는지도 모른다. 문제는 교인들이 변화에 잘 대처하지 못하는 것이 아니라 변화로 인한 충격을 좋아하지 않는 것이다. 사실 그들에게 충격을 줄 필요는 없다.

현명한 지도자라면 가능한 한 충격을 최소화하기 위해 열심히 노력할 것이 틀림없다. 변화가 더 많이 필요할수록 교회 지도자들과 교인들이 어떤 일이 일어나고 있고, 또 왜 일어나고 있는지를 충분히 알고 이해하는 것이 더욱더 중요해진다.

내가 지금 담임하고 있는 교회에 처음 왔을 때, 많은 변화가 필요한 상태였다. 교회는 건강하지 못했고, 상처를 받아 낙심해 있었다. 교회가 변화를 수용하거나 시도할 준비를 미처 갖추기도 전에 성급히 모든 것을 바꾸려고 했던 일이 오랫동안 반복되어 온 탓이었다.

따라서 나는 처음 모인 교회 지도자 회의에서 한 가지 원칙을 제시했다. 그것은 변화나 큰 문제에 대해 그 문제를 처음 제안한 회의석상에서 당장에 결정을 내리라고 요구하지 말자는 것이었다.

중요한 문제는 깊이 곱씹어 생각하는 시간이 필요하다. 목회자는 그런 문제를 교회 지도자들에게 제시하기에 앞서, 몇 주나 몇 달이나 몇 년 동안 마음속으로 곰곰이 생각해야 할 필요가 있다. 또 교회 지도자들에게도 목회자처럼 깊이 생각할 시간을 주어야 한다.

우리는 지난 25년 동안 교회에서 많은 변화를 이루었다. 좋은 변화들도 있었고, 그렇지 않은 변화들도 있었다. 그러나 그로 인해 충격을 받은 사람은 아무도 없었다. 내가 제안한 원칙이 서로의 신뢰를 구축하는 데 큰 도움이 되었다. 심지어 교인들이 변화에 동의하지 않을 때도 그들은 그 과정을 충분히 이해했다. 그들은 무슨 일이, 왜 일어나고 있는지를 알았고, 앙갚음을 당할까 봐 두려워하는 마음 없이 자유롭게 의견을 제시하기도 하고 반대의사를 표명하기도 하는 기회를 가졌다. 간단히 말해, 충격이 없었던 덕분에 교인들은 그들이 필요로 하고, 또 마땅히 받을 자격이 있는 존중감을 느낄 수 있었다.

모든 사람은 마땅히 존중감을 느낄 자격이 있다. 지도자들도 그것을 요구한다. 그것이 없으면 교회는 파괴적인 방식으로 안으로 오그라들어 아무것도 할 수 없는 상태가 되고 만다. 하지만 교인들이 존중감을 느끼면, 아무리 많은 변화도 기꺼이 수용한다. 목회자가 교인들이 변화를 잘 감당할 수 있게 배려하면, 교인들도 목회자의 리더십을 존중해 변화를 시도할 가능성이 높아진다. 그런 분위기가 조성되면 대다수 교회는 우리가 생각하는 것보다 변화에 훨씬 더 잘 대처할 수 있다.

약 10년 전, 교회 이름을 지금의 이름으로 바꿀 때의 일이다. 나는 제직회에 그런 나의 생각을 알리고 나서 당장에 의견을 말할 필요는 없고, 다음 제직회가 있을 때까지 기도하며 생각해 보자고 말했다.

다음 제직회에서 가장 오랫동안 교회를 섬겼고, 가장 존경받는 집사가 의견을 말했다.

"목사님이 처음에 교회 이름을 바꾸는 것이 어떻겠느냐고 제안했을 때는 솔직히 반대하는 마음이었습니다. 그런데 아내와 함께 휴가를 떠났는데, 아내가 그 지역의 교회 이름들을 몇 개 읽더군요. 아내가 한 교회의 이름을 읽는 것을 듣고, '나는 그 교회에 가지 않을 거야. 교회 이름이 따분하고, 재미없게 들려.'라고 말했습니다. 그러자 아내는 나를 물끄러미 쳐다보더니 '우리 교회 이름과 똑같아요.'라고 말하더군요."

내가 교회 이름을 바꾸려는 생각을 말하면서 즉시 어떤 이름이 좋겠느냐고 물었더라면, 그의 부정적인 발언이 처음에 심겨진 씨앗처럼 되어 거기에서부터 잡초가 무성하게 자라나 이름을 바꿀 기회를 완전히 없애버렸을 것이다.

그러나 나는 그렇게 하지 않고 모두에게 한 달의 시간을 주었다. 그 한 달 만에 모든 것이 변했다. 결국 그로부터 일 년이 채 못 되어 교회 이름이 바뀌었다. 우리는 그동안 그와 똑같은 과정을 통해 많은 변화를 이루었다(옛 교회 이름은 밝히지 않을 생각이다. 아직도 그 이름을 사용하는 교회들이 더러 있을 것이기 때문이다).

교회 지도자들과 교인들에게 가능한 한 변화를 생각할 수 있는 시간을 충분히 주어야 한다. 목회자인 우리는 변화를 생각할 시간을 많이 가지면서, 어떻게 교인들은 2, 30분 안에 올바른 선택을 하기를 기대할 수 있겠는가?

건강한 교회의 지도자들과 교인들도 모든 목회자가 원하는 것을 원한다. 그들도 필요한 변화를 생각하고, 기도하고, 논의하고, 실험할 수 있는 시간을 충분히 갖고, 그것을 충분히 이해할 수 있기를 바란다. 물론 이런 과정이 약간 오래 걸릴 수도 있다. 그러나 어떤 일을 성급하게 추진하려다가 잘못을 저지르는 것보다는 천천히 하더라도 올바로 하는 것이 더 낫다.

효율적인 사역을 위하여 불필요한 일을 없애라

새로운 사역을 위한 여지를 만들지 않으면, 변화가 건강한 방식으로 이루어질 수 없다. 건강한 교회는 잡다한 일에 얽매이지 않는다. 그런 교회는 단지 바쁘게 움직이지 않고, 효율성을 추구한다. 이것은 시간과 에너지를 낭비하게 만드는 불필요한 일을 없애는 것을 의미한다. 그렇게 하려면 이른바 '공간의 원리'를 따라야 한다.

"과거의 사역을 중단하고 새로운 사역에 대한 준비가 완료될 때까지 새로운 사역을 추가하지 않는다."

정리 전문가들은 작은 공간에 사는 사람들에게 "옷장에 새로운 옷을 갖다 놓기 전에 먼저 오래된 옷을 버리라."라고 조언한다. 작은 교회도 그렇게 하는 것이 필요하다.

우리는 새로운 것을 갖기를 좋아하고, 버리는 것을 싫어하는 습성이 있다. 그런 이유로 우리는 물리적, 감정적, 영적 잡동사니를 처분하지 않고, 새로운 것만을 자꾸 더하기 일쑤다.

교회들은 물리적인 잡동사니, 곧 수십 년 동안 사용한 적이 없는 저장 용기와 같은 것을 자꾸 쌓아놓기도 하고, 각종 기관 모임이 빼곡히 적혀 있는 달력이나 교회 게시판처럼, 교회에 자주 나오는 교인들은 잘 알지 몰라도 새로 온 사람들은 도통 이해하기 힘든 것들을 늘어놓고 지내기도 한다.

이런 물리적인 잡동사니는 감정적인 잡동사니로 변할 수 있다. 왜냐하면 우리를 혼란스럽고, 당황하게 할 뿐 아니라 마땅히 관심을 기울여야 할 일들에 집중하지 못하게 만들기 때문이다. 그런 중요한 일에 집중하지 못하면, 우리가 감당해야 할 사명이 가장자리로 밀려나기 때문에 다시 영적인 잡동사니로 발전하게 된다.

예배 환경과 관련된 잡동사니를 제거하는 것은 젊은 세대에게 특별히 중요하다. 바나 연구소는 2017년의 설문 조사를 통해 "밀레니얼 세대는 시각적인 명료함을 제공하는 공간을 좋아하고", "끊임없이 소란스러운 문화를 피해 휴식을 취할 수 있는 공간을 원한다."는 사실을 발견했다.[2]

단순함이 중요하다. 단순함이 영적인 긍정 요소라면, 잡다함은 영적

---

[2] Jesse Jackson, "3 Purposeful Ways Churches Can Make Room for Millennials", Church Leaders, July 20, 2014, https://churchleaders.com/pastors/pastor-how-to/175369-aspen-group-purposeful-ways-churches-can-make-room-for-millennials.html.

인 부정 요소다.

나는 너무 오랫동안 교회를 잡다한 일로 가득 채우는 잘못을 저질렀다. 교회 리더십 세미나나 새로운 책에서 사역의 아이디어를 발견하고, 그것을 교인들 앞에 제시하면 그들은 멍한 눈빛으로 나를 쳐다보곤 했다. 그 이유는 그들이 비전을 거부했기 때문이 아니었다. 그 이유는 그들이 내가 새로운 사역의 기회로 생각했던 것을, 이미 가득 넘치는 활동들에 한 가지를 더하는 것으로 생각했기 때문이다. 항상 바쁜데도 이룬 것은 별로 없다고 느끼는 작은 교회 목회자들이 많은 이유가 바로 여기에 있다. 우리는 너무 많은 것을 하려고 애쓴다.

'공간의 원리'는 행동하기 전에 생각하라고 일깨우고, 무엇에 우선순위를 둘 것인지를 결정하도록 도와준다. 이 원리를 지키면 일시적인 기분이 아닌 논리적인 과정에 따라 변화를 추진할 수 있다. 어느 정도의 역사를 가지고 있는 교회라면, 어느 교회나 오랫동안 즐겨 행해 온 사역이 있기 마련이다. 그런 사역들은 교회에서 가장 중요한 비중을 차지한다. 그와는 달리 이미 효율성이 다했으면서도 여전히 귀중한 자산을 축내고 있는 사역들도 있다. 그런 사역들은 1980년대의 '애시드워시 청바지'처럼 내버렸어야 하는데도 여전히 귀중한 공간을 차지하고 있다(내가 말하는 것은 참여자가 소수인 사역이 아니다. 사역의 가치와 규모는 아무런 상관이 없다. 지금 나는 효율성에 관해 말하고 있다).

건강한 작은 교회는 새로운 아이디어를 실행한 이후가 아닌, 그 이전에 잡다한 일들을 줄이기 시작한다. 교회의 공간을 계속 점검하며, 비우는 작업이 필요하다. 그래야만 새로운 것을 더할 준비가 갖추어진다.

아래의 질문들을 생각해 보는 것에서부터 시작하라.

- 어떤 사역들이 효율성이 사라졌는가?
- 어떤 사역들이 그 가치보다 시간과 비용과 에너지를 더 많이 축내고 있는가?
- 만약 오늘 교회를 새로 시작했다면 이 사역을 할 것인가?
- 어떤 사역들이 교회의 사명이나 비전에 부합하지 않은가?
- 이 사역을 새롭게 수정할 것인가, 아니면 중단할 것인가?
- 할 필요가 없다고 생각되는 일을 하고 있지는 않은가?

이런 평가와 점검이 이루어진 후에 효율성이 떨어졌다고 판단한 사역들을 처리하는 방법은 대략 세 가지다.

1. **새롭게 수정한다.** 새로운 단장이 필요한 사역들이 많다. 사역의 기반이 견실하고, 타당한 필요를 충족시키고 있고, 핵심 지도자들이 참여하고 있는 경우에는 약간의 격려와 위로를 제공하면 다시 새로운 활력을 부여할 수 있다.
2. **다른 것으로 대체한다.** 새로운 단장 이상의 것을 필요로 하는 사역들이 있다. 그런 사역들은 좀 더 효과적인 사역으로 대체해야 할 필요가 있다.
3. **완전히 없앤다.** 어떤 사역들은 더 이상 필요를 채워주지 못한다. 존재해야 할 이유가 모두 사라졌다. 작별을 고할 때가 되었다면, 용기 있게 포기할 수 있어야 한다.

세 경우 모두, 아직 그런 사역에 관심을 기울이는 교인들이 있다면 부드럽게 대해주어야 한다. 그들의 필요가 무엇인지 잘 듣고, 인정해 주어야 한다. 사역을 바르게 회복시킬 수만 있다면 최선을 다해 사역을 개조하거나 대체하는 과정에 그들의 참여를 이끌어내는 것이 좋다. 사역을 중단해야 할 경우에는 그동안 거기에 기여해 온 사람들의 공로를 치하해야 한다. 사람들이 변화의 과정에서 소외감을 느끼게 만들어서는 안 된다. 그러나 '사람들의 감정을 상하게 하지 않기 위해 비효율적인 사역을 지속하는 것은 결코 바람직하지 않다.'라는 한 가지 원칙만은 꼭 기억해야 한다.

'공간의 원리'를 지키는 것이 항상 쉽지만은 않다. 그런 일은 하루아침에 일어나지 않는다. 그러나 그것은 반드시 필요한 일이다. 이 규칙을 지키기 시작하면, 그 과정 자체가 교회의 성격을 결정짓는 요인이 된다. 변화를 거부했던 교인들은 효율성을 위해 교회의 사역을 평가하고, 새롭게 고치는 것이 필요하다는 것을 이해할 수 있다. 교인들이 감정적으로 마음을 기울여 온 사역들이 없어지면, 처음에는 어느 정도 충격이 있겠지만 그것이 지나고 나면 대다수 교인들은 자신들의 시간과 에너지가 과거보다 더 큰 효과를 낼 수 있다는 것을 깨닫고 감사할 것이다.

교회가 건강해질수록 공간의 능력이 더 커진다. 지도자 훈련, 좀 더 효율적인 체계, 시설 개선과 같은 일을 시도하다 보면 공간의 능력이 확장되어 목회자와 교회에 추가적인 부담을 안겨주지 않은 상태에서 더 많은 사역을 할 수 있는 여력이 생겨난다.

사역을 개선하고, 대체하고, 없애는 것은 옛 것 대 새 것, 큰 것 대 작은 것의 문제가 아니다. 그것은 효율적인 것 대 비효율적인 것의 문제다. 교인들의 마음과 생각과 정신을 두고 벌이는 싸움에서 목회자는 효율성의 편에 서야 한다.

그렇다면 효율성과 비효율성을 따진다면 소그룹 사역은 어떻게 판단해야 할까?

작은 교회의 소그룹 사역

소그룹 사역이 꼭 필요하다고 말하는 사람들이 많지만, 사실 건강한 작은 교회가 모두 그 사역을 필요로 하는 것은 아니다. 큰 교회의 경우는 반드시 필요한 사역 가운데 하나이지만, 작은 교회의 경우는 그렇지 않다. 작은 교회에서 소그룹 사역을 시도했지만 사역이 왕성하게 이루어지지 않았다면, 최소한 잠시 동안만이라도 중단해야 할 필요가 있다.

우리 교회는 수십 년 동안 소그룹을 운영했지만 성공을 거두지 못했다. 우리가 알아낼 수 있는 소그룹 사역의 방법을 모두 적용했지만 결과는 좋지 않았다. 처음에는 사역이 왕성하게 시작되었다가도 몇 달이나 일 년이 지나면 다시 시들해졌다. 그 뒤로 우리 교회는 몇 년 동안 소그룹 모임을 갖지 않았다. 그러자 우리 교회에 맞지 않는 일을 하려고 애쓰다가 실패하거나 에너지를 낭비하거나 좌절감을 느끼는 일이 사라졌고, 소그룹 사역을 다시 시작할 준비를 갖출 때까지 우리가 잘 할 수 있는 사역들에 집중할 수 있는 여력이 생겨났다.

소그룹의 필요성을 점검하고, 판단하는 네 가지 방법

첫째, 우리의 작은 교회가 이미 훌륭한 소그룹이라는 사실을 생각해 봐야 할 필요가 있다. 큰 교회가 소그룹 사역을 필요로 하는 이유는 규모가 크기 때문이다. 큰 그룹 모임만 있어서는 영적 생활의 친밀하고, 인격적인 측면이 충분히 해소되기 어렵다. 그러나 작은 교회들 가운데는 소그룹 사역이 필요하지 않은 교회들이 많다. 그 이유는 그들이 이미 소그룹이기 때문이다.

사실 지금 작은 교회를 이끌고 있는 목회자는 자신이 배우려고 애쓰는 소그룹 전문가들보다 소그룹에 더 정통할 수도 있다. 교회가 작다고 실망하지 말고, 그 장점을 찾으려고 노력하라. 함께 모일 때마다 작은 교회의 관계와 친밀함과 친화성을 적극 살려나가라.

둘째, 교인들의 동태를 잘 살펴야 한다. 교인들이 서로 불화하면 파당을 지어 나뉘게 된다. 내가 '코너스톤 교회'에 처음 왔을 때, 작은 교회의 낙심한 교인들은 서로 파당을 지어 분열된 상태였다. 십년 동안 다섯 명의 목회자가 거쳐 갔으니 그러는 것이 당연했다. 그곳에서 처음 맞이한 주일 아침에 그런 분열의 상태가 역력히 드러났다. 예배당을 둘러보니 작은 공간 안에 의자가 너무 많았다. 두세 명의 교인들이 모여 앉을 수 있게 의자들을 배열한 곳이 네 군데였고, 아홉 명이나 열 명이 모여 앉을 수 있게 배열한 곳이 한 군데였다.

나는 두 번째 주일에 의자들을 절반만 펴 놓고, 배열 구간도 네 곳에서 세 곳으로 줄였다. 그리고 특별히 중간 구간에 의자들을 많이 놓아 모두들 그곳에 모여 앉으라고 권유했다. 그것은 교회를 치유하는 과정의 첫 단계였다. 교인들은 서로 나뉘어 앉지 않았기 때문에 더 이상 서로 분리된 느낌을 받지 않았다. 작은 교회에서 교인들을 소그룹으로 나누는 것은 때로 우리 교회에서 이전에 의자를 나누어 배열한 것과 같은 위험(함께 모여야 할 사람들을 나누는 위험)을 초래할 수 있다.

셋째, "우리 교회에 소그룹 사역이 꼭 필요한가?"라는 질문을 생각해 봐야 한다. 만일 그렇다면 소그룹 사역을 시작해도 좋다. 그러나 그렇지 않은데도 소그룹을 운영한다면 그것은 단지 그렇게 하는 것이 필요하다는 말을 들었기 때문에 하는 것에 지나지 않는다. 건강한 교회에 소그룹 사역이 필요하다고 말하는 사람들이 틀린 것은 아니지만, 작은 교회를 그대로 운영해도 아무런 문제가 없다는 점을 고려하지 않은 채 무작정 큰 교회의 관점에서 말한 것일 가능성도 배제할 수는 없다.

넷째, "교회 안에 소그룹 사역을 잘 할 수 있는 열정과 의욕과 재능과 리더십을 갖춘 사람이 있는가?"라는 질문을 생각해 봐야 한다. 만일 그렇다면 그런 사람을 사역의 동지로 삼아 적절한 훈련을 거쳐 사역을 맡아 하게 하라. 그러나 만일 그렇지 않다면 막연히 누군가가 나서서 이끌어주기를 바라는 마음으로 소그룹 사역을 시작해서도 안 되고, 목회자가 직접 소그룹을 이끌어서도 안 된다.

목회자는 이미 소그룹, 곧 작은 교회를 이끌고 있다는 사실을 기억해야 한다. 위대한 지도자는 기존의 사역에 자신을 맞추는 것이 아니라 위대한 사역을 시작하고, 이끈다.

큰 교회들은 교인들이 주일에 경험하지 못하는 친밀한 교제와 기도의 시간을 소그룹 사역을 통해 향유할 수 있도록 적절한 환경을 조성한다. 그러나 건강한 작은 교회에서는 교인들이 이미 주일 모임에서 예배와 가르침과 깊은 교제를 경험할 수 있다. 아마도 그것이 그들이 처음부터 작은 교회를 선택한 이유 가운데 하나일 것이다. 우리는 갈수록 분주해지는 문화 속에 살고 있다. 사람들에게 주일마다 많은 시간을 교회에서 보내도록 권유하려면 사역 팀의 경우처럼, 그들이 일상 속에서 얻지 못하는 무엇인가를 제공해야 한다(여기에서 말하는 사역 팀은 이런저런 위원회가 아니라 실제로 사역과 봉사에 힘쓰는 팀을 말한다).

우리 교회가 소그룹 사역을 일단 중단한 기간에, 주일 오전 예배와 청소년 모임 외에 힘을 기울인 행사는 사역 팀을 운영하는 것이 유일했다. 사역 팀은 교회마다 다르다. 아마도 각자 자기 교회에서 이미 몇 개의 사역 팀을 운영하고 있을 것이 분명하다. 예를 들면 무상으로 식료품을 나눠주고, 노숙자들을 보살피고, 기드온 성경을 나눠주는 것과 같은 사역을 하고 있을 것이다. 만일 그렇다면 소그룹을 운영하는 데 에너지를 쏟는 것을 중단하고, 교인들의 단합을 이끌어내고, 그들에게 목적의식을 부여하고, 다른 사람들의 필요를 충족시켜 줄 수 있는 사역에 좀 더 많은 힘을 기울이는 것이 낫지 않겠는가?

현장에서 직접 중요한 사역을 하는 것보다 교인들을 더 굳게 결속시킬 수 있는 것은 없다. 만일 그런 사역 팀이 존재하지 않는다면 그것이 곧 소그룹이 원활하게 운영되지 않는 이유 가운데 하나일 수 있다. 함께 모여 사역을 하지 않는 교회는 교제나 기도나 베푸는 것은 물론, 심지어는 예배를 위한 동기조차도 부여하기가 어렵다.

사역 팀을 시작하려면 다음 세 가지 요건이 갖춰져야 한다.

필요 : 필요로 하는 사람이 아무도 없는 사역은 해봤자 아무런 의미가 없다.

지도자 : 팀을 이끌 수 있는 열정과 재능과 은사를 갖춘 사람이 필요하다. 대개 지도자가 최초의 아이디어를 제안한다.

팀원 : 지도자 혼자 내보내지 말라. 팀원이 없으면 통솔력을 발휘할

수 없고, 혼자 고군분투하다가 기진맥진해질 것이다.

　위의 세 요건을 갖추었으면 다른 사람들과 교회는 물론, 참여자들에게까지 유익을 줄 사역 팀을 운영할 수 있다. 함께 사역을 하는 사람들은 하나님과 그분의 말씀과 서로를 의지할 것이고, 그로써 힘을 얻고, 책임 있게 임무를 수행할 것이다. 바로 그것이 우리가 소그룹 사역을 통해 얻기를 원하는 것이 아니겠는가?

고무줄과 같은 리더십 :
변화를 통해 교회를 이끌 때 긴장 강도를 이용하는 기술

　나는 필요한 변화의 과정을 거치는 동안, 나를 포함한 모든 교인들이 당혹해하지 않고서 변화를 받아들이도록 도와준 한 가지 원리를 발견했다. 나는 우리를 하나로 연결하는 기다란 고무줄이 있다고 상상했다.
　내가 충분한 변화를 요구하지 않으면, 고무줄이 느슨해져 사람들을 끌어당길 수가 없다. 그로 인한 결과는 수동적인 태도와 비효율성이다. 반대로 내가 교인들보다 너무 앞서 나가 끌어당기면 고무줄이 끊어질 수 있다. 그렇게 되면 교회는 방향을 잃고, 지도자는 홀로 좌절한다.
　중요한 것은 긴장 강도다. 지도자는 긴장을 가중시켜 교인들을 강요해서는 안 된다. 교인들은 이미 충분한 긴장감을 느끼고 있다. 훌륭한 지도자라면 기존의 긴장 상태를 지렛대처럼 활용하는 방법을 적용할 것이다.
　내가 코너스톤 교회에 처음 왔을 때였다. 주중 성경 공부를 마치고 나서 교회 설립자 가운데 한 사람을 잠시 만났다. 그런데 그때 근처에서 소란한 소리가 들렸다. 고개를 돌려보니, 약 10미터쯤 떨어진 곳에서 십대 소년 두 명이 서로 욕을 하고 주먹을 휘두르면서 싸우고 있었다. 나는 곁에 서 있는 나이든 신자를 쳐다보았다. 그녀는 두려움이 아닌 놀라움으로 얼굴이 창백해졌다. 나는 그런 그녀의 눈을 똑바로 바라보면서, "음, 멋지네요."라고 말했다.

그녀의 놀라움은 충격으로 바뀌었다. 그 순간, 나는 "교회 안에 있는 죄인들을 한 번 생각해 보세요."라고 얼른 덧붙였다.

그리고 나서, 나는 그 기회를 이용해 그녀에게 우리가 성경 공부 시간에 다루었던 내용(불신자들은 신자들처럼 행동하지 않지만 우리는 어떻든지 그들을 사랑해야 한다는 것)을 상기시켜 주면서, 싸움이 벌어지자 청소년 지도자 두 사람이 얼른 달려들어 두 소년을 떼어놓으면서 2주 동안 청소년부에 나오지 말라고 말하는 것을 말렸다.

그러면서, "우리 교회가 저런 소년들이 교회에 나오는 것을 막는다면, 청소년부가 청소년들에게 사랑을 받는 모임이 될 수 있을까요?"라고 물었다.

그녀는 확신이 없는 표정으로 고개를 끄덕이며 내 말을 귀담아 들었다.

그런 상황에서, 나도 그녀의 긴장감을 완화시켜 주기 위해 그녀처럼 놀라움과 충격을 받은 표정을 지을 수도 있었다. 하지만 나는 그렇게 하지 않고 그 순간의 긴장 상태를 이용해 그때까지 그녀가 단지 이론적으로만 알고 있던 교훈을 구체적으로 가르쳤다.

긴장 상태를 지렛대처럼 이용하는 기술은 사실 그렇게 쉽지 않다. 지도자는 사람들을 앞으로 이끌어 나갈 때 적절한 긴장 강도를 유지함으로써 리더십의 끈이 끊어지지 않게 해야 한다. 긴장 강도가 너무 약하거나 너무 강하지 않은 상태로 적절하게 유지하는 것이야말로 지도자가 해결해야 할 가장 힘든 일 가운데 하나다. 오랫동안 그런 상태를 유지해야 할 상황이라면 그 일은 특히 더 어려워진다.

나는 작은 교회 목회자들을 상대로 일하면서 교인들이 변화를 거부한다고 불평하는 소리를 많이 들었다. 그런 불평의 원인을 추적해 올라가면 긴장 강도가 너무 강했거나 아니면 약했거나, 또는 그 두 극단 사이를 너무 무모하게 오갔기 때문이라는 것을 알 수 있었다.

앞서 말한 대로, 교인들은 변화에 잘 대처할 수 있다. 그들이 대처할 수 없는 것은 갑작스러운 놀라움이다. 교인들에게 아무런 요구도 하지 않았던 지도자가 갑자기 너무 많은 요구를 하는 것보다 그들에게 더 큰 놀라움과 절망감을 안겨주는 것은 없다.

긴장 강도를 지나치게 강하게 하면, 지도자와 교인들 사이의 연결 고리가 많은 고통을 야기하면서 갑자기 끊어질 수 있다. 심지어는 영구적인 단절이 이루어지는 경우도 적지 않다.

큰 사건과 위기와 혁신을 통해 교인들을 이끄는 지도자들은 긴장 강도를 적절하게 잘 유지하는 방법을 알고 있다. 그들은 그 끈의 강도를 강화하고, 변화에 대한 교인들의 수용력을 증대시켜 변화를 좀 더 수월하게 받아들이게끔 이끈다.

일부러 긴장 상태를 조성할 필요는 없다. 세상에는 이미 충분한 긴장감이 존재한다. 몇 가지 간단한 원리를 준수하고, 흔히 저지르는 약간의 실수만 피한다면 우리는 교회와 우리의 유익을 위해 기존의 긴장 상태를 지렛대로 활용할 수 있다.

첫째, 지켜야 할 원리들은 다음과 같다.

- 진실함으로 이끌어라. 리더십의 모든 장점은 진실한 데서 비롯하고, 리더십의 모든 약점은 진실하지 않은 데서 비롯한다.
- 오랜 기간이 지나도 항상 일관성을 유지하라.
- 교인들의 말을 귀담아 듣고 그들이 무엇을 수용할 수 있는지를 파악하라.
- 긴장감을 규칙적으로 자극하면서 휴식을 허락하라(이것은 근육의 힘을 기르는 이치와 같다).
- 실수를 저질렀다면 기꺼이 인정하라.
- 교인들에게 많이 감사하라.
- 모범을 보여라.
- 교인들에게 더 나은 미래를 제시하라.
- (하나님이 우리의 변화를 촉구하실 때 하시는 것처럼) 교인들이 변화의 필요성을 이해할 수 있는 시간을 제공하라.

둘째, 피해야 할 실수들은 다음과 같다.

- 교인들의 감정을 무시한다.
- 너무 많은 것을 너무 빨리 요구한다.
- 교인들이 감당할 수 없을 때 불평을 토로한다.
- 이유를 설명하지 않고 변화를 요구한다.
- 아무 말 없이 갑작스레 종종 방향을 바꾼다.

- 더 나은 대안을 제시하지 않고 교인들에 대해 불평한다.
- 거창하게 시작했다가 미약하게 끝나거나 마무리를 잘 짓지 않는다는 평을 듣는다.
- 교인들에게만 변화를 요구하고, 목회자 자신은 변화하지 않는다.
- 오랫동안 아무런 변화도 시도하지 않다가 느닷없이 많은 변화를 추구한다.

긴장 강도의 적절성은 개개의 교회나 상황에 따라 다르다. 예를 들어 전통적인 교회에서 새로운 예배 찬송을 도입하고 싶을 때는 여러 달 동안 새로운 찬송가를 한 가지도 시도해 보지 않고 지나서도 안 되고(이 경우는 긴장이 충분하지 않다), 또 한 주일에 새로운 찬송가를 너무 많이 시도해서도 안 된다(이 경우는 긴장이 너무 강하다). 그런 경우에는 이렇게 하는 것이 좋다.

1. 몇 주 동안 예배 전후에 새로운 찬송가들을 섞어서 배경 음악으로 틀어라.
2. 그런 찬송가 가운데 한 곡을 예배 중에 불러라(몇 주 동안 들었기 때문에 모두 익숙하게 느낄 것이다). 그리고 3주에 두어 번씩 그 찬송가를 불러라.
3. 두세 주 지나서 또 다른 새로운 찬송가 한 곡을 배경 음악에 더하라.
4. 그런 식으로 일 년 동안 해나가면 교인들이 낯설게 느끼지 않을 새로운 찬송가가 약 20여 곡에 달할 것이다.

적절한 강도의 긴장이란 바로 이런 것이다.

10.

교회가
잘 할 수 있는 일을 찾아
그것을 하라

큰 교회에 적합한 틀을 가지고 작은 교회를 이끄는 것은 건강하지 못하다. 각자의 규모에 적합한 방법을 적용하는 것이 필요하다. 그렇게 하면 반드시 필요하다고 생각했던 일이 사실상 그렇게 필요하지 않다는 것을 알 수 있다.

예를 들어, 주일 예배 참석자가 20명 이하인 경우에는 그들을 일렬로 앉히거나 마이크를 사용하거나 악단을 이용해 예배를 인도하거나 다양한 연령층으로 구분한 유아 시설을 갖추는 것이 필요하지 않다. 그런 규모의 교회라면 의자를 둥글게 배치하고, 육성으로 말하고, 함께 기도하며 찬송을 부르는 것이 가장 좋다. 질문과 답변의 시간을 갖는 것도 좋은 방법이다. 혼자서만 말하지 말고, 대화를 나누는 시간을 늘려라.

일단 교회에 적합한 방법으로 사역을 하기 시작했다면, 잘 할 수 있는 일을 찾아 그것을 잘 해나갈 수 있는 전략을 세울 수 있다. 큰 교회들을 모방하려고 시간과 에너지를 불필요하게 낭비하는 교회들이 너무나도 많다.

그렇다면 어떻게 해야 작고 강한 교회를 만들 수 있을까? 자신의 소명이 무엇인지를 발견해 그것을 잘 하면 그렇게 할 수 있다.

궁수의 비유

한 남자가 농장을 돌아다니다가 헛간 모퉁이를 돌아가 보았더니 어떤 궁수가 표적을 맞히는 연습을 하고 있는 모습이 눈에 띄었다. 헛간 한쪽 옆에 표적이 다섯 개 있었는데 모두 정중앙에 화살이 꽂혀 있었다.
그 남자는 궁수에게 "와우! 참으로 인상적입니다. 모든 표적의 중앙을 맞힌 것을 보니 그동안 연습을 굉장히 많이 한 것이 틀림없네요. 비결이 무엇입니까?"라고 말했다.
궁수는 아무 대답도 하지 않고 헛간 쪽으로 걸어가서 화살을 모두 뽑아 화살 통에 집어넣고는 헛간 다른 쪽으로 돌아 걸어갔다. 그 쪽에는 아무 것도 없었다. 표적은 없고, 단지 작은 문이 하나 있을 뿐이었다. 궁수는 화살을 하나 꺼내 문을 겨누더니 그곳을 향해 화살을 쏘았다.
화살은 문을 멀리 비켜 지나갔다. 그것을 본 남자는 깜짝 놀랐다.
그러나 궁수는 창피해야 할 일이 분명한데도 아무런 감정을 드러내지 않은 채 화살을 하나 더 꺼내 쏘았다. 그 화살도 크게 빗나갔다. 그런 식으로 다섯 개의 화살을 모두 쏘았지만 모두 문을 비껴나가 헛간 벽에 아무렇게나 꽂혔다. 궁수는 그래도 전혀 화를 내지 않고, 활을 내려놓고, 헛간 구석으로 걸어가서 붉은색 페인트가 담겨 있는 작은 깡통과 붓을 집어 들고는 화살을 중심으로 표적을 그렸다.

나는 작은 교회가 하나님이 하라고 부르신 일이 무엇인지를 발견하거나 재발견하는 방법을 설명할 때 이 예화를 즐겨 사용한다.

먼저 헛간을 향해 화살을 쏘아라. 구체적으로 말해, 하나님이 하라고 부르신 일이라고 알고 있는 것을 하라. 왜냐하면 그것이 곧 모든 교회가 부르심을 받은 일이기 때문이다. 그 일은 다름 아닌 가장 큰 계명과 지상 명령이다. 아직은 구체적인 계획이나 선교 전략이나 목표를 세우려고 애쓰지 말라. 교회의 사명(하나님을 사랑하고, 사람들을 사랑하고, 말씀을 가르치고, 믿음을 전하고, 어려운 사람들을 섬기는 일)을 행하라. 그러면서 자신이 쏜 화살이 어디에 맞는지를 살펴라.

비유의 궁수가 화살을 다섯 발이 아니라 수백 발을 쏘았다면, 그와 남자는 화살이 어떤 유형을 형성하는지를 알게 되었을 것이다. 궁수가 팔꿈치를 좀 더 높일 경우에는 화살이 아래로 떨어지거나 일부 화살이 오른쪽이 아닌 왼쪽으로 틀어지는 것을 발견했을 것이다.

잠시 후면 궁수의 성향, 화살의 재질, 풍향의 변화를 비롯한 여러 가지 요인으로 인해 화살이 헛간 벽의 한쪽 부위에 몰려 꽂힐 것이다. 그리고 그 가운데 절반 정도는 두세 군데로 흩어져 꽂혀 있게 될 것이다. 자, 그러면 그 다음에는 어떻게 해야 할까?

화살들이 몰려 꽂혀 있는 곳에 관심을 집중하고, 붓과 페인트로 그곳에 표적을 그려라. 만일 실수로 그런 부위에 일정하게 화살을 맞혔다면 의도적으로 그곳을 겨냥했을 때는 화살을 얼마나 더 많이 맞힐 수 있을 것인지를 생각하라.

이것이 작은 교회가 잘 할 수 있는 일을 찾아내는 방법이다. 우리는 먼저 반드시 해야 한다고 알고 있는 것(가장 큰 계명과 지상 명령)을 실천했다.

그리고 효과가 있는 아이디어에는 관심을 기울이고, 그렇지 않은 것은 버리고 나니 일정한 유형이 드러났다. 많은 시행착오가 있었다. 우리가 쏜 화살이 많이 낭비되었지만 표적을 맞히지 못했다고 화를 내지 않고, 그것을 초점을 좁힐 수 있는 정보로 활용했다.

그런 유형을 발견하기 위해 사역의 일부를 포기해야 했다. 예를 들어 대다수 교회는 연령층을 기준으로 사역을 나눈다. 그러나 연령층을 기준으로 삼는 것이 항상 사역의 성패를 좌우하는 것은 아니다. 우리는 그런 사실을 통해 우리의 일차적인 사역의 강점들이 반드시 연령층을 기준으로 하는 방법과 연관되지 않는다는 점을 깨달았다. 물론 우리는 여전히 연령층을 고려한 행사들을 하고 있지만, 그것이 우리가 추구하는 사역의 목표는 아니다.

우리는 이탈 교인들을 다시 교회로 불러오는 일, 등한시되었던 것들을 새롭게 발견하는 일, 사람들을 훈련시켜 전임 사역에 투입하는 일을 잘 하는 것으로 밝혀졌다. 우리는 그것에 근거해 제자 양육과 팀 사역을 위한 새로운 방법들을 고안해 냈고, 우리에게 그런 일들을 잘하는 자연스런 능력이 있고, 또 앞으로 더욱더 나은 기량을 발휘할 수 있는지를 알기 위해 의도적으로 힘을 기울여 노력했다.

그렇게 하다 보니, 한동안 교회를 떠났던 사람들의 믿음을 다시 회복시키는 일에서 놀라운 실적을 거두게 되었고, 부주의로 인해 등한시되었던 사람들이나 사역을 찾아내 활기차게 일하게 되었으며, 계속해서 교인들을 훈련시켜 선교 현장이나 다른 교회의 전임 사역자로 보낼 수 있게 되었다. 우리 교회에서는 훈련을 받고 전임 사역자가 되어 떠나는 대학생, 고등학교 과학 교사, 어린 자녀들을 둔 젊은 부부들과 작별 인사를 나누는 일이 심심하지 않게 일어난다.

  화살을 쏘는 것에서부터 시작하라. 화살이 꽂히는 지점에 대해서는 걱정하지 말고, 단지 유심히 살펴보기만 하라. 새로운 아이디어를 실험하라. 교인들의 제안과 의견에 귀를 기울여라. 필요가 무엇인지를 찾아내 그것을 충족시켜라. 물론 어떤 사람이 무슨 아이디어나 제안을 내놓든지 거부하지 못하고, 무작정 화살을 쏘아대서는 곤란하다. 그렇게 해서는 아무런 효과도 거둘 수 없을 것이다.

  위대한 궁수가 될 필요는 없다. 단지 표적을 그려야 할 곳이 어디인지만 알아내면 된다.

가치 있게 생각하는 것을 전면에 내세워라 :
잘 하는 것을 부각시켜라

  집중해야 할 사역들이 드러난 후에는 다른 것들보다 그것들을 먼저 앞세우라. 안타깝게도 교회들은 항상 이 점을 간과하는 경향이 있다. 우리는 가장 잘하는 사역을 부각시키기보다는 여러 가지 행사와 세심한 건물 관리와 부적절한 프로그램과 불분명한 말들에 시간과 관심을 빼앗길 때가 많다.

  어린아이들과 가정을 강조하고 싶은가? 그러면 무엇을 하든지 어린아이 친화적인 성격을 띤 방법을 적용하는 것이 중요하다. 교회 앞에 깃발과 풍선들을 걸어 놓고, 주일학교 벽만이 아니라 예배당 현관 입구 안쪽 벽에도 교회에 나오는 아이들이 만든 그림이나 작품을 전시해 놓으라.

  친절하다는 평을 받고 싶은가? 그러면 주차장으로 가는 사람들에게 미소를 띤 얼굴로 손을 흔들어 줄 수 있는 안내 위원들을 배치하라. 또 예배당 의자가 놓인 각 구역마다 안내 위원들을 배치해 방문자들을 반갑게 맞이하고, 예배 전후에 다른 교인들에게 그들을 소개하게 하라(예배 도중에 방문자를 일으켜 세워 놓고 스스로를 소개하게 하는 방법은 바람직하지 않다. 그런 방법은 친절한 느낌보다는 어색한 느낌을 주기 쉽다).

설교를 강조하고 싶은가? 그렇다면 예배가 시작되고 나서 3, 40분 뒤에 설교를 전하는 순서에 얽매일 필요가 없다. 설교를 먼저 전하고, 그 말씀에 따라 예배를 드리는 순서를 따를 수도 있다.

이런 식의 방법을 취한 교회를 두 곳만 소개하고 싶다. 하나는 초대형 교회이고, 다른 하나는 작은 교회다.

첫째, 오스트레일리아에 있는 '힐송 처치'는 전에는 '힐스 크리스천 라이프 센터'로 불렸지만 나중에 예배 음악으로 유명해졌다. 그들은 교회 음악을 출판하는 회사의 이름으로 '힐송'을 사용했다. 그런데 모든 사람이 그 이름으로 그들의 교회를 지칭하기 시작했다. 브라이언 휴스턴 목사는 사람들이 힐송 음악으로 자신의 교회를 인지하는 것을 알고는 그것을 전면에 내세워 교회 이름을 '힐송 처치'로 개칭했다.[1]

둘째, '킹스뷰 교회'는 캘리포니아 주 아이온이라는 인구 7,000명의 작은 마을에 위치한 작은 교회다. 이 교회의 소명은 어린아이들을 위해 사역하는 것이다. 따라서 그들은 스스로를 '어린아이들을 돌보는 교회'로 일컫는다. 그들은 매주 농구를 하는 등, 항상 어린아이들을 위한 행사를

1] Andrew Clark, "Interview with HILLSONG Founder Brian Houston", Christianity Today, August 2004, https://www.christiantoday.com/article/interview.with.hillsong.founder.brian.houston/1257.htm.

부각시키고, '루럴 컴패션'과 같은 자선 단체와 손을 잡고 매년 어린아이들에게 배낭 형태의 책가방을 무상으로 나눠준다. 그들의 페이스북에는 교회 건물을 배경으로 두어 잘 보이지 않게 하고, 그 앞에 공기로 부풀려 만든 튜브식 미끄럼틀을 즐기는 어린아이들의 모습을 크게 담은 사진이 게재되어 있다. 댄 에퍼슨 목사가 이끄는 이 교회는 자신들의 사명을 시각적인 방식으로 전면에 내세움으로써 교회의 일차적인 사역 목표가 무엇인지를 선명하게 보여주고 있다.

그렇다고 해서 굳이 교회의 이름을 바꾸거나 공기로 부풀려 만든 튜브식 집을 찍은 사진을 페이스북에 올려놓을 필요는 없다. 위의 아이디어들을 영감을 얻는 소재로 삼고, 다음의 질문들을 생각해보기 바란다.

- 우리 교회가 이미 잘하고 있는 것은 무엇일까?
- 우리 교회가 실제로 잘할 수 있는 것은 무엇일까?
- 우리 교회가 어떤 교회로 알려지기를 원하는가?
- 과녁을 빗나가고 있지는 않은가?
- 잡다한 것을 제거하고, 우리가 잘하는 것에 집중하려면 어떻게 해야 할까?

이것은 단순한 트릭이 아닌 사명에 관한 문제다.

하나님이 어떤 소명을 주셨는가? 우리 교회가 존재하는 이유는 무엇인가? 사람들에게 그 존재 이유를 어떻게 알릴 것인가? 이런 질문들에 대해 어떻게 대답하느냐에 따라 새로운 사람들을 얼마나 잘 교회로 인도할 수 있는지가 결정된다.

많은 교회를 조용히 돌아다니며 관찰하는 교회 상담사 그렉 앳킨슨은, 대다수 사람들은 교회 주차장으로 진입하는 처음 10분 사이에 그 교회에 다시 올 것인지 아닌지를 무의식적으로 결정한다고 말한다. 그러나 주일 예배를 드릴 때 그 점을 고려하는 교회는 좀처럼 찾아보기 어렵다.[2]

모든 교회는 제각기 '예배 순서'가 있다. 때로는 교단에서 정한 전례에 따라 그 순서가 미리 정해지기도 한다. 심지어는 가장 자유로운 교회들도 우연이든 무의식이든 그 나름의 예배 순서가 있다. 예배 순서는 대개 교회의 사명이 아닌 전통이나 관습에 근거한다.

대부분의 예배 순서는 우리가 가장 잘하는 것을 앞세우지 않고, 가장 못하는 것을 예배의 첫 순서에 두는 경향이 있다. 따라서 방문자들이 우리가 잘 못하는 것만을 보고, 교회에 계속 나올 것인지 여부를 결정하게 될 가능성이 매우 높다.

예를 들어 작은 교회들은 대부분 적절한 예배 인도자를 구하는 데 어려움을 겪는다. 예배는 대개 어떻게 시작할까? 거의 항상 다 함께 찬송가를 부르는 것에서부터 시작한다. 성경은 "여호와께 즐거이 소리칠지어다"(시 98:4)라고 말씀하지만, 그것이 꼭 찬송가를 먼저 부르라는 의미는 아니다.

나의 경험을 한 가지 소개하면 이렇다. 우리는 꽤 오랫동안 본인조차도 예배 인도에 재능이 없다고 생각하는 사람들을 예배 인도자로 내세

---

[2] Garey Nieuwhof, "Most First-Time Visitors Decide if They'll Return in the First 10 Minutes: Don't Lose Them", Church Leaders, April 21, 2017, https://churchleaders.com/outreach-missions/outreach-missions-articles/302537-first-time-visitors-decide-theyll-return-first-10-minutes-dont-lose-carey-nieuwhof.html.

웠다. 그리고 주일마다 우리가 잘하는 것(설교)을 하기 전에 그런 예배 인도자를 따라 교인들이 2, 30분 동안 이런저런 순서를 갖게 만들었다.

그러면 어떻게 해야 교회가 가장 잘하는 사역을 예배 순서 중간에 두는 습관을 버릴 수 있을까? 간단하다. 예배 순서를 바꾸면 된다. 잘하는 것을 전면에 내세워 가장 탁월한 것을 먼저 제공하라(만일 교회의 예배 순서가 엄격한 예전에 따라 미리 고정되어 있는 경우라면 이 말을 무시해도 좋다).

이런 종류의 변화가 너무 급진적이라고 생각할 사람들이 많을 것이다. 그러나 나로서는 지금도 왜 30년 전에, 그러니까 그런 것이 가장 필요할 때 미처 그런 생각을 하지 못했나 하는 아쉬움을 느낀다.

예배 순서를 새롭게 구성하라

주일 예배를 드릴 때 잘하는 것을 전면에 내세워 부각시키려면 일단 예배의 요소부터 결정해야 한다. 예배의 요소들은 대개 다음과 같이 구성된다.

1. **회중 찬송**
2. **기도**
3. **성경 봉독**
4. **성찬**
5. **특별 찬양**
6. **헌금**
7. **설교**

8. 교제

이번에 해야 할 일은 조금 더 어렵다. 최근에 위의 요소들을 얼마나 잘했는지 정직하게 등급을 매긴 후에 목록을 다시 작성하라. 가장 잘하는 것부터 가장 못하는 것이 아래의 목록과 같은 교회들이 있을 것이다.

1. 교제
2. 성경 봉독
3. 설교
4. 성찬
5. 기도
6. 헌금
7. 특별 찬양
8. 회중 찬양

이번에는 목록을 보면서 스스로에게 "왜 내가 방금 적은 대로 가장 잘하는 것부터 가장 못하는 것의 순서대로 예배를 드리지 않는 것일까?"라고 물어보라 (여기에서 한 가지 예외를 둔다면, 잘하는 것 가운데 하나를 예배의 끝에 위치시켜 처음과 마지막을 멋지게 장식할 수도 있다).

말도 안 되는 생각이라고 속단하기 전에 잠시 생각해 보라. 지금 가장 잘하는 것이 아닌 가장 못하는 것을 전면에 내세우고 있을지도 모른다. 왜 꼭 그래야만 하는가? 성경에 예배 순서를 분명하게 명시한 내용은 어디에도 없다. 예배 순서는 성경이 아니다.

대다수 교회의 예배 순서는 오래 전에 잊힌 과거의 유물이다. 교인들에게 왜 현재의 예배 순서를 따르고 있느냐고 물어보면 대개는 아무 대답도 하지 못할 것이 분명하다. 어떤 지도자들은 대충 신학적인 이유를 몇 가지 나열해 그 정당성을 설명할 수도 있다. 그러나 그런 설명은 신학적이라기보다는 어설픈 임기응변에 불과하다. 예배 순서는 신학에 근거하지 않는다. 그러나 우리는 괜스레 이상한 신학적 설명을 덧붙이려고 애쓰는 경향이 있다.

예배 순서의 변경은 쉽고, 자유로울 뿐 아니라 언제라도 원상태로 되돌릴 수 있다. 더욱이 현재의 예배 순서에 다른 요소를 더하거나 기존의 요소를 제거할 필요도 없다. 다른 교회의 아이디어를 받아들여 그것을 잘할 수 있을 것이라고 생각하기보다는 현재의 예배 순서를 좀 더 낫게 고치는 것이 더 낫다. 예배 순서의 변경은 마법의 묘약은 아니지만 새로운 변화를 향한 첫걸음이 될 수 있다.

물론 '교인들이 반대하면 어쩌나?'라거나 '교인들이 허락은 했지만 효과가 없으면 어쩌나?' 하는 생각이 떠올라 순간적으로 당혹감이 느껴질 수도 있다. 핵심 지도자들을 그 과정에 가능한 한 빨리 참여시키라고 권하고 싶다. 목회자와 예배 인도자들이 힘을 합쳐 자유롭게 새로운 아이디어를 생각해내야 한다. 예배 인도자들도 그런 일에 큰 열의를 나타낼 가능성이 높다.

실험이 막바지에 이를 즈음에는 무엇이 효과가 있었고, 없었는지, 또 그 이유는 무엇인지에 대해 교인들의 의견을 구하라. '이유'의 타당성은 매우 중요하다. 구체적으로 말해 "교회에 다니지 않는 친구들을 지금 당장 데려오고 싶어요."라는 말에 비하면 "그것은 내가 변화를 싫어하기 때문이에요."라는 말은 별로 중요하지 않다. 무엇이 효과가 있었는지를 결정하는 일은 쉽지 않지만 솔직하게 의견을 제시하고, 거기에 귀를 기울일 수 있는 환경이 조성된다면 좋은 아이디어를 얻을 수 있을 것이다.

만일 그렇지 않거든 지금까지 익숙해져 온 방식으로 다시 되돌아가면 그만이다. 그래봤자 잃는 것은 아무것도 없다.

그러나 효과가 있다면 어떤 일이 일어날지 무척 궁금하다.

Small Church Essentials

11.

사역의
시작과 변화와 중단을
생각하라

"적응하거나 죽거나 둘 중 하나다."라는 말이 있다. 이 말은 특히 작은 교회에 적용된다.

앞으로의 세대 속에서 생존하고, 번성하기를 원하는 교회는 빠르게 변하는 상황에 끊임없이 적응해야 한다.

나는 한때는 우리 교회의 지도자들에게 최소한 '마이크로소프트'사가 새롭게 향상된 윈도우를 출시하는 것만큼 자주(약 3년에 한 번씩) 우리의 사역을 진지하게 평가하는 것이 필요하다고 말하곤 했다.

그런데 지금은 그렇지 않다. '마이크로소프트'사를 비롯한 혁신적인 회사 가운데 몇 년 만에 한 번씩 획기적인 신상품을 출시하거나 업데이트를 하는 기업은 그리 많지 않다. '마이크로소프트'사는 스마트폰의 애플리케이션처럼 사용자들에게 지속적으로 업데이트를 제공한다. 그런 일은 규칙적으로 이루어지기 때문에 대부분 그 사실을 잘 의식하기가 어렵다. 그런 회사들은 더 나은 방법을 발견하면, 그 순간 곧바로 그것을 적용한다.

교회가 그런 속도를 유지할 필요는 없지만, 지금까지 해온 것보다 훨씬 더 잘해야 할 필요는 있다. 한 가지 분명한 사실은 작은 교회가 큰 교회보다 좀 더 빠르게 적응할 수 있는 능력을 지니고 있다는 것이다. 이것은 큰 트럭보다 자전거를 다루는 것이 더 손쉬운 이치와 같다.

그러나 안타깝게도 나 자신의 경험만이 아니라 많은 목회자들과 대화를 나눠본 결과, 작은 교회들은 대부분 그렇지가 못하다. 작은 교회들은 그리스도의 몸에 속한 조직체들 가운데 가장 활기가 없고, 완고하며, 적응을 거부하기로 유명하다. 어떤 작은 교회들은 강단 위에 놓인 모조 화분을 십 년이 넘도록 바꾸지 않는다(심지어는 먼지조차 털어내지 않는다). 그러나 우리는 좀 더 잘 할 수 있다.

나는 지난 25년 동안 '코너스톤 교회'가 정체되어 죽어가는 교회에서 혁신적이고, 활기 넘치는 변화의 역군으로 변신하는 모습을 지켜보았다. 우리 교회는 지금도 여전히 고치고, 적응하고, 개량하고, 변화시키는 일을 진행하고 있다. 사실 그렇게 하고 있는 다른 작은 교회들이 많다.

그렇다면 교인들이 필요한 변화를 거부할 때는 어떻게 해야 할까?

'항상 무엇인가를 변화시켜 나가라'
: 교회 변화의 ABCS

변화는 건강하다. 변화는 좋다. 변화는 정상이다. 모든 생명체는 변화한다. 그렇지 않으면 죽는다.

교회도 예외가 아니다. 복음의 좋은 소식은 삶의 변화, 죽음과 부활, 구원, 날마다 예수님을 닮아가는 것을 전하는 변화의 메시지다. 이것은 우리가 경험할 수 있는 가장 큰 변화다. 교회는 사람들이 탄생과 죽음, 결혼과 세례를 비롯해 인생의 가장 큰 변화를 축하하거나 기념하는 장소다.

물론 가장 중요한 핵심 교리들을 변화시키는 것은 옳지 않다. 그런 교리들은 우리의 토대다. 토대를 건드리는 것은 변화가 아닌 와해를 가져온다. 그러나 성경적인 핵심 진리 외에 다른 모든 것은 변화되어야 할 필요가 있다. 핵심 진리를 변화시키는 교회가 와해되는 것처럼 핵심 진리가 아닌 것을 변화시키기를 거부하는 교회는 죽을 수밖에 없다.

항상 변화를 거부하는 교회 안에서 필요한 변화를 시도하는 것은 목회 사역의 가장 큰 도전 가운데 하나다. 변화의 핵심은 내가 '변화의 ABCS'로 일컫는 것에 있다. 이 말의 의미는 다음과 같다.

'항상 무엇인가를 변화시켜 나가라.'
Always
Be
Changing
Something.

앞서 말한 대로, 코너스톤 교회에 처음 왔을 때 변화시켜야 할 것이 많았지만, 나는 급히 서두르지 않았다. 나는 집사들에게 작지만 반드시 바꾸어야 할 일을 한 가지 말했다. 그들은 모두 크게 중요한 것도 아니고, 쉽게 할 수 있는 일인데도 바꾸어야 할 시기가 많이 지났다는 데에 동의했다.

하지만 처음에 변화의 필요성을 말했을 때의 즉각적인 반응은 부정적이었다. 일부 교인들이 불만을 토로했다. 그들은 변화의 내용에 상관없이 교회와 관련된 것은 무엇이든 새로 바꾸는 것을 원하지 않았다. 성경에 다른 책을 한 권 더 더하자는 것도 아닌데 변화를 이루기가 그렇게 수월하지만은 않았다.

다음 제직회로 모였을 때도 일부 집사들이 언제든 아무것도 바꾸지 않을 것이라는 식의 반응을 나타냈다.

나는 "그래선 안 됩니다. 앞으로는 훨씬 더 주기적으로 변화를 시도해야 할 필요가 있습니다. 사실, 다음에 바꾸어야 할 것은 이것입니다."라고 말했다.

내가 왜 그렇게 말했을까? 다른 사람들을 못살게 구는 것을 좋아해서일까? 그렇지 않다. 내가 다소 충격을 받은 듯한 집사들에게 설명한 대로, 첫 번째 변화가 그토록 힘들었던 이유는 전임 목회자들이 교인들의 반발을 무시한 채 무작정 밀어붙였기 때문이었다.

나는 집사들에게 "주위를 한번 둘러보세요. 이 교회에서 지난 10년 동안 목회자가 계속 바뀐 것 외에는 바뀐 것이 아무것도 없습니다. 그 이유는 두려움 때문입니다. 변화를 두려워하면 건강한 교회가 될 수 없습니다. 지금부터는 변화가 우리의 일상사가 될 때까지 항상 무엇인가를 변화시켜 나가야 합니다."라고 말했다.

결국 우리는 그렇게 했다. 그 순간부터 우리 교회에서는 시설 개선, 교육 내용 향상, 새로운 복음 전도 사역 등, 항상 무엇인가가 변화되었다. 변화는 처음에는 어려웠지만, 나중에는 교회의 관행으로 굳어졌다. 요즘에는 무엇인가 변화가 필요하면 그 방법에 관해 서로 진지하게 의견을 교환할 뿐, 그 이유를 의문시하는 일은 없다.

혹시 궁금하게 생각할지 몰라 말해두지만, 이런 변화의 문화가 신앙의 기본 진리를 의심하게 만드는 일은 결코 없었다. 오히려 본질적이지 않은 것을 변화시키다 보니 본질적인 것을 더욱 강하게 붙잡는 결과가 나타났다. 가장 큰 계명과 지상 명령이 우리에게 그 어느 때보다 더욱 중요해졌다.

교회 지도자들이 저지르는 최악의 실수 가운데 하나는 장기간 동안 아무것도 변화시키지 않다가 한꺼번에 여러 가지를 변화시키려고 시도하는 것이다. 변화를 좀처럼 시도하지 않는 교회는 변화에 서툴 수밖에 없지만, 주기적으로 변화를 시도하는 교회는 변화를 건강한 방식으로 능숙하게 잘 처리한다.

변화가 어려울 때는 변화를 중단하고픈 유혹을 느낀다. 우리는 그런 유혹을 떨쳐버리고, 필요하고 건강한 변화를 추구해 나가야 한다. 예수님을 예배하고, 성경을 존중하고, 사람들을 사랑하는 것과 같은 기본 원리는 굳게 지키고, 그 외의 다른 모든 것은 항상 무엇인가를 변화시켜 나가는 것이 바람직하다.

고착된 사고에서 과정 지향적인 사고로의 전환

특히 답보상태에 있는 교회에서 변화를 시도할 때 부딪치게 되는 어려움 가운데 하나는 아무것도 훼손하지 않고 변화를 이루는 방법을 찾는 것이다. 사람들은 "항상 변화가 이루어지면 모든 것이 혼란스럽게 되지 않을까?"라고 우려한다.

충분히 그런 우려를 느낄 수 있다. 이전의 변화로 인해 피해가 발생한 경우는 특히 더 그럴 수 있다. 이것이 목회자의 충동적인 생각이 아닌 철저한 계획에 근거해 변화를 시도해야 하는 이유다. 사람들이 변화가 필요한 이유를 이해하면 그것을 지지할 가능성이 훨씬 더 커진다. 핵심은 고착된 사고에서 과정 지향적인 사고로 전환하는 데 있다.

고착된 사고는 이상적인 교회 프로그램, 교회 건물, 교회 시설물(기증자의 이름을 새긴 명판을 부착한 거대한 강대상과 같은 것)들을 만들어 놓고 나서 그것을 절대 변하지 않는 우상처럼 떠받들 때 생겨난다.

그와는 달리 변화의 과정은 어떤 프로그램이나 시설도 영원히 지속되는 것은 없다는 사실을 깨달을 때 시작된다. 그런 것들은 신성하지 않다. 신성하다는 칭호는 오직 하나님과 성경의 근본 진리에만 적용된다.

고착된 사고에서는 체계, 시설물, 방법 등이 우리의 본질과 행위의 영구적인 일부가 된다. 건물이 우리의 정체성을 나타내고, 방법이 우리의 신학으로 자리 잡는다. 교회가 변화의 과정을 시작할 때는 무엇을, 왜 변화시켜야 하는지를 알아야 한다.

변화되는 것이 아무것도 없으면 변화는 절대 용납될 수 없는 것이라는 인식이 굳어져 타성에 젖어들기 마련이다. 그러나 주기적으로 더 나아지려고 노력하면 변화가 교회의 근본 성향으로 뿌리를 내린다. 그런 경우에는 혁신이 정상으로 간주된다. 물론 혁신이 일관되게 이루어지려면 철저한 계획과 과정이 필요하다. 교인들이 언제, 어떻게, 왜 변화가 일어나야 하는지를 알아야 한다.

단순하고, 합리적인 변화의 과정이 이루어지면 교인들이 따라 나가야 할 방향을 분명하게 의식할 수 있다. 주저하는 사람들은 확신을 얻을 수 있고, 혁신적인 성향을 지닌 사람들은 영감을 얻을 수 있다.

바로 지금 교회에서 무엇을 개선하고 있는가?

누군가가 "바로 지금 교회에서 무엇을 개선하고 있는가?"라고 묻는다면 어떻게 대답할 것인가? 그 질문에 뚜렷한 목표가 있는 일을 최소한 한 가지라도 구체적으로 대답할 수 없다면, 스스로는 의식하지 못할지라도 이미 교회가 어려움에 봉착한 상태라고 말해도 조금도 틀리지 않을 것이다.

변화의 과정이 제대로 진행되고 있는 교회에서는 끊임없이 개선이 이루어진다. 우리는 항상 오늘보다 내일 교회를 더 낫게 만들 수 있는 계획을 구체적으로 실천해 나가야 한다. 왜냐하면 항상 똑같은 상태에 머물러 있어서는 안 되기 때문이다. 앞으로 나가지 않으면 뒤처지게 될 것이다.

이것은 최신식 유행을 좇자는 말이 아니라 '엔트로피(모든 것을 무작정 방치해 더 나아지지 않고, 더 못하게 만드는 성향)'를 제거하자는 말이다. 예를 들어 내가 담임하는 교회에서는 항상 최소한 두 가지의 일(시설과 관련된 일 한 가지와 사역과 관련된 일 한 가지)을 개선해 나가려고 노력한다.

우리는 변화를 추구할 때, "교회 건물의 어떤 부분이 기능을 제대로 발휘하지 못하는가?"라고 묻는다. 그러면 페인트를 새로 칠해야 할 때도 있고, 예배당을 완전히 개보수해야 할 때도 있다. 사역의 변화를 추구할 때도 마찬가지다. 우리는 "어떻게 해야 다음에는 그 일을 더 잘할 수 있을까?"라고 묻는다. 그러면 시설의 경우처럼 사역을 약간

수정할 때도 있고, 더 이상 효과가 없는 사역을 완전히 중단해야 할 때도 있다.

이런 일들은 가볍게, 아무렇게나 목사 혼자서 결정할 사안이 못된다. 정기적으로 평가하고, 개선하고, 필요한 변화를 시도할 수 있는 방안이 마련되어 있어야 한다. '그냥 좋은 것'으로 만족하지 않아야 할 이유는 무엇일까? 그 이유는 '그냥 좋은 것'이 '충분히 좋은 것'은 아니고, '충분히 좋은 것'도 완전하지는 않기 때문이다. 교회의 사명은 어느 교회에나 너무나도 중요한 사안이라서 이전과 똑같은 상태로는 결코 만족할 수 없다.

늘 틀에 박힌 상태에 머물러 있는 작은 교회든, 이미 이룬 양적 성공에 의존해 무사안일에 빠져 있는 큰 교회든 개선의 노력을 중단한 교회는 스스로가 지니고 있는 효율성을 충분히 발휘하기가 불가능하다. 교회가 무엇을 개선할 수 있는지 알고 싶거든, 다음 네 가지 질문을 생각해 보기 바란다. 이 질문들을 생각하면 교회 안에 변화 지향적인 성향이 형성될 것이다.

1. 지금 하고 있는 사역 가운데 가장 효과가 없는 사역을 서너 가지 고른다면 무엇인가?

이 질문은 가장 필요한 서너 가지 시설 개선에 관해서도 똑같이 적용할 수 있다. 그렇다면 한 번에 한 가지가 아닌 서너 가지를 고르라는 이유는 무엇일까?

첫째는 개선이 필요한데도 자칫 간과할 수 있는 것을 가능한 한 많이 찾아내게 하기 위해서다.

둘째는 개선이 필요한 것의 우선순위를 정하게 하기 위해서다.

셋째는 다음에는 무엇을 개선해야 할 것인지를 미리 예측하게 하기 위해서다.

2. 어떤 것을 가장 먼저 다루어야 할까?

이 질문에 접근하는 방식은 두 가지다. 첫 번째 접근 방식은 교회가 현재 가장 필요로 하는 것을 개선하는 것이다. 만일 교회가 그것을 성공리에 이룰 수 있다면 과감하게 시도해 보라.

그러나 가장 필요로 하는 것은 예산이나 시간이나 자원이나 지도자나 아이디어의 부족을 비롯한 다양한 요인 때문에 당장에 해결하기가 어려울 때가 많다.

두 번째 접근 방식은 쉽게 변화시킬 수 있는 것을 먼저 해결함으로써 변화에 대한 긍정적인 태도를 진작시키는 것이다. 큰 변화는 당장에 시도하기가 어렵기 때문에 자칫 절망감이나 무관심을 부추기기 쉽다. 일단 할 수 있는 것부터 개선하되 무엇이든 해보려고 노력하라.

쉬운 일을 먼저 하면 한 가지 큰 유익이 있다. 개선해야 할 것이 많은 교회나 오랫동안 개선을 위한 노력을 시도해 보지 않은 교회의 경우는 특히 더 그렇다. 쉬운 일부터 하면 수월하게 할 수 있을 뿐 아니라 성취감을 고취할 수 있다. 그것을 통해 사기가 진작되면 추진력이 생겨 성공적인 실적을 쌓아가는 데 도움이 된다.

3. 이 일을 어떻게 실행 가능한 단위로 나눠서 추진해야 할까?

어떤 일을 좀 더 작은 단위로 나눠 목표와 일정을 계획하면 가장 먼저 해야 할 일을 쉽게 식별해 낼 수 있을 뿐 아니라 어떤 사람들과 자원이 필요한지를 적절히 파악할 수 있다. 필요한 사람들을 빨리 확보할수록 일을 더 잘 처리할 수 있다.

통제 욕구로 인한 다툼이 잦았던 교회의 경우는 이 단계를 거치는 것이 특별히 유익하다. 일의 진행 과정을 알려주고, 각각의 단계에 필요한 것을 정해 두면 단지 교회 위원이거나 오래된 교인이기 때문이 아니라 헌신과 재능의 정도에 근거해 어떤 사람이 필요한지를 잘 파악할 수 있다.

4. 목표에 도달했다는 것을 어떻게 알 수 있는가?

이루려는 변화의 목표가 분명하지 않은 경우에는 이번 장에서 논의한 내용이 아무런 도움도 되지 못할 것이다. 예를 들어 '더 나은 예배자가 되는 것'은 교회가 지향해야 할 원대한 목표이지만 "이제 됐습니다. 우리는 이제 모두 원하는 예배자가 되었습니다. 자, 그러면 다음에 해야 할 일로 넘어갑시다."라고 말할 수 있는 시점은 절대로 오지 않을 것이다.

시설을 개선하는 경우는 목표를 설정하기가 비교적 쉽지만 사역을 개선하는 경우는 그렇게 쉽지 않다. 그러나 그럼에도 불구하고 목표를 설정하는 것이 중요하다. 성취의 시점이 분명하게 설정되어 있지 않으면 작은 일일지라도 비용과 시간만 낭비하기 십상이다. 분명한 목표를 세워야만 예산부터 시기 선택에 이르기까지 모든 것을 원만하게 진행할 수 있다.

교회가 오랫동안 개선의 노력을 기울인 적이 없다면 변화를 시도하기 전에 먼저 위의 질문들을 잠시 생각해 보는 것이 좋다. 그러나 무엇이든 시작하지 않으면 아무것도 이룰 수 없고, 계속해서 세월만 낭비하게 될 것이다. 만일 위의 질문들을 묻기 시작했다면, 이미 그 순간부터 무엇인가를 개선하려는 노력이 시작된 것이나 다름없다. 주위를 돌아보고, 질문들을 던지고, 필요한 인력과 자원을 확보하고, 개선의 노력을 기울여 나가라.

변화에 대한 사람들의 두려움을 해소하라

저술가이자 목회자인 짐 파웰은 『토양이 중요하다』에서, 자신이 섬기는 교회인 '리치우즈 크리스천 교회'가 스스로 '안정 지대'로 일컬은 상태에 도달함으로써 교회 안에서 변화에 대한 개방적인 문화가 형성될 수 있는 적절한 분위기가 조성될 수 있었던 이유를 아래와 같이 간단하게 설명했다.

교회들이 직면하는 문제 가운데 하나는 세상의 급속하고, 맹렬한 변화에 완전히 넋이 나가 감정적으로 불안정한 상태에 처한 사람들이 많다는 것이다. 그들은 그 사실을 미처 의식하지 못한 상태로 교회에 나와 안정 지대, 곧 변화하지 않는 장소이자 일관되고 신뢰할 만한 환경을 발견하기를 원한다. …그 이유는 세상에는 그렇게 보이는 것이 거의 없기 때문이다. '리치우즈 크리스천 교회'에서는 중요한 핵심 교리들과 신자의 세례와 같은 사역의 실천적인 측면이 그런 필요를 채워준다. 또한 우리는 매주 주일 예배를 드릴 때 성찬식을 거행한다. 이런 믿음과 관습은 우리 역사의 한 부분이며, 사람들이 암초가 많은 바다 한복판에서 표류하다가 도달할

수 있는 섬과 같은 역할을 한다.[1]

안정 지대는 신학적인 근본 진리를 표현하는 실천 수단이다. 그것은 '엑스 게임(역자주—극한 스포츠의 일종)'의 안전그물과 같은 역할을 한다(게임에 참가한 스턴트 라이더들은 추락하더라도 자기들을 받아 줄 그물이 있기 때문에 과감하게 새로운 묘기를 시도할 수 있는 자유를 누린다).

예수님의 초기 제자들이 지닌 가장 놀랍고, 경탄스러운 특성 가운데 하나는 수십 세기 동안 이어져 온 전통에서 벗어나 복음의 진리를 받아들였다는 것이다. 그들의 가족이나 친구들 가운데는 그들이 유대 신앙을 버렸다고 생각했던 사람들이 많았을 것이 틀림없다. 그러나 그들은 오히려 그와 정반대였다.

그들은 어떻게 (할례나 돼지고기를 먹지 않는 것과 같은) 사소한 관습과 (유일신 사상과 성경의 도덕법과 같은) 더욱 강화시켜야 할 핵심 교리의 차이를 구별하는 지혜를 갖게 되었을까? 이 질문에 대한 대답은 복음의 원수들의 태도를 묘사한 말씀, 곧 "베드로와 요한이 담대하게 말함을 보고 그들을 본래 학문 없는 범인으로 알았다가 이상히 여기며 또 전에 예수와 함께 있던 줄도 알고"(행 4:13)라는 말씀 안에 가장 잘 드러나 있다.

제자들은 예수님과 함께 있었다. 다른 이유는 없었다. 교회 변화의 가장 훌륭한 본보기를 세우신 분은 바로 예수님이셨다. 그분은 산상설교에서 다섯 차례나 "~하였다는 것을 너희가 들었으나…나는 너희에게 이르노니"라고 말씀하셨다. 그분은 그 말씀으로 구약 성경의 율법을 상

---

[1] Powell, *Dirt Matters*, 84.

기시켰고, 그 핵심 진리의 타당성을 인정하셨으며, 새로운 가르침으로 그 궁극적인 목적을 더욱 강화하셨다.

그동안 나는 35년 이상 목회 사역을 해오면서, 내가 생각할 수 있는 방법을 모두 동원해(복장과 설교 방식에서부터 그 밖에 다른 모든 것에 이르기까지) 사역 방식을 다각도로 변화시켰다.

그렇게 하는 것이 처음에는 힘들었지만 지금은 재미있다. 내가 그런 변화를 시도한 이유는 겉으로 멋있어 보이거나 다르게 보이려는 의도가 있어서도 아니었고, 문화적 적절성을 나타내기 위해서도 아니었다. 내가 외적으로 변화되었던 이유는 내 안에서 내적인 변화가 이루어지고 있었기 때문이다. 그리스도께서는 여전히 내게 역사하고 계신다. 우리 교회의 건물이나 프로그램이 결코 완성의 단계에 이르지 못하는 것처럼 나도 세상에 있는 한 결코 완전해질 수 없다. 이것은 다른 사람들도 모두 마찬가지일 것이다.

목회자들이여, 교인들이 보고 느낄 수 있는 방식으로 변화해 왔는가? 만일 그렇지 않았다면 이제 진지하고 현실적인 눈으로 스스로를 살펴봐야 할 때가 되었다. 스스로의 내면에서 그리스도의 형상이 이루어지고 있다는 증거로서 외적인 변화가 나타나고 있는가? 만일 그렇지 않다면 지금 전혀 성장이 이루어지지 않고 있을 가능성이 높다.

적응력이 있는 목회자, 즉 그리스도로부터 멀어지지 않고 그분을 향해 자라가는 일에 잘 적응할 수 있는 목회자가 이끄는 교회라야 혁신적인 교회가 될 수 있다.

사역의 시작이나 중단을 결정짓는 다섯 가지 원리(5P)

교회의 모든 사역이 교인들의 진정한 필요를 채워줄 수 있는 가치와 중요성을 지닌다면 참으로 굉장하지 않겠는가?

사실 100퍼센트의 성공을 이루는 것은 불가능할 뿐 아니라 심지어는 바람직하지도 않다. 왜냐하면 성공만큼이나 실패를 통해서도 많은 것을 배울 수 있기 때문이다. 그러나 성공적인 사역의 평균 확률을 증대시키는 것은 매우 중요하다.

큰 교회들은 대개 사역의 가치를 평가하는 체계를 갖추고 있다. 그에 비해 작은 교회들은 갑작스런 충동이나 죄책감에 이끌려 마지못해 새로운 사역을 시작하거나 이미 사역을 중단했어야 할 시기가 훨씬 지나서까지 질질 끌고 나가는 등, 일을 되는 대로 처리하는 경향이 있다. 나도 사역 초창기에는 효과가 없는 사역들을 감당할 수 있는 양보다 더 많이 행하기도 했고, 또 처음에는 괜찮다가 나중에 더 이상 효과를 발휘하지 못하는 사역들을 계속 밀고 나가기도 했다.

나는 그런 경험을 통해 사역의 시작이나 중단을 결정짓는 다섯 가지 원리를 발견했다.

열정(Passion)

사역을 시작해서 계속 잘 유지해 나가려면 그 일에 열정을 느끼는 사람이 있어야 한다. 열정을 느끼는 사람이 아무도 없다면 그 일은 심지어 사역으로 일컬을 수조차 없을 것이다.

목적(Purpose)

한 교회에서 잘 되었던 사역이 다른 교회에도 똑같이 잘 되리라는 보장은 없다. 또 10년 전에 효과가 있었던 사역이 지금도 똑같이 효과가 있을 것이라는 보장도 없다.

본인의 교회가 존재하는 이유를 알고 있는가? 만일 본인의 교회가 없다면 그 지역에서 무엇이 사라질 것 같은가? 이 질문에 대답할 수 없다면 가능한 한 빨리 그 이유를 찾아 그 목적에 부합하는 사역에 초점을 맞추는 것이 중요하다. 또한 모든 사역이 진정한 필요를 충족시키고 있는지를 주의 깊게 평가해야 한다. 가장 먼저 알아야 할 것은 사역의 목적이다.

협력자(Partner)

예수님은 아무도 혼자 내보내지 않으셨다. 리더십의 최소 단위는 둘이다. 심지어는 예수님도 사역을 행하면서 제자들을 대동하셨다. 그분은 홀로 성부께 기도하셨지만 사역은 혼자서 하지 않으셨다.

지도자가 혼자서 사역을 이끌면 사역은 좌초되고, 지도자 자신은 심신 고갈 상태에 이르게 될 것이 뻔하다. 함께 사역을 이끌 협력자가 없다면 어느 누구에게도 사역을 맡겨서는 안 된다. 사람들은 때로 이런 조건을 못마땅하게 여긴다. 그들 자신이 어떤 일에 강한 열정을 느끼는 경우에는 특히 더 그렇다. 그러나 그 일에 기꺼이 동참할 사람이 없다면 그 사역은 성공할 가능성이 거의 없다. 심지어는 그것이 정말로 필요한 사역인지조차 알기 어렵다.

계획(Plan)

"이 일을 합시다."는 계획이 아니다. 사역을 시작하기 전에 사역의 목표와 그것을 달성할 방법을 명시한 계획이 필요하다. 물론 계획은 도중에 변경될 수도 있다.

새로 시작한 사역일수록 특히 그렇다. 다른 곳에서 효과가 입증된 좋은 아이디어나 프로그램이 있는 경우에는 새로 무엇인가를 만들려고 시간을 낭비하기보다 그것을 각자 자신의 상황에 맞게 개조해서 사용하는 것이 좋다.

다음의 질문들을 묻고, 대답하면 계획을 세울 때 큰 도움을 받을 수 있다.

질문 1 : 우리가 이루려는 목표는 무엇인가? 그 목표를 이루었을 때는 무엇이, 어떻게 달라질 것인가? 목표를 이루었다는 것을 어떻게 알 수 있는가?

질문 2 : 사역의 결과는 어떻게 나타날까? 사역이 실패했는지, 과정을 다 마쳐 끝내야 할 때가 되었는지를 어떻게 알 수 있는가?

사역의 중단 시기는 달성하거나 유지해야 할 필요가 있는 목표 수치나 특정한 날짜를 정하는 것으로 결정될 수 있다. 또한 때로는 필요를 충분히 충족시켜 사역을 지속해야 할 필요성이 사라졌을 때도 사역의 중단이 이루어질 수 있다.

위의 질문들에 대한 대답을 알면 과정을 다 마친 사역을 타성에 젖어 불필요하게 지속하는 잘못을 예방할 수 있다.

기도(Prayer)

우리는 기도와 관련해 흔히 두 가지 실수를 저지르는 경향이 있다.

실수 1 : 기도하는 것을 완전히 잊어버리거나 나중에 생각나서 불현듯 덧붙이는 실수. 기도는 이 과정에서 단지 의식적인 행위 이상의 차원을 지녀야 마땅하다.

실수 2 : 실제로는 하나님의 뜻이 아닌데도 '하나님이 내게 이 일을 하라고 명령하셨어.'라고 생각하는 실수.

하나님이 누군가에게 어떤 일을 하라고 명령하셨다면 그 일이 무엇이든 기꺼이 행해야 한다. 중요한 문제는 하나님이 실제로 어떤 일을 하라고 명령하셨는지, 아니면 단지 우리 자신의 충동이나 느낌인지를 어떻게 분별할 수 있느냐 하는 것이다. 내 경험으로 미루어 보면 기도는 앞서 말한 네 가지 원리와 연관시켜 적용할 때 가장 잘 이루어질 수 있다. 열정, 목적, 협력자, 계획, 기도는 우리 자신의 극단적인 감정을 하나님의 음성으로 오인하는 것을 막아준다.

평가하고, 준비시키고, 격려하라

나는 이 다섯 가지 원리를 적용시켜 모든 사역을 판단한다. 교인들은 어떤 아이디어에 대해 열정을 느끼지만 처음에는 대개 충분하지 못한 계획을 몇 가지 제시하는 것에 그칠 때가 많다. 대부분의 교회에서 그런 아이디어는 이미 실패한 것이나 다름없는 것으로 간주되기 쉽다. 목회자들은 완강하거나 겁을 내는 교인들에게만 관심을 기울이는 탓에 그와는 다른 교인들, 곧 혁신자들과 비전가들을 종종 간과하곤 한다.

목회자들은 열정을 지닌 교인들을 긍정적으로 받아들이려고 노력해야 할 필요가 있다. 교회마다 새롭고, 신선한 아이디어를 지닌 교인들이 있기 마련이다. 그들은 그런 아이디어를 집에서나 일터에서 항상 활용하지만 교회에서는 좀처럼 잘 시도하려고 하지 않는다. 왜냐하면 목회자들이 일거에 그들의 아이디어를 묵살시켜 그것이 성공할 수 있는 공정한 기회를 제공하지 않기 때문이다.

새로운 아이디어가 싹을 틔우려면 어느 정도의 적절한 시간과 그것을 옹호해 줄 사람이 필요하다. 교회(특히 작은 교회)에서 그 일을 해줄 수 있는 사람은 대개 담임 목사다. 물론 새로운 아이디어를 긍정적으로 받아들일 방법을 모색하는 것은 설익은 생각을 무조건 다 인정한다는 의미와는 거리가 멀다(크레용으로 형형색색 멋을 부려 나열한 열 쪽짜리 아이디어일지라도 타당성이 없다면 얼마든지 거부할 수 있다). 이 말은 혁신적인 교인들이 자신의 생각에 귀를 기울여줄 사람을 찾을 수 있는 분위기를 조성해야 한다는 뜻이다. 그런 분위기가 조성되고, 또 밑그림이 거의 완성된 아이디어를 한번 시도해 볼 만한 현실로 발전시키는 일을 도와줄 성숙한 지도자가 있다면 성공을 위한 환상적인 조합이 이루어진 셈이 된다.

나는 우리 교회에서 그리 훌륭한 아이디어 제공자가 아니다. 사실 그렇게 될 필요가 없다. 단지 교인들의 아이디어를 듣고 존중해 주고, 아직 완전하지 않은 생각을 잘 발전시킬 수 있도록 돕고, 실험을 해보고, 성공을 축하해 주고, 효과가 없을 때도 그것을 통해 새로운 교훈을 얻을 수 있는 환경을 조성하는 것으로 충분하다.

어떤 아이디어가 우리 교회의 목적에 잘 부합하는 것처럼 보이면 그것이 필요한 곳이 어디인지를 파악하도록 교인들을 준비시키고, 독려하는 것이 목회자인 나의 역할이다. 나는 사역을 이끌 잠재적인 지도자와 함께 앉아서 앞서 말한 다섯 가지 원리를 점검하면서 그 가운데 이미 충분한 것이 무엇이고, 또 보강해야 할 것이 무엇인지를 판단한다.

나는 내가 추천하고 싶은 가능한 협력자를 머릿속에 떠올리며 종종 "이 일을 함께 해나갈 협력자가 필요한가요?"라고 묻곤 한다.

또 어떤 때는 "계획이 필요한가요? 함께 좋은 프로그램을 생각해 보고, 일정과 계획을 세워봅시다."라고 말하기도 한다.

이런 식으로 하려면 지금까지 익숙해져 온 과정보다 시간이 좀 더 걸릴 수도 있다. 그러나 내 경험에 따르면 사역을 시작하기 전에 이 원리들을 점검하는 것이 사역의 성공 가능성을 최대한도로 높일 수 있는 가장 좋은 방법이다.

새로운 사역의 기한을 정하라

사역이 우리가 바라는 대로 잘 되지 않을 때는 어떻게 해야 할까? 실패의 아픔을 줄일 수 있는 방법이 있다면 어떻게 될까? 그런 방법이 있다면 좀 더 자주 혁신을 시도할 수 있는 용기를 가질 수 있을 것이다. 가장 좋은 방법은 사역의 기한을 정하는 것이다.

교회 밖 세상에서 사용되는 방법을 한 가지 소개하면 다음과 같다.

아내와 나는 세 자녀를 키웠다. 우리는 그들 모두를 자랑스러워한다. 셋 다 정식 직원으로 채용되기 전에 기간제 근로자로 고용되어 일했다.

요즘에는 그런 식으로 고용되어 일하는 근로자들이 많다. 왜냐하면 회사가 별다른 무리 없이 직원들을 걸러낼 수 있기 때문이다. 기간제 근로자가 일을 잘하지 못할 때는 해고할 필요없이 기간만 채우고 더 이상 고용하지 않으면 되고, 일을 잘할 경우에는 기간을 늘리거나 정식 직원으로 채용하면 되기 때문이다.

교회에서 사역이나 프로그램을 새로 시작할 때도 일정 기간 동안 시험해 보는 것이 좋다. 사역이 효과가 없으면 실패가 아닌 종료로 끝마치면 되고, 효과가 있으면 기간을 연장하면 된다. 효과가 없는 지속적인 사역을 없애는 것보다는 효과가 있는 실험적인 사역을 조금씩 더 늘려 나가는 것이 더 쉽다. 어떤 사역은 계절에 따라 순환시킬 수도 있다(그것이 그 사역의 효과를 최대화할 수 있는 방법이면 그렇게 하는 것이 좋다).

새로운 아이디어를 '우리가 지금부터 계속 해나갈 일'이 아니라 '이번 여름이 지날 때까지(또는 앞으로 열 주 동안) 일단 즐겁게 시도해 볼 수 있는 일'로 생각하라. 그러고 나서 정해진 기한이 다 지났는데도 계획한 것만큼 효과가 없으면 처음에 생각했던 대로 실험을 중단하면 된다. 그것은 실패도 아니고, 문제도 아니다. 만일 사역이 효과가 있으면 성탄절까지(또는 열 주 동안 더) 연장하면 된다. 그리고 그 후에도 계속해서 효과가 있으면 성공적인 새로운 사역이 하나 더 생겨나는 셈이 된다.

합리적인 기한이 정해져 있다는 것을 알면 교인들이 새로운 아이디어를 기꺼이 시도해 볼 가능성이 더 높아진다. 굳이 누구를 붙잡고 설득하려고 할 필요가 없다. 좋은 아이디어는 그 자체로 설득력을 지닐 것이고, 나쁜 아이디어는 사라질 것이다. 더욱이 그렇게 하면 교인들로부터 아이디어가 효과가 없을 것 같다는 이유를 지적하는 말을 듣게 되거나 또 실제로 효과가 없을 경우, "내가 그럴 거라고 말했잖아요."라는 식의 핀잔을 들어야 할 필요없이 시험 기간에 그들의 의견을 적절히 청취할 수 있다는 이점이 있다.

새로운 사역의 종료 시점을 정해 두면, 창의성과 혁신의 분위기가 조성된다. 실패에 대한 두려움이 제거되었기 때문에 좀 더 편안하게 각자의 아이디어를 말할 수 있고, 위험성과 비용이 훨씬 줄어든 상태에서 더 많은 아이디어를 시험해 볼 수 있다. 단기적인 실험은 중간에 예산을 변경할 필요가 없다. 가만히 기다리면서 효과가 있는지 지켜보다가 만일 효과가 있으면 교인들이 이미 많이 헌신한 상태가 되었을 테니까 필요한 예산을 늘리기가 훨씬 더 쉬워진다.

이것은 또한 자원 봉사를 더 많이 늘릴 수 있는 방법이기도 하다. 사람들이 헌신의 기한이 정해져 있는 것을 알면 선뜻 도움을 제공할 가능성이 더 높아진다. 더욱이 사역이 효과가 있으면 그들은 계속해서 도움을 제공할 것이 틀림없다. 이 방법은 새로운 교인들에게 특히 효과가 있다. 새로운 교인들이 오랜 유산을 간직한 교회의 삶에 참여하기를 어려워하는 이유 가운데 하나는 가족들끼리 모여 있는 곳에 외지인이 되어 섞여 있는 듯한 심정을 느끼기 때문이다. 새로운 아이디어를 시험하면 새로운 교인들이 참여해 많은 기여를 하고, 교회의 삶에 그들의 흔적을 남길 수 있는 기회가 더 많아진다.

사람들은 기한이 정해 있지 않을 때보다 기한이 정해졌을 때 한바탕 분발해 헌신하는 경향이 있다. 실험적인 사역은 그런 경향에 잘 부합할 뿐 아니라 교회가 문화와 지역사회와 교인들 사이에서 일어나는 변화에 더 잘 적응할 수 있도록 도와준다.

이 밖에도 실험적인 사역은 완고한 교회를 열린 교회로 변화시키는 효과를 발휘하기도 한다. 새로운 사역이 시작되어 정해진 기한에 끝나고 나면 오래 전에 중단했어야 할 장기간의 사역을 종료하는 일을 좀 더 수월하게 할 수 있는 분위기가 조성될 뿐 아니라 교회 지도자들이 완벽한 결정을 내려야 한다는 부담감이 줄어들기 때문에 그들의 어깨 위에 놓인 짐이 가벼워지거나 사라지는 효과가 나타난다.

혹시 그런 단기적인 헌신이 잦으면 교인들이 우리가 믿는 모든 것이 일시적이라고 생각하는 부작용이 발생할 수도 있다고 우려할는지도 모르지만 사실은 그와 정반대다. 성경적인 원리는 영원하지만 교회와 교회 지도자들의 아이디어나 프로그램은 일시적이라는 것을 알면, 우리가 진정으로 가치 있게 여기는 것이 더욱 강화될 것이 틀림없다.

Small Church Essentials

12.
작은 교회의 비전을 새롭게 제시하라

"위대한 비전이 없으면 위대한 교회가 될 수 없다."
내가 지금까지 종종 들어온 말이다.
"목회자가 교회를 위해 비전을 제시하고, 그것을 지도자들과 교인들에게 납득시키지 못하면 위대한 비전을 가질 수 없다."
이것도 내가 지금까지 종종 들어온 말이다.
따라서 나는 내가 들은 것을 실천하려고 노력했다. 나는 오랫동안 기도하고, 사역하고, 성경을 살펴보고, 가능한 한 모든 점에서 하나님께 복종하려고 애썼다. 나는 하나님께 교회가 영광스런 사역을 널리, 새롭게 펼칠 수 있는 비전을 허락해 달라고 구했다. 그러나 그렇게 했지만 별로 큰 소득이 없었다. 간혹 몇 번은 마침내 비전을 갖게 되었다고 생각한 적도 있었다. 그럴 때면 나는 새로운 아이디어를 큰 열정을 가지고 교인들에게 제시하며 희망찬 미래를 약속했지만, 교인들의 반응은 무덤덤했다.
교회에 비전을 묵살하는 사람들과 열의가 없는 사람들만이 가득했기 때문이 아니었다. 오히려 그와 정반대였다. 지난 25년 동안 내가 담임했던 교회는 그 어느 교회보다 더 큰 열정과 활력과 사랑과 선교의 열의를 지니고 있었다. 그러나 하나님을 위해 위대한 일을 하기를 원하는 훌륭한 교인들로 가득한 이 교회가, 하나님이 내게 주셨다고 생각했던 비전에 동참하지 않았다. 왜 그랬을까?

그 이유는 하나님이 내게 비전을 주지 않으셨기 때문이다. 그것은 내가 만든 비전이었다.

물론 나는 비전을 만들 의도가 없었다. 그러나 내가 배운 대로 비전을 제시하고픈 마음이 너무나도 절실했던 까닭에 내게 비전이 있다는 자기 확신을 갖게 되었던 것이다.

그런 초창기의 실패 이후로, 나는 내 자신과 교회를 비롯해 하나님이 우리를 통해 자신의 계획을 이루시는 방법에 관해 몇 가지 교훈을 얻게 되었다. 한마디로 모든 목회자가 교회를 위해 탁월하고, 원대한 비전을 제시하는 소명을 받은 것은 아니라는 사실을 깨달았다.

무엇을 해야 할지 모르겠거든 알고 있는 것을 하라

나처럼 하나님으로부터 비전을 얻으려고 필사적으로 노력하는데도 아무런 결과가 없을 때 목회자는 어떻게 해야 할까? 추구해야 할 원대한 비전이 없을 때 교회는 무엇을 해야 할까?

그럴 때는 이렇게 해보는 것이 어떻겠는가? 곧 '사도, 선지자, 복음 전하는 자, 교사'처럼 목회자도 부르심을 받은 그 일을 하면 되지 않겠는가?(엡 4:11, 12) 신자들에게 주어진 제사장직은 엄연한 현실이기 때문에 제사장처럼 살며, 가르치며, 말씀을 전하면 되지 않겠는가?

목회자가 크고, 분명한 비전을 제시하지 못하면 교인들이 '망할 것'이라고 배운 목회자들이 나 말고도 셀 수 없이 많다. 비전이 없으면 망한다는 견해는 잠언 29장 18절을 잘못 해석한 데서 비롯한 것이다. 그것은 사람이 날조한 것이다. 우리가 이끄는 교회를 위해 비전을 제시하는 문제의 배후에는 좀 더 깊은 진리가 숨어 있다.

우리에게는 이미 하나님의 영감으로 주어진 가장 위대하고, 대담한 비전이 주어졌다. 그것은 권위 있는 목회자가 고안한 것도 아니고, 마케팅 팀이 만들어낸 것도 아니며, 유행을 좇는 새로운 아이디어처럼 사람들을 설득시켜 마치 그들이 그것을 원하는 것처럼 확신하게 만들 수 있는 것도 아니다. 우리는 이미 가장 큰 계명과 지상 명령을 부여받았다.

교회가 가지고 있는 비전은 가장 큰 계명과 지상 명령을 이루는 것뿐이라고 해도 아무런 문제가 되지 않는다. 그것은 2천 년 동안 항상 효과를 발휘해 왔고, 앞으로도 계속 그럴 것이다.

나는 위대한 비전을 제시하는 목회자가 될 필요가 없다. 그런 불필요한 중압감이 사라지자, 사람들이 그들의 삶에 주어진 하나님의 소명을 찾아 이루게 하고, 그들을 함께 모아 교회를 유익하게 하는 일을 하도록 준비시키고 훈련하는 목회자가 되는 것만으로도 충분한 기쁨을 느낄 수 있었다.

그렇다. 다른 사람들이 각자의 소명을 이루도록 돕는 것이 목회자가 감당해야 할 소명의 전부라 하더라도 아무렇지도 않다. 서로 연관성이 없어 보이는 비전들이 내가 상상하지 못했던 방식, 곧 하나님의 영감에 의한 새로운 방식을 통해 하나로 모아지자, 내가 아닌 하나님이 모든 것을 주관하신다는 사실이 분명하게 깨달아졌다. 교회를 위한 독특한 비전을 발견해 제시하고, 독려해야 한다는 중압감이 목회자에게서 사라지는 순간, 우리는 자유롭게 본래의 소명대로 다른 사람들을 준비시키는 일에 헌신할 수 있다. 우리는 그런 방식으로 교회를 얼마든지 잘 목양할 수 있다는 사실을 깨달아야 할 필요가 있다.

나는 내가 목회하는 교회에서 이 일을 거의 10년 동안 해오고 있다. 그것은 우리에게 너무나도 혁신적인 일이 아닐 수 없었다. 나와 교회 직원들은 우리의 리더십 역할을 진지하게 받아들였지만, 비전을 찾아내 설득시켜야 한다는 중압감 없이, 창의적인 사람들이 그리스도의 인도하심을 받으면서 서로 힘을 합쳐 함께 일하고, 새로운 아이디어들이 열매를 맺는 모습을 지켜볼 수 있는 환경을 조성하려고 노력했다.

오순절에 나타난 새로운 비전 제시의 방법

교회에서 흔히 가르치고 실천하는 비전 제시의 방법은 목회자가 기도나 성경 읽기나 최근에 참석한 리더십 콘퍼런스를 통해 교회를 위한 비전을 찾아 전하는 방법이다. 그런 비전은 "새로운 소그룹 모임 열 개를 조직하라."라거나 "올해는 회심자들의 숫자를 지난해보다 두 배 더 늘려라."라는 것처럼 대부분 양적인 측면을 강조하는 데 초점을 맞추고, 다음과 같은 지침들을 제시하는 경향이 있다.

1. 목회자가 설교로 열심히 비전을 전해야 한다.
2. 지도자들과 교인들이 비전을 지지해야 한다.

3. 비전을 주기적으로 지지하고, 가르치고, 되풀이해야 한다.

이 과정은 하향식, 곧 위에서 아래로 향한다. 그러나 내가 신약 성경에서 발견한 과정은 그렇지가 않다. 비전이 하향식으로 이루어지는 것처럼 보이게 만드는 증거 구절을 몇 군데 찾아낼 수 있을는지는 모르겠지만, 신약 성경을 교회의 리더십에 관한 우리의 선입견을 뒷받침할 의도로 읽지 말고, 새로운 눈으로 읽어보면 리더십이나 비전 제시가 그런 방식으로 이루어지지 않았다는 사실을 알 수 있다. 오순절 당시의 사람들은 하나님과 자기 자신은 물론, 하나님이 자기 백성에게 말씀하시고 지도자들을 불러 세우시는 방식에 관한 그간의 생각을 180도 달라지게 만드는 경험을 해야 했다.

성령께서 오순절에 제자들에게 임하셨을 때 일어났던 일을 도표로 간단히 나타내면 다음과 같다.

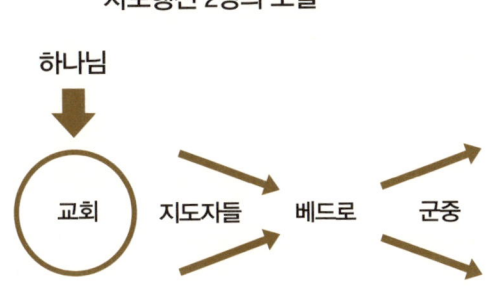

성령 하나님이 120명의 제자들에게 임하셨다. 그들은 그 시점에 하나의 교회가 되었다. 삼위일체 하나님 가운데 삼위이신 성령께서 그들 안에 내주하심으로써 그들을 제사장의 나라로 삼으시고, 한 몸과 한 가족이 되게 하셨다.

몇 년 전, 이 대목을 깊이 연구하기 전만 해도 나는 그런 역사가 있고 나서는 베드로가 군중 앞에 나가 교회의 첫 번째 설교를 통해 구원받을 것을 요구했다고 말했었다. 그러나 누가가 사건을 기록한 방식을 유심히 살펴보면, 성령 강림과 베드로의 설교 사이에 한 단계가 더 있었다는 사실을 발견할 수 있다.

누가는 사도행전 2장 14절에서 "베드로가 열한 사도와 함께 서서 소리를 높여 이르되"라고 말했다. 베드로는 과거에는 혼자 나서서 머릿속에 처음 떠오른 것을 거침없이 발설했었다. 그러나 성령의 기름부음과 영감을 받고 나서는, "열한 사도와 함께 서서" 소리 높여 말했다. 이것은 베드로가 나서서 말하기 전에, 이미 교회 안에서 리더십의 분화가 이루어졌다는 의미를 담고 있다.

그렇다면 지도자들의 분화는 어떻게 이루어졌을까? 그들은 다음에 해야 할 일을 논의하기 위해 함께 모여 회의를 했을까? 아니면 모두들 베드로에게 모종의 의도가 있다는 것을 알고는 "베드로, 힘내게. 우리가 자네와 함께 있다네."라는 태도를 취했을까? 확실히 알기는 어렵지만, 무엇이 되었든 사도행전 2장 14절은 오순절의 혼란한 상황 속에서도 하나님은 교회 지도자들을 사용하셨고, 그 사실을 기록으로 남기게 하셨다는 것을 분명하게 보여주고 있다.

위의 도표에서 알 수 있는 대로, 성령 하나님은 한 사람이 아닌 교회 전체를 향해 말씀하셨다. 그리고 리더십의 분화가 이루어지고 난 뒤에 베드로가 나서서 눈앞에서 일어난 현상을 보고 놀라는 군중을 향해 열한 사도들과 함께 서서 말씀을 전했다.

그날 리더십이 어떤 식으로 기능을 발휘했는지에 주목하는 것이 중요하다. 오순절에 하나님의 말씀이 여러 지도자들과 한 사람의 설교자에게 주어졌다. 그러나 그 말씀은 하나님의 백성만을 위해 주어지지 않고, 그들을 통해 다른 사람들에게 전달되었다.

이것이 새롭게 바뀐 변화였다.

우리는 대개 비전 제시가 다음의 도표에서 보는 것과 같은 방식으로 이루어진다고 배웠다.

구약 시대의 선지자적 모델

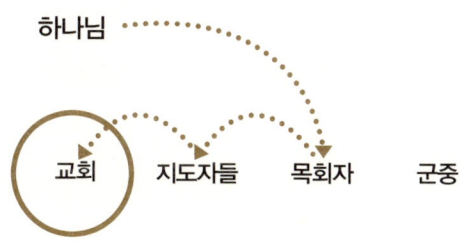

이 도표에 따르면, 하나님은 여러 교회 지도자들(교회 직원, 집사, 부서 책임자 등)을 거느린 목회자에게 비전을 주신다. 그리고 나면 다른 지도자들은 하나님이 목회자에게 비전을 주셨다는 사실을 아무런 시기심 없이 나머지 교인들에게 전하는 역할을 수행한다.

이 모델은 성경적인 증거가 없을 뿐 아니라 한 부류의 사람들을 배제하는 등, 상당한 문제를 안고 있다. 구체적으로 말해 교회 울타리 안에서 비전을 제시하고, 설득하고, 확신시키는 일에만 너무 많은 시간을 할애하는 탓에 정작 복음을 전해야 할 사람들을 잊어버리는 결과를 낳는다.

 이 모델이 작은 교회 안에서 효과가 거의 없는 이유는 대다수 교회가 하나님으로부터 말씀을 받아 서로에게 말하거나 지역사회에 전하는 방식에 부합하지 않기 때문이다.

 사실 오늘날 교회 안에서 구약 시대의 선지자적 모델을 적용할 수 있는 경우는 다음 네 가지뿐이다.

1. 교회가 위기에 처했을 때
2. 교회가 죄를 지었을 때
3. 교회가 이전과는 크게 다른 새로운 상황에 접어들었을 때
4. 교회가 여론 조사나 설문 조사 외에 다른 방식으로는 교인들의 정황을 파악하기가 어려울 만큼 양적으로 비대해졌을 때

 하나님과 더불어 사명에 힘쓰는 건강한 작은 교회는 교인들의 다양한 목소리를 통해 그분의 말씀을 들을 수 있고, 또 들어야 한다. 신자들의 제사장직을 진정으로 믿는다면, 그런 사역을 하기에는 건강한 작은 교회가 가장 적합하지 않겠는가?

구약 성경의 모델

 안타깝게도 사람들은 하나님이 요구하시는 새로운 방식을 따르기보다는 지금까지 익숙해 온 옛 방식을 따르려는 성향이 너무나도 강하다. 오순절에 나타난 새로운 방식을 좇아 하나님으로부터 말씀을 받고, 교

회를 인도하고, 지역사회에 복음을 전하기보다는 신약 성경이 아닌 구약 성경에 훨씬 더 가까운 방식으로 비전을 제시하고, 리더십을 발휘하려고 애쓸 때가 너무나도 많다.

아래의 도표는 이 문제와 관련된 또 하나의 방식을 보여준다.

왼쪽은 구약 시대의 선지자적 모델이다. 하나님은 모세, 엘리야, 미가와 같은 선지자를 통해 대개는 제사장들에게 말씀하셨다.

모세 시대에는 아론과 레위 지파 제사장들을 통해 메시지가 주어졌다. 그러나 그 외의 시대에는 백성들을 그릇 인도한다는 이유로 하나님으로부터 제사장들에게 호된 질책이 주어졌다. 사무엘의 아들들의 시대로부터 바벨론 포로기 이전의 선지자들의 시대에 이르기까지 하나님은 타락한 제사장들을 향해 백성들을 그릇 인도하지 말고, 자기와의 관계를 옳게 회복시켜 백성들을 자기에게로 돌이키게 하라고 강력하게 요구하셨다.

그러나 구약 시대의 하향식 모델은 오순절 이후부터 바뀌었다. 신약 시대의 신자들은 함께 모여 하나님의 말씀을 듣고, 한 사람의 핵심 지도자를 중심으로 구성된 지도자들의 무리에게 사역을 맡겼다. 그 가장 대표적인 사례가 일곱 집사를 선택한 것이었다(행 6장). 열두 사도는 (형제와 자매들로 구성된) "모든 제자"에게 "너희 가운데서 성령과 지혜가 충만하여 칭찬받는 사람 일곱을 택하라 우리가 이 일을 그들에게 맡기고"(행 6:3)라고 말했다.

우리는 비전 제시에 관해 말할 때, 구약 성경의 이미지와 일화를 사용하는 경향이 있다(예를 들면 산에 올라가서 율법을 가지고 내려온 모세, 마른 뼈들이 가득한 골짜기에 대한 에스겔의 환상, 엘리야와 조용하고 세미한 음성 등). 물론 구약 성경을 토대로 그런 가르침을 전하는 것은 전혀 잘못이 없다. 그러나 그것이 그리스도인들이 하나님의 가르침을 받는 방식을 보여주는 최선의 모델은 아니다. 오순절은 선지자 혼자서 하나님으로부터 말씀을 받아 전달하는 하향식 모델을 새롭게 바꾸어 놓았다.

사도행전 2장은 베드로가 혼자서 하나님의 말씀을 듣고 나서, 그 비전을 다른 제자들에게 전하는 모습을 묘사하지 않는다. 성령께서 교회 전체에 강림하셨고, 베드로가 대표자가 되어 군중들에게 교회가 경험한 것을 전달했다.

하향식 비전 제시의 문제점

사실, 비전 제시는 모두 하향식이다. 비전은 모두 하나님으로부터 우리에게 주어진다. 건강한 작은 교회는 하나님으로부터 말씀을 듣고, 그분의 뜻을 행하기 위해 지도자 한 사람에게만 의존할 필요가 없다. 왜냐하면 모두가 하나님의 말씀을 읽고, 그분의 뜻을 분별해 행할 수 있기 때문이다. 그런데도 우리는 인위적인 비전 제시가 문제를 안고 있는데도 불구하고 그것을 계속 고집하는 경향이 있다.

첫째, 앞서 말한 대로 그것은 신약 성경보다는 구약 성경에 더 가깝다.

둘째, 증거로 제시되는 구약 성경의 본문들조차도 불명확하거나 그릇 해석될 때가 많다. 구체적으로 말해 우리는 종종 다음 두 구절을 인용해 하향식 비전 전달의 중요성을 부각시킨다.

1. "묵시가 없으면 백성이 방자히 행하거니와"(잠 29:18).
2. "너는 이 묵시를 기록하여 판에 명백히 새기되 달려가면서도 읽을 수 있게 하라"(합 2:2).

첫 번째 구절은 거의 항상 문맥과 상관없이 인용된다. 위에 인용한 것은 그 구절 전체가 아니다. 그 전체 내용은 "묵시가 없으면 백성이 방자히 행하거니와 율법을 지키는 자는 복이 있느니라"이다(『킹제임스 성경』). 더욱이 요즘에는 새로운 번역 성경이 많기 때문에 대다수 목회자들이 『킹제임스 성경』을 인용하는 경우는 그렇게 많지 않다. 새로운 번역 성경의 예를 들면 다음과 같다.

"계시가 없으면 사람들이 신중하게 행동하지 않는다. 그러나 지혜의 가르침에 주의하는 사람은 복되다"(『새 국제역 성경』).

"묵시가 없으면 사람들이 자제하지 않는다. 그러나 율법을 지키는 사람은 복이 있다"(『새 미국 표준역 성경』).

이 구절의 나머지 절반을 포함시켜 여러 번역 성경의 구절을 비교해 보면, 그 내용이 비전 제시가 아닌 하나님의 율법을 지키는 것임을 분명하게 알 수 있다(성경 구절을 모두 인용하는 것은 성경의 진실성을 보호하기 위한 가장 기본적인 원칙이다). 한편 하박국서의 구절은 메시지를 전달할 때, 그것을 기록하는 일의 중요성을 강조하는 의미로 이해하는 것이 가장 바람직하게 보인다. 이 구절도 비전 제시와는 거리가 멀다. 이처럼 이 두 성경 구절은 우리가 오늘날에 흔히 듣거나 배우는 것을 교회가 하는 모든 일의 토대로 삼아야 한다는 주장을 뒷받침하는 증거 구절이 될 수 없다.

팀 챌리스는 잠언의 구절을 잘 연구해 쓴 논문에서, "본문의 의미와 사용된 용어들의 의미를 주의 깊게 살펴보면 이 구절의 의미가 분명하게 드러난다. 이 구절의 의미는 교회가 비전이나 비전가에 의해 인도를 받아야 할 중요성을 강조하는 것과는 무관하다."라고 말했다.[1]

셋째, 하향식 비전 제시는 목회자에게 본래 주어진 것보다 더 많은 중압감과 책임과 권한을 부여한다. 베드로는 유일한 비전 수용자나 해석자나 전달자가 아니었다. 그는 사도들과 더불어 교회 전체가 받은 성령의 계시에 근거해 말씀을 전했다("열한 사도와 함께"-행 2:14).

바울 사도는 목회자의 소명이 (사도, 선지자, 복음 전하는 자, 교사와 마찬가지로) "성도를 온전하게 하여 봉사의 일을 하게 하며 그리스도의 몸을 세우게 하는" 것이라고 말했다(엡 4:12). 이것은 불명확하거나 문맥을 무시한 채

---

[1] Tim Challies, "Where There Is No Vision", *Challies* (blog), March 9, 2005, https://www.challies.com/articles/where-there-is-no-vision-proverbs-2918/.

따로 떼어낸 말씀이 아니다.

자신의 소명도 아닌 일을 혼자서 감당하려고 하다가 심신 고갈 상태에 이른 목회자들이 얼마나 많은가? 사실 비전 제시의 중압감과 권한을 목회자 혼자서 다 짊어지려는 것은 교회가 해야 할 역할을 빼앗는 것이다. 권위적인 하향식 비전 제시에는 교인들의 꿈과 비전과 소명이 포함되어 있지 않다. 지도자는 교인들을 설득시켜 자신의 필요를 채우게 만들어서는 안 되고, 오히려 그들의 필요를 채워주려고 노력해야 한다.

예를 들어 내가 교회 리더십 콘퍼런스에 가는 목적은 지도자의 비전을 발견하거나 그것을 이룰 수 있는 방법을 찾기 위해서가 아니다. 그 목적은 하나님이 나의 사역과 삶을 위해 내게 명령하신 일을 이루는 데 도움이 되는 수단을 찾기 위해서다. 사람들이 목회자인 우리를 통해 자신들의 삶에 유익한 것을 얻는다면, 기꺼이 교회에 나오려고 할 것이 틀림없다.

요즘 교회에서 눈을 돌려 '내면의 비전을 찾으라.'는 식의 뉴에이지 관련 도서들을 찾는 사람들이 많다. 그들은 사도행전 2장 17절에 언급된 대로 제각기 자신이 꿈을 꿀 수 있는 방법을 알고 싶어 하지만 교회에서 그런 도움을 받지 못한다. 오히려 그들은 대개 "당신이 여기에 온 이유는 목회자인 나를 도와 이 교회를 위한 나의 비전을 이루기 위해서요."라는 식의 말을 듣는다. 따라서 그들은 자신의 소명을 포기하고 시키는 대로 하거나 자신의 소명을 이룰 방법을 찾기 위해 교회 밖으로 나가 비성경적인 조언에 귀를 기울인다.

만일 교회 지도자들이 다른 사람들을 도와 그들의 삶을 위한 목적과 하나님의 비전을 깨우쳐 이루게 하는 것을 자신의 역할로 받아들인다면, 그들도 교회 지도자들이 도움을 필요로 할 때 기꺼이 헌신할 것이 분명하다. 사람들이 각자 자신의 비전을 발견하고, 그것들이 하나로 결합되어 오직 하나님만이 하실 수 있는 놀라운 역사가 일어나려면, 목회자는 좀 더 유연한 태도를 지녀야 하고, 교회는 좀 더 작아져야 할 필요가 있다.

오순절에 함께 모여 기도한 120명의 신자들은 정확히 작은 교회의 규모였다. 그들은 성령의 인도하심을 따랐고, 그 결과 하루에 3천 명이 넘는 사람들이 회심하는 놀라운 역사가 일어났다.

예수님이 보여주신 비전 제시의 방법을 좀 더 자세히 살펴보면, 하나님과 목회자와 회중이 하나로 연합되는 순간에 어떤 일들이 일어나는지를 좀 더 잘 이해할 수 있을 것이다.

예수님의 협력 리더십 모델

예수님의 리더십 모델은 놀라울 정도로 협력적인 성격을 띤다. 예수님의 사역이 팀을 구성하는 일에 온통 집중되었다고 말해도 과언이 아니다. 열두 제자를 부르신 일, 일흔두 명의 제자들을 보내신 일, "가서 행하라."는 가르침과 명령, 성령께서 오실 때까지 기다리라는 지시 등, 예수님이 하신 모든 일이 협력적인 목표(세상을 변화시키기 위해 함께 일할 제자들을 양육하는 것)를 지향했다.

바울 사도도 예리한 말과 놀라운 지혜로 여러 교회들의 죄를 강하게 꾸짖는 편지를 쓸 때 거의 항상 다른 신자들의 협력을 받았다. 그는 죽음을 피하기 위해 한밤중에 혼자서 피신해야 했던 경우를 제외하고는 여행을 할 때나 사역을 할 때나 편지를 쓸 때 항상 동료들과 협력했다.

그러나 우리는 건강한 교회가 되려면 하향식 비전 제시가 필요하다는 말을 종종 듣는다. 이것이 작은 교회의 목회자들이 좌절감을 느끼는 이유 가운데 하나다. "가능한 일은 하나님의 역사가 아니다.", "자신이 세운 양적 목표에 0을 하나 더 붙여라.", "두려울 정도로 엄청나지 않으면 하나님께 합당한 크기의 비전이 아니다."와 같은 말들은 목회자들을 독려하고, 고무하려는 목적을 지니지만 실제로는 그렇지가 못하다. 하나님께 합당한 크기의 비전이라고 생각했던 것이 흐지부지하게 끝나면 실망감과 좌절감만 더 커진다.

정성을 다해 기도하고, 부지런히 일하고, 열심히 연구하고, 간절히 원하는데도 '하나님이 함께 하시는 비전은 절대 실패할 수 없으니 그분의 은혜를 구하면 반드시 성공할 것'이라는 말이 현실이 되는 순간을 경험하지 못하는 목회자들이 부지기수다. 그런 식의 비전을 갖는다고 해서 교회가 건강하게 되거나 목회자의 사역이 가치를 띠는 것은 아니다.

그렇다면 사도행전 2장의 모델(교회 전체가 하나님의 말씀을 듣는 것)을 적용하려면 어떻게 해야 할까?

여기에는 어느 정도의 위험이 뒤따른다. 구체적으로 말해 자기주장이 강한 교인들에게 확성기를 넘겨주는 결과를 낳을 수도 있다. 그것은 하나님이 원하시는 리더십이 아니다. 그것은 혼돈이다. 또한 모든 것을 교인들의 표결에 붙이다 보면 열정이 사그라지는 결과가 발생할 수도 있다. 그러나 다행히도 그런 결과들만이 전부는 아니다.

다 함께 하나님께 귀를 기울이라

교회에는 하나님, 목회자, 교인들이라는 세 참여자가 존재한다. 이 세 참여자의 온전한 협력 없이 교회를 건강하지 못한 상태에서 건강한 상태로 바꾸려고 시도하는 것은 실패와 고통을 자초하는 지름길이다.

건강한 교회가 되려면 목회자와 교인들의 마음이 하나님의 마음과 일치하는 부분을 알고, 또 확장하는 것이 필요하다. 이것은 작은 교회에서 특히 더 중요하다. 큰 교회의 경우는 교인들이 목회자가 제시하는 비전을 따른다. 그와는 달리 작은 교회의 경우는 교인들이 각자의 개성과 자신들의 역사와 관계에 근거한 의지를 가지고 있는 것이 보통이다. 세 참여자가 서로 겹치면 그것보다 더 좋은 것은 없다(벤다이어그램의 지점 1을 살펴보라).

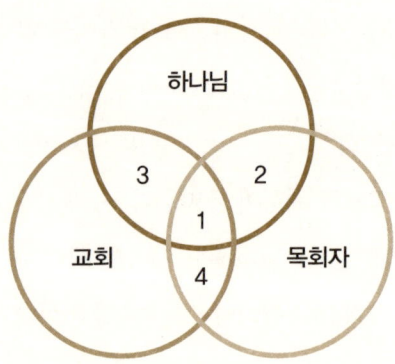

이제, 네 개의 지점을 차례로 하나씩 살펴보면 다음과 같다.

제1지점(스위트 스팟)

: 하나님과 교회와 목회자의 마음이 모두 함께 만나는 지점

항상 확장하려고 노력해야 할 지점이다. 목회자는 주어진 은사로 열심히 사역하고, 교인들은 적절히 활용되고 강화되며, 하나님의 뜻이 성취된다.

그러나 방심은 금물이다. 이런 경우는 짧고, 일시적일 때가 많다. 따라서 당연시하지 말고 항상 유심히 살피고, 기도해야 한다.

건강하지 않은 교회의 경우는 이 지점이 매우 작아 식별하기가 어려울 정도다. 교회의 상황이 심각할 경우에는 완전히 사라질 수도 있다. 지점 2-4에 있을 때, 어떻게 해야 할지를 아는 것이 중요하다. 그 지점들을 간단히 살펴본 후에 다시 제1지점으로 돌아오자.

제2지점(디폴트 존)

: 하나님의 마음과 목회자의 마음은 일치하지만 교회의 마음은 일치하지 않는 지점

목회자가 비전이 있고, 사명이 있고, 올바른 일을 하고 있다는 느낌을 받는다. 왜냐하면 사실이 그렇기 때문이다. 따라서 목회자는 그것에 근거해 가르치고, 독려하고, 계획을 세운다.

하지만 아무런 결과가 나타나지 않으면 실망감을 느낀다. 하나님의 마음이 무엇인지 알고 있고, 그것이 단순한 희망 사항이나 헛된 망상이 아니라는 것을 알기에 분명히 결과가 나타나리라고 기대하지만 기대가 충족되지 않는다.

주의하지 않으면 많은 일이 잘못될 수 있다. 올바른 일을 알고, 행하

는 것은 가능하지만 방식이 잘못될 수 있다. 그런 잘못이 빚어질 위험성은 디폴트 존에서 가장 크다. 특히 교회에 처음 왔을 때는 이 지점에서부터 시작하지 말고, 그 다음 지점에서부터 시작하는 것이 바람직하다.

제3지점(듣는 지점)
: 하나님의 마음과 교회의 마음은 일치하지만 목회자의 마음은 일치하지 않는 지점

목회자만이 교회를 위한 하나님의 뜻을 분별할 수 있는 것은 아니다. 성숙하고, 건강한 목회자는 이 사실을 간과하지 않는다.

교인들을 디폴트 존(제2지점)으로 이끌려고 애쓰면서 비전 제시의 과정을 시작하고, 끝마치려는 목회자들이 너무나 많다. 그곳에서는 하나님의 뜻과 목회자의 마음이 일치하고, 교인들은 거기에 맞춰야 한다.

그러나 교회의 마음과 하나님의 뜻이 일치하고, 목회자가 거기에 맞춰야 하는 경우는 어떻게 해야 할까? 그럴 때는 말을 하는 것보다 듣는 것이 더 필요하다.

교회를 새로 맡게 된 경우에는 특히 더 그래야 한다. 천천히 시간을 두고 하나님의 마음과 교회의 마음이 서로 합쳐져 고동치는 소리에 귀를 기울여야 한다. 교회는 결국 하나님의 것이다. 하나님과 교인들의 말을 먼저 듣고, 하나님의 마음과 교회의 마음이 일치하는 곳으로 나아가야 한다. 그러면 '스위트 스팟'을 확장할 수 있는 가장 간단하고, 빠른 방법을 찾을 수 있다.

목회자는 교인들을 제2지점으로 이끌려는 사람이 아니라 하나님의 마음과 그들의 마음이 일치하는 곳(제3지점)을 이해하고, 거기에 맞추려는 사람이 되어야 할 필요가 있다. 그렇게 하면 교인들이 제2지점으로 오라는 목회자의 요구를 따를 가능성이 더 많아진다. 왜냐하면 목회자가 그들의 마음을 이미 옳게 파악했기 때문이다.

제4지점(위험 지점)
: **교회의 마음과 목회자의 마음은 일치하지만 하나님의 마음은 일치하지 않는 지점**

이 지점은 겉으로 아무런 문제가 없는 것처럼 느껴지기 때문에 매우 위험하다. 교회와 목회자가 사이좋게 어울리고, 공통된 비전을 지니고 있기 때문에 모든 것이 잘 굴러간다. 이 지점이 위험한 이유는 모든 일이 잘 되고 있는 것처럼 보이기 때문이다. 교인들이 서로 잘 지내고, 체계가 부드럽게 잘 굴러가는데 잘 되지 않는다고 생각할 이유가 무엇인가?

그러나 스스로 잘하고 있다고 생각하지만 영적인 것은 빈털터리인 교회보다 마귀가 더 좋아하는 것은 없다. 그런 교회는 양적 성장은 이룰지는 몰라도 영적으로는 파산 상태나 다름없다. 그런 교회는 위기에 처해 있지만 그 사실을 의식하지 못하기 때문에 고칠 생각조차 하지 않고, 그 상태를 계속 유지한다. 양적 성장을 이룬 덕분에 다른 교회들이 성장의 방법을 배우려고 하지만 내부적으로는 서서히 죽어 가고 있다.

닫힌 문이 오히려 종종 하나님의 가장 큰 축복이 되는 이유가 여기에 있다. 내가 늘 드리는 기도 가운데 하나는 "하나님, 저희가 공통된 목표를 지니고 있다고 해도 그것이 주님의 목표가 아니라면 저희를 멈추게 하소서."이다. 어떤 계획이 성공을 거두어도 그것이 하나님의 계획이 아닌 경우보다 더 위험한 것은 없다.

　제4지점에서 발견한 아이디어를 가지고, 그것을 하나님의 마음에 일치시키려고 애쓰지 말라. 우리는 우리가 먼저 생각해 낸 아이디어를 하나님이 인정해 주기를 바라지만 하나님은 그런 아이디어는 아무리 좋아도 단호하게 거절하신다. 따라서 하나님의 마음에서부터 시작하는 것이 필요하다.

목표 : '스위트 스팟'을 확장하라.

　우리가 처음 출발했던 제1지점(스위트 스팟)으로 다시 돌아가 보자.

　이 지점을 확장하려면, 제4지점은 완전히 제쳐 놓고, 제2지점과 제3지점에서 하나님은 물론, 목회자와 교인들 상호 간에 항상 긴밀한 의사소통이 이루어져야 한다. 목회자가 교회를 통해 하나님의 뜻을 깨닫고, 교회가 목회자를 통해 그분의 뜻을 발견할 때마다 '스위트 스팟'은 확장되고, 그와 더불어 사역은 성장한다.

　건강한 교회가 지향해야 할 궁극적이면서도 도전적인 목표는 모두 함께 하나님의 뜻을 더 많이 발견하고, 그분의 뜻과 우리의 뜻이 다른 지점들을 줄여나가는 것이다.

5개년 계획과 사명선언문

　1990년대와 2000년대에 교회 성장론자들 가운데서 가장 널리 받아들여진 규칙은 모든 교회가 사명선언문을 만들어야 한다는 것이었다. 이 규칙을 가르친 세미나와 책들이 많았고, 일부 교단에서는 교단 차원에서 그것을 요구하기까지 했다.

한 협력선교단체가 교회들에게 전화를 걸어 응답자에게 두 가지 질문을 던졌다. 하나는 "교회에 명문화된 사명선언문이나 비전선언문이 있습니까?"였고, 다른 하나는 "그것을 보지 않고서도 내용을 말할 수 있습니까?"였다.

이런 설문 조사의 결과는 모두의 신념(양적으로 성장하는 교회는 교인들이 기억할 수 있고 암기할 수도 있는 사명선언문을 가지고 있고, 양적으로 줄어드는 교회는 사명선언문이 없고 또 있다고 하더라도 그것을 암기할 수 있는 사람이 아무도 없다는 신념)을 더욱 확고하게 뒷받침하는 증거가 되었다.

결국 암기할 수 있는 사명선언문이 교회 성장의 필수 요건 가운데 하나이며, 교회가 성장하지 못하는 이유는 사명선언문이 없기 때문이라는 결론이 내려진 셈이다. 모든 사람이 앞 다퉈 사명선언문을 만들었지만 그것이 어떤 의미이고, 왜 효과가 있는지를 사람들에게 정확하게 설명하기가 어려웠다.

심지어는 사명선언문, 비전선언문, 목적선언문, 슬로건의 차이가 무엇인지를 둘러싸고 큰 논쟁이 불거지기까지 했다. 혹시나 실수를 저지를까 봐 네 가지를 각각 따로 만드는 교회들도 있었다.

그러나 사명선언문이나 비전선언문이 없거나 1997년에 작성해 한쪽에 치워둔 이후로 그것을 기억하는 사람이 아무도 없을지라도, 황급히 비전을 제시하기 위한 모임을 갖고, 교인들에게 "알고, 성장하고, 나아가자, 배우고 실천하자, 온전히 헌신하는 예수님의 제자들이 되자."라는 문구를 상기시켜 주려고 애쓸 필요는 없다.

교인들이 사명선언문을 암기하지 못해도 괜찮다. 그런 선언문을 입으로 말한다고 해서 온전히 헌신적인 예수님의 제자들이 되는 것은 아니다. 그렇게 되려면 말씀이신 주님을 따라야 한다. 이것은 잘 만들어진 문구가 아닌 제자도의 문제다.

사명선언문에 집착할 때의 문제점

사명선언문은 나쁘지 않다. 내가 목회하는 교회도 "말씀의 진리를 탐구하고, 실천하고, 나누자."라는 사명선언문을 가지고 있다. 이 말이 교회 게시판 전면에 부착되어 있지만 그것을 암기해서 말할 수 있는 교인들은 별로 없다.

위대한 사명선언문을 가지고 있다고 해서 위대한 교회가 될 수 있거나 어려움에 처한 교회가 회복될 수 있는 것은 아니다. 사명을 실천하는 것이 중요하다. 무엇이든 말하기만 하고 실천하지 않으면 아무 소용이 없다. 교회가 이미 실천하고 있는 일을 근거로 한 사명선언문이어야만 그것을 끝까지 이룰 수 있는 가능성이 있다.

기독교 지도자들은 이런 말에 놀라서는 안 된다. 야고보서 1장 22절은 "너희는 말씀을 행하는 자가 되고 듣기만 하여 자신을 속이는 자가 되지 말라"고 말씀한다. 이것은 참으로 강력하고도 두렵기까지 한 진리가 아닐 수 없다. 말씀을 알지만 실천하지 않는 것은 스스로를 기만하는 것이다. 이 구절은 우리가 만든 사명선언문이 아니라 하나님의 말씀이지만 그 원리는 마찬가지다. 실천하지 않는 사명선언문은 일종의 자기기만에 해당한다.

바울 사도는 "하나님의 나라는 말에 있지 아니하고 오직 능력에 있음이라"(고전 4:20)라고 말했다. 그리스도의 삶과 사역이 이 말씀의 진리를 여실히 보여준다. 예수님은 가장 위대한 말씀의 장인이자 실천가이셨다. 예수님의 사명선언문을 예로 들어보자. 그것은 가장 큰 계명과 지상 명령이다(아마도 리더십 조언가에게 이 두 개의 사명선언문은 혼란스러울 것이다. 그 가운데 하나를 골라 열 단어 이하로 표기하라고 말할는지도 모른다). 아마도 예수님이 교회 리더십에 관한 오늘날의 지침을 따르셨다면 이 두 개의 사명선언문을 두루마리나 작은 바위에 적어서 새로 제자가 된 사람들에게 제시하고, 그들이 그것을 암기할 수 있는지를 보기 위해 아무 때나 느닷없이 물어 놀라게 하셨을 것이다.

그러나 예수님은 심지어 스스로가 먼저 원해서 가장 큰 계명을 가르친 적조차 없으셨다. 그분은 그런 문구를 만들기 위해 대표자들을 선정하지도 않았고, 리더십 세미나에 참석하지도 않으셨다. 예수님은 단지 한 서기관이 자기를 시험하기 위해 던진 질문에 대해 즉석에서 그렇게 대답하셨을 뿐이다. 예수님의 말씀이 대부분 그렇듯이 그분의 핵심적인 가르침은 친구들과 원수들이 함께 모여 있는 공공장소에서 자신의 사명을 실천하며 사셨던 그분의 삶으로부터 직접 비롯되었다. 예수님의 사명선언문은 사역의 원천이 아닌 사역의 자연스런 부산물이었다.

그와 마찬가지로, 예수님은 기회가 있을 때마다 제자들에게 지상 명령을 주지시키지 않으셨다. 지상 명령이 사복음서와 사도행전에 모두 기록되어 있을 만큼 중요한 것은 사실이지만, 예수님은 지상 사역을 끝마치고 하나님의 오른편으로 승천하시기 전에 단 한 번만 그렇게 말씀하신 것으로 보인다. 예수님과 제자들은 어떻게 지상 명령을 늘 외우지 않고서도 사역을 이룰 수 있었을까? 그 이유는 예수님이 지상 명령을 말로 되뇌는 것보다 직접 실천하는 것이 먼저라고 생각하셨기 때문이다.

내가 말하려는 요점은, 사명선언문을 작성해서는 안 된다는 것이 아니라 그것의 위치와 역할을 옳게 이해해야 할 필요가 있다는 것이다. 성령의 인도하심에 복종하면, 말만 하지 않고 실제로 사역을 행할 수 있게 도와주신다. 특히 작은 교회들의 경우에는 사명선언문 작성은 가장 먼저 해야 할 일이 아니라 가장 나중에 해야 할 일에 해당한다.

앞서 교회가 가장 잘하는 일이 무엇인지를 찾는 것에 대해 논의한 적이 있다. 만일 그 일이 무엇인지 알고, 하나님이 그 일을 더 많이 하기를 원하신다고 생각하면 그것을 사명선언문으로 삼으면 된다.

이미 하고 있는 일에, 앞으로 이루고 싶은 희망을 담아 가능한 한 가장 간단하고, 명료한 용어로 표현하라. 똑똑해 보이려고 애쓰지 말고, 운율이나 두운 따위는 신경 쓰지 말라. 단지 "우리는 이 일을 하고, 이 일을 하기를 희망한다."라고 말하고 나서 매일 더 많은 열정과 목표 의식을 가지고 실천해 나가라.

팀 켈러는 앞서 언급한 "리더십과 교회 규모 : 성장과 더불어 달라지는 전략"이라는 글에서 교회의 규모와 사명선언문의 필요성에 대해 이렇게 말했다.

> 교회가 클수록 독특한 비전이 교인들에게 미치는 중요성이 더 커지기 마련이다. 작은 교회에 다니는 이유는 관계 때문이다. …교회가 클수록 단지 교리와 도덕의 기준만을 적용하는 것으로 그치지 않고, 비전과 사역철학에 대한 동의 여부를 따져 평신도 지도자들을 걸러내야 할 필요성이 더 크게 대두된다. 그러나 작은 교회들의 경우에는 등록 교인이고, 믿음

이 충실하다면 그것만으로도 평신도 지도자가 될 수 있는 자격이 충분하다.[2]

팀 켈러에 따르면, 작은 교회는 큰 교회만큼 사명선언문을 절실히 필요로 하지 않는다. 왜냐하면 작은 교회의 사람들은 서로를 잘 알고 있고, 이미 그 관계를 토대로 그들이 해야 할 일에 대해 의견의 합일이 이루어진 상태이기 때문이다. 그와는 달리 큰 교회의 경우에는 교인들이 서로를 잘 모르기 때문에 모든 사람을 한데 묶어 한 방향으로 나아가게 해 줄 공통된 신념과 전략을 글로 적어 진술하는 것이 필요하다. 어느 쪽이 더 옳거나 잘못된 것은 없다. 그런 차이는 작은 교회와 큰 교회가 서로 다르게 기능하는 데서 비롯할 뿐이다.

켈러와 나만 이런 생각을 가진 것은 아니다. 사명선언문의 열기가 너무 지나치다는 생각이 날로 확대되고 있다. 앨런 비비어는 규모에 상관없이 모든 교회가 사명선언문을 작성해야 하는지에 관해 묻고 이렇게 대답했다. "교회가 사명선언문을 작성하는 것은 좋은 의도에서 비롯한 것이지만 혹시나 자신들도 모르는 사이에 스스로가 예수님이 2천 년 전에 교회에게 부여하신 사명을 더 낫게 향상시킬 수 있다고 생각하는 것은 아닌지 궁금하다."[3]

예수님은 이미 가장 훌륭한 사명선언문을 작성하셨다. 우리 모두 이것을 실천에 옮기자. 만일 우리의 교회가 이를 실천하는 방식과 다른 교

---

2) Keller, "How Strategy Changes with Growth."
3) Allan R. Bevere, "Do Churches Need to Develop Mission Statements?" Ministry Matters, July 13, 2011, http://www.ministrymatters.com/all/entry/1457/blog-do-churches-need-to-develop-mission-statements.

회들이 실천하는 방식이 서로 달라서 새로운 신자들에게 설명해 주어야 할 필요가 있다고 생각되거든 그것을 글로 표현해 적어두자.

그러나 그렇게 하기 전에 먼저 주위를 한 번 둘러보자. 교인들이 하나님과 서로를 사랑하고 있는가? 그들이 지역사회와 세상 사람들에게 그 사랑을 나타내고 있는가? 만일 그렇다면 굳이 사명선언문을 작성하지 않더라도 이미 올바른 일을 하고 있는 셈이다. 만일 주위를 둘러보았는데 그렇게 하고 있지 않다면, 사명선언문은 있으나마나 한 것이니 더는 신경 쓰지 말라.

교인들을 예수님께로 인도하라. 그러면 그분이 그들에게 사명을 주실 것이고, 그것이 곧 사명선언문이 될 것이다.

Small Church Essentials

PART 4

작고 위대한 교회가 되다

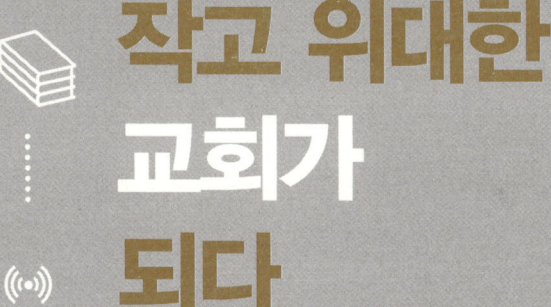

13.
먼저 친절한 교회가 되라

이제 지금쯤이면 위대한 작은 교회처럼 생각하기 시작했을 테고, 기존의 작은 교회를 새롭게 되살릴 방법을 몇 가지 살펴보기까지 했으니 이번에는 건강한 교회를 넘어서서 효율성과 위대함을 갖춘 교회로 발전하는 데 도움이 될 만한 실천적인 방법을 잠시 생각해 보기로 하자.

그렇다. 작은 교회도 강한 교회가 될 수 있다. 강한 교회가 되는 데 필요한 요소를 몇 가지 제시하면 다음과 같다. 먼저 처음 교회에 나온 사람을 맞이하는 법에서부터 시작해서 제자 양육, 리더십, 복음 전도를 차례로 하나씩 살펴보기로 하자.

친절

친절은 큰 교회보다 작은 교회에게 더 중요하다.

친절은 교회나 교회에 처음 나온 사람에게 매우 중요한 의미를 지닌다. 그 이유를 설명하면 이렇다.

사람은 한꺼번에 많은 사람들과 관계를 맺기를 어려워하는 성향이 있다. 이것이 우리가 작은 집단에서 행동할 때와 큰 집단에서 행동할 때가 서로 다른 이유다. 한 장소에 수백, 수천 명의 사람들이 모여 있을 때는 우리는 단지 청중의 한 사람일 뿐이다. 심지어는 사람들이 몇 십 명만 모인 자리에서도 우리는 적극적인 참여자가 되기보다는 수동적인 관찰자로 머물기를 원한다.

큰 집단이 나쁘다는 말이 아니다. 단지 그런 자리에서는 우리가 좀 더 수동적인 태도를 취하는 경향이 있다는 말을 하고 싶을 뿐이다. 이것은 교회에서도 마찬가지다. 그러나 집단의 크기가 작으면 상황은 달라진다. 우리는 사람들이 인사말을 건네주기를 기대하고, 관계를 맺기를 희망하며, 대화에 참여하기를 원한다.

큰 교회들은 대개 군중의 습성을 잘 알고 있기 때문에 방문자들과 새로운 교인들이 수동적인 상태로 머물지 않게 하려고 많은 노력을 기울인다. 그런 노력이 성공을 거둔 덕분에 친절하기로 정평이 난 큰 교회들이 많다. 친절은 그런 교회들이 큰 교회로 성장하게 된 이유 가운데 하나일 수 있다. 그러나 사람들은 대개 어느 정도의 익명성을 추구하기 위해 큰 교회를 선택한다. 조금 외로운 느낌이 들더라도 상관없다. 왜냐하면 그것은 큰 교회를 선택한 것에 대한 일종의 대가이기 때문이다. 따라서 그들은 큰 교회라는 형태를 계속 유지해 나간다.

작은 교회의 상황은 그와는 많이 다르다. 작은 교회에 처음 발을 들여놓는 것은 자신을 적나라하게 노출시키는 행위가 될 수 있다. 사람들은 작은 교회에서는 숨을 곳이 없으리라는 것을 잘 알고 있다. 그들이 작은 교회를 찾아온 이유는 인격적인 관계를 맺기 위해서다. 단지 주차장에 차를 몰고 들어가는 행동 하나만으로도 스스로가 노출된 듯한 두려운 마음이 들지만 그런 관계를 간절히 원하기 때문에 기꺼이 감수한다. 큰 교회에서 무시당하면 속이 약간 상하고 말지만, 작은 교회에서 무시당하면 마음과 정신까지 온통 뒤흔들릴 만큼의 충격을 받을 수 있다.

어떤 교회에서든 친절과 온정과 관계는 저절로 생겨나지 않는다. 그렇게 되도록 노력하고, 사람들을 훈련하고, 계속해서 유심히 살펴야 한다. 작은 교회도 큰 교회가 하는 대로 친절과 온정과 관계를 위해 열심히 노력해야 할 필요가 있다. 사실 작은 교회는 훨씬 더 많은 노력을 기울여야 한다. 왜냐하면 사람들의 숫자가 적을수록 친절을 더 많이 기대하고, 또 필요로 하기 때문이다.

교회의 친절 지수를 정직하게 측정하는 것은 어렵고, 실망스런 일일 수 있다. 교회가 친절하기 위해 아무리 열심히 노력하더라도 내가 생각하는 것만큼 잘하고 있지 못하다는 사실을 상기시켜 줄 이야기들이 간간이 들려올 것이 분명하다.

교회가 친절할 것이라고 속단하지 말고, 친절을 우선순위로 삼으려고 노력해야 한다. 친절은 영적 구도자들이 작은 교회를 방문했다가 나중에 다시 찾아오기로 결심하게 된 이유 가운데 하나일 수 있다. 환영과 친절은 사람들을 단순히 예배당 좌석에 앉히는 것을 훨씬 뛰어넘는 의미를 지닌다.

진정으로 친절한 작은 교회가 되는 것이 사람들의 마음을 치유하고, 그들의 정신을 일깨우며, 영원한 삶을 위해 그들의 영혼을 준비시키는 과정의 중요한 첫 단계일 수 있다.

친절한 교회를 위한 기프트(G. I. F. T.) 플랜

다른 지역들에 비해 친절을 베풀기가 좀 더 어려운 지역이 있다. 그러나 그런 지역일수록 친절의 중요성은 더 커진다. 내가 사는 곳은 인구가 매우 다양할 뿐 아니라 유동성이 크고, 몹시 분주하기 때문에 심지어 교회에서조차도 의도적인 노력을 기울이지 않으면 관계를 발전시켜 나가기가 어렵다.

사람들은 대개 친구의 초청을 받고 교회를 방문한다. 그리고 그들이 교회에 나오기로 결정한 이유는 친구를 사귀었기 때문일 때가 많다. 성경을 가르치고, 예배를 잘 드리고, 편리한 육아 시설을 갖춘 교회를 찾는 것보다 참되고, 지속적인 관계를 맺을 수 있는 교회를 찾는 것이 더 어렵다. 이것이 현대 교회의 삶에서 참된 관계가 갈수록 희귀해지는 이유 가운데 하나다(그럴수록 그런 관계의 가치는 더욱 커질 수밖에 없다).[1]

내가 기프트 플랜으로 일컫는 간단한 지침을 따르면 사람들을 좀 더 반갑게 맞이하는 친절한 교회가 되는 데 도움이 될 것이다. 기프트(GIFT)라는 말은 인사(Greet), 소개(Introduce), 사후 관리(Follow Up), 감사(Thank)를 나타낸다.

우리는 매주 교인들과 특히 지도자들에게 아래의 단계를 최소한 한 가지씩 실천하도록 독려해야 할 필요가 있다.

---

1) Ed Stetzer, "Strategic Evangelism: The Power of an Invitation", *The Exchange, Christianity Today*, July 21, 2014, http://www.christianitytoday.com/edstetzer/2014/july/power-of-invitation-our-god-pursues-lost-and-so-should-we.html.

인사(Greet) : 처음 만나는 사람에게 인사하라.

안일한 상태에 머물러 있지 말고, 낯선 이름을 가진 사람을 찾아 인사하라. 얼마 동안 교회에서 얼굴을 보았지만 아직 인사를 나누지 않은 사람이 있거든 마음을 열고 환영하라. 또 누가 교회에 혼자 나왔거든 옆자리에 앉아도 되겠느냐고 물어라.

소개(Introduce) : 사람들을 서로에게 소개하라.

누군가와 인사를 나눴다면 다른 사람들에게도 그 사람을 소개하라. 공통점이 있는 사람들끼리 관계를 맺어주고, 교회에 처음 나온 사람은 목회자에게, 청소년은 청소년부 지도자에게, 어린아이들과 그들의 부모들은 어린이부 지도자에게 소개하라.

사후 관리(Follow up) : 최근에 알게 된 사람의 사후 관리에 힘쓰라.

한두 주 전에 처음 만난 사람을 찾아 다시 인사를 건네라. 그 사람의 이름을 불러주고, 대화를 나누고, 친구들의 그룹에 합류시켜라.

감사(Thank) : 고마운 일을 해준 사람에게 감사하라.

교회마다 자원해서 시간과 노력을 바쳤지만 고맙다는 말을 듣지 못한 사람들이 있기 마련이다. 교회 시설을 손보는 사람을 보았을 때는 지나가면서 "잘 했어요."라고 말해 주고, 자녀들이 성경을 읽도록 도와준 주일학교 교사에게도 "감사해요."라고 말하라.

우리는 일주일에 한 번씩 지도자 모임을 갖는 자리에서 "이번 한 주

동안 누구에게 기프트를 실천했습니까?"라는 질문에 대답하는 시간을 갖는다.

우리는 서로 돌아가면서 누구를 만났고, 누구를 소개했는지를 말한다. 우리는 그렇게 함으로써 각자의 책임을 다하고 있는지를 점검하고, 교인들과 방문자들에 관한 정보를 공유한다(예를 들면 "아, 그래요. 나도 그녀를 만났어요. 내게 유아부의 일을 돕고 싶다고 말하더군요. 여기 그녀의 이메일 주소입니다."라는 식으로).

또한 우리는 교인들에게도 기프트 플랜을 가르친다. 이 플랜은 교인들이 안일한 상태에서 벗어나 마음을 좀 더 넓게 열고, 새로운 친구들을 만나게끔 도와준다. 물론 교인들이 매주 네 가지를 다 하기를 기대하지는 않는다. 대다수 교인들은 자신이 그 가운데 한두 가지를 잘한다는 사실을 깨닫는다. 혹시 어느 주일에 바쁜 일이 생겨 그것을 하지 못하더라도 다음에 잘하면 되니까 아무 상관없다.

나는 그런 행동으로 인해 오래도록 지속되는 관계가 저절로 형성될 것이라는 헛된 생각은 하지 않지만, 마음속으로는 늘 모든 사람(모든 지도자와 교회에 정기적으로 출석하는 교인들)이 매주 인사를 나누고, 소개를 하고, 사후 관리를 하고, 감사의 말을 하는 교회를 상상하고 있다. 그것은 방문자들과 교회를 위한 진정한 기프트, 곧 선물이 아닐 수 없다.

'환영'의 도어 매트에 쌓인 먼지를 털어내라

몇 년 전에 집을 떠나 여행을 하는 도중에 참으로 훌륭한 예배에 참여하는 특권을 누린 적이 있었다. 그 교회의 교인들은 친절했고, 예배는 역동적이었으며, 설교는 성경적이면서도 흥미로웠고, 하나님의 임재가 진정으로 느껴졌다.

나는 그 교회의 문을 나서면서, '참으로 훌륭한 교회로군. 한 주를 살아갈 준비가 잘 된 듯한 충만한 느낌이야. 그런데 앞으로도 지금 하는 식으로 계속한다면, 지역사회에 그들이 할 수 있는 만큼의 영향력을 충분히 발휘하지는 못할 것 같애.'라고 생각했다. 교회가 내가 말한 대로 훌륭하다면, 나는 왜 그런 생각을 하게 된 것일까? 그 이유는 내가 그 교회에서 경험한 모든 것이 외부지향적이 아닌 내부지향적인 성격을 띠고 있었기 때문이다.

그 교회는 절반만 잘하고 있었다. 그 절반으로 인해 교인들은 행복하고, 믿음 안에서 계속 성장할 것이다. 그들은 가장 큰 계명은 잘 실천하고 있었지만 지상 명령은 도외시하고 있었다. 지역사회도 그들의 경험을 절실히 필요로 하는 상태이지만 그들은 밖으로 나가 그것을 전하지 않았다. 사실 그들은 밖을 향해 복음을 전한다는 증거가 없었을 뿐 아니라 교회에 정기적으로 출석하지 않는 사람은 쉽게 연관을 맺기가 어려운 환경을 형성하고 있었다.

우선 그 교회를 찾아갈 수 있는 정확한 지도가 없었다. 그들은 온라인(웹사이트, 페이스북 페이지 등)을 전혀 활용하지 않았다. 심지어는 주소를 손에 들고 있으면서도 그 교회를 발견하지 못한 채 두 번이나 지나쳐야 했다. 그 교회는 울창한 나무 뒤에 있었는데, 거리에 세워진 교회 표지판은 고작 하나뿐이었고, 그마저도 작고 빛이 다 바랜 상태였다. 내가 그 점에 대해 질문을 했더니, "모든 사람이 우리 교회의 위치를 알고 있습니다."라고 대답했다.

내가 아닌 난생 처음 교회에 나오는 사람이 그런 경험을 했다고 생각해 보자.

"이번 주 초에 이 교회에 다니는 사람이 내게 복음을 전했어. 하나님이 내 마음을 움직이고 계시는 것 같아. 내가 주일 아침에 일어나 교회에 나가기로 결심한 이유는 예수님에 관해 좀 더 알고 싶어서야. 그런데 온라인에서 그 교회를 찾아봤지만 몇 분의 시간만 헛되이 지나갔어. 아무것도 발견할 수가 없었어."

교회에 나오고 싶어 하는 사람들 가운데 절반은 여기에서 포기하고, 나머지 절반은 계속해서 좀 더 노력을 기울인다.

"내게 복음을 전한 사람이 마을 남쪽 끝에 있는 '헤스먼로드 교회'에 다닌다고 말했던 것이 기억나. 차를 타고 나가봐야겠군. 조금 멋쩍지만 마음이 설레는군. 그런데 헤스먼로드로 갔는데 교회 표지판이 키 큰 나무들에 가려 잘 보이지 않은 탓에 교회 출입구를 두 번이나 지나치고 말았어."

이쯤 되면 나머지 절반 가운데서 얼마나 많은 사람이 포기할까? 아마도 잠재적인 방문자들 가운데 3분의 2 이상이 교회 건물에 발을 들여놓기도 전에 포기할 것이 분명하다.

"교회 건물을 찾았어. 출입구를 향해 내려가다가 예배당 건물 앞에서 무심코 좌회전이 아닌 우회전을 했어. 우회전을 한 까닭에 주차장처럼 보이지 않는 곳에 도착했어. 그러나 큰 문이 보이길래 그곳에 주차를 하고, 문이 잠겼는지 아닌지 손잡이를 건드려봤어."

여기에서는 또 얼마나 많은 사람이 포기하고 돌아갈까? 또 다른 10내지 15퍼센트? 만일 그렇게 된다면 아침에 일어나 교회에 나오려고 마음

먹은 사람들 가운데 남는 사람은 고작 10내지 15퍼센트에 불과해진다.

"이왕 작정한 것이니 끝까지 해봐야겠다고 생각하고 교회에 처음 나온 나는 다른 사람들이 차를 주차한 주차장을 찾기 위해 걸어서 교회 건물을 한 바퀴 돌았어. 그러고 나서 사람들이 무리를 지어 향하는 큰 문이 있는 곳으로 걸어갔지. 문 앞에서 나를 맞아주는 사람이 아무도 없었어. 나는 혼자서 사람들 사이를 뚫고 지나가야 했어. 왜냐하면 아무도 내게 관심을 기울이지 않고, 자기들끼리 대화를 나누고 있었기 때문이야."

또 남은 10내지 15퍼센트 가운데서 얼마나 많은 사람이 포기할까? 아마도 예배가 아직 시작조차 하기 전에 교회에 나오겠다고 결심한 사람들 가운데 90퍼센트에 육박하는 사람들이 그만 포기하고 말 것이 분명하다.

"교회 건물 안으로 들어갔지만 혼란스러웠어. 분위기가 상당히 괜찮고, 진지해 보였지만 언제 앉아야 하고, 일어서야 하고, 손을 들어야 하고, 성찬을 받기 위해 앞으로 나가야 할지 몰라 무척 당황스러웠어."

여기에서는 또 잠재적인 방문자들 가운데 얼마나 많은 사람이 결심을 포기할까? 아마도 5퍼센트는 될 것이다.

예배와 설교와 예배 이후의 교제가 모두 훌륭했는데 그렇게 되어 너무나도 안타깝지 않을 수 없다. 교회에 처음 나오려고 시도했던 사람들은 다른 사람들에게 이런 어려움을 극복하고 교회에 나가라고 절대 권하지 않을 테고, 스스로 편안함을 느낄 만큼 교회의 내부 사정에 익숙하지 못했던 자신들도 더는 교회에 나오려고 하지 않을 것이 틀림없다.

교회는 모든 것을 다 잘했지만 한 가지 중요한 요소를 간과했다. 그것은 접근의 용이성이었다.

교회 전문가들과 강사들이 교회의 변화와 적응과 혁신을 강조할 때

염두에 두고 말하는 것이 바로 이것이다. 그들은 교회들이 믿는 것과 믿는 것을 실천하는 방식을 바꾸라고 요구하지 않는다. 그들이 요구하는 것은 '환영'의 도어 매트에 쌓인 먼지를 털어내라는 것이다. 구체적으로 말해 나뭇가지들을 잘라 정돈하고, 교회 건물에 페인트를 칠하고, 새 표지판을 세우고, 문 앞에서 방문자들을 맞이하고, 그들이 낯설고 혼란스럽게 느낄 예배 요소를 설명해 주고, 이웃들에게 나아가 지역사회에 깊이 참여하라는 것이다. 사람들을 환영하지도 않으면서 그들이 교회에 나오지 않는 이유를 궁금해 하지 말고, 교회 스스로가 그들의 세계에 충분한 관심을 기울이고 있다는 것을 알게 해주어야 한다.

  교회 건물로 사람들을 예수님께로 인도할 수 있는 것은 아니지만 사람들을 맞이할 준비가 되어 있지 않으면 그들이 그분에 대해 좀 더 많이 알 수 있는 기회가 차단되기 쉽다.

  위에서 말한 시나리오는 전혀 억지가 아니다. 그런 일은 내게도 있었고, 지금도 매주 수천 개의 교회에서 재현되고 있다. 교회에 나와 예배를 드리며 예수님에 관해 알고 싶어 하는 사람들이 다시 모습을 드러내지 않는 이유는 교회 안에 있는 사람들이 새로운 방문자들이 새로운 환경에 적응하는 것이 무엇을 의미하는지를 충분히 고려하지 않기 때문이다.

  이번에는 간단한 몇 가지 변화를 시도한 후에 일어나게 될 시나리오를 잠시 생각해 보자.

  새로운 방문자가 헤스먼로드로 차를 몰고 내려온다. 그는 좀 오래되었지만 유지가 잘 된 헤스먼로드 교회 표지판을 발견한다. 나뭇가지들을 정기적으로 잘라 잘 정돈한 덕분이다. 출입구에 '주차장'이라는 선명한 글자와 왼쪽을 가리키는 화살표가 그려진 안내판이 서 있다. 방문자는 그 안내판을 따라 가다가 정문으로 보이는 장소에 도착한다. 그곳에는 '예배당 출입문'이라는 글자가 또렷하게 적혀 있다. 그가 예배당에 가까이 가자 어떤 사람이 문을 열어주면서 미소 띤 얼굴로 주보를 건네주며 무엇이든 도움이 필요한 것이 있느냐고 묻는다.

그렇다면 이 경우에는 단지 교회를 방문한 것에 그치지 않고, 곧 경험하게 될 일을 긍정적으로 생각하며 편안하게 예배당 안으로 걸어 들어갈 사람들이 과연 얼마나 될까? 당연히 첫 번째 시나리오의 경우보다 95퍼센트나 더 많을 것이 틀림없다.

이것이 교회 건물을 접근이 용이하게 유지하는 것이 필요한 이유다. 접근의 용이성이란 많은 돈을 들여 교회 건물을 특별하게 장식하는 것이나 주일 예배를 복음 전도의 수단으로 활용하는 것과는 아무런 상관이 없다. 그것은 교회에 나오기를 원하는 사람들이 교회 건물을 쉽게 찾을 수 있게 배려하는 것을 의미한다. 일단 접근의 용이성이 확보되면 사람들이 예수님을 발견할 가능성이 한층 더 높아질 수 있다.

우리 교회가 "와서 보라." 행사를 중단하게 된 이유와 그것을 대신해서 마련한 대안

절기 축하 행사와 같은 "와서 보라." 행사를 크게 개최해 성공과 성장을 이룬 교회들이 많다.

성탄절과 부활절에 성가대 칸타타를 하는 대신에 무대 장식, 조명 장치, 비디오와 같은 수단을 동원해 시각적인 메시지를 전하더라도 그 목적(사람들을 불러 모아 복음을 전하는 것)은 동일하다. 지금도 일부 지역에서는 이런 행사들이 여전히 효과가 있다. 그러나 요즘에는 그것들이 과거에 비해 그다지 효과가 없다고 생각하는 교회 지도자들이 많다.

캐리 니워프는 "십 년 전과는 달리 더는 효과가 없는 교회의 사역 아홉 가지"라는 글에서 "와서 보라." 행사는 한물간 전술 가운데 하나가 되었다고 말했다.

그는 "만일 '다음 주는 이번 주보다 더 나을 것'이라는 게임만을 즐기다가는 결국에는 실패와 거짓으로 끝날 것이 분명하다(왜냐하면 그렇게 나아질 일은 결코 없을 것이기 때문에)."라고 말하고 나서, "우리는 예배를 간소화시켜 기본적인 것(복음, 즐거운 순간들, 마음을 끄는 메시지)에 좀 더 충실하기로 결정했다. 우리는 그런 일을 잘 해낼 수 있다. (때로 가외의 일을 조금 하더라도) 기본적인 것을 잘하면 사람들의 관심을 사로잡을 수 있다. 왜 그럴까? 그 이유는 예수님을 확실하고, 분명하게 제시하기만 하면 사람들의 마음을 끌 수 있기 때문이다."라고 덧붙였다.[2]

우리 교회는 십 년 전에 성탄절과 부활절과 같은 특별한 주일에 그런 행사들을 중단했고, 그 후로는 한 번도 하지 않았다. "와서 보라." 행사는 수동적인 태도를 부추긴다. 사람들은 교회와 처음 접촉한 상황에서 우리가 가장 중요하게 생각하는 것을 수동적으로 받아들이고, 모든 것을 우리가 준비한 대로 따라서 해야 한다. 교회와의 첫 번째 접촉이 '우리가 마련한 쇼를 즐기라.'는 식이 되면, 사람들은 모든 것이 다 우리와 관련된 것뿐이라고 생각하고, 종교의 수동적인 소비자가 되어 주간 행

---

2) Carey Nieuwhof "9 Things That Worked in the Church a Decade Ago That Don't Today", *Carey Nieuwhof* (blog), https://careynieuwhof.com/9-things-worked-church-decade-ago-no-longer-work-today.

사를 즐기는 것으로 만족하기 쉽다. '가만히 앉아 편안하게 예배를 즐기는' 태도는 설혹 교회가 양적으로 성장한다고 하더라도 교회에 유익보다는 해를 더 많이 끼칠 가능성이 높다.

그것은 얻는 것보다는 잃는 것이 더 많다. 나는 성탄절과 부활절 음악 축제를 준비하기 위해 서너 달 동안 모두 손을 모아 협력을 아끼지 않았던 교회들에서 자원 봉사자와 교회 직원으로 일했던 경험이 있다. 우리는 종종 행사를 멋지게 치렀고, 나 또한 상당한 즐거움을 얻었지만 행사가 끝난 후에 "와, 정말 많은 사람이 그리스도께 나왔군. 그 모든 시간과 에너지와 예산을 쏟아 부을 만한 가치가 있어."라고 말한 적은 단 한 번도 없었다. 그런 행사는 단지 신자들이 절기에 교회에 나와 잠시 여흥을 즐기는 수단에 지나지 않았다. 우리가 쏟아 부은 시간과 에너지와 비용보다 더 큰 희생이 치러졌고, 종교적인 거품 효과만을 더욱 가중시키는 결과를 낳았다.

나는 캘리포니아 주 오렌지카운티에 살면서 목회자로 일하고 있다. 우리 교회는 디즈니랜드로부터는 약 13킬로미터, 할리우드로부터는 약 64킬로미터 떨어져 있을 뿐 아니라 '갈보리 채플', 빈야드 교회 연합 소속 교회들, '새들백 교회', '모자이크 교회', '엘에이 힐송 처치'와 같은 교회들로부터는 자동차로 30분도 채 안 걸리는 곳에 위치해 있다. '수정 교회'는 수십 년 동안 거창한 성탄절과 부활절 축하 행사를 펼쳤고, 그것을 보기 위해 전 세계에서 사람들이 몰려온다. 그 교회와 우리 교회의 거리는 불과 10킬로미터밖에 되지 않는다.

그런 환경 속에서 가짜 수염을 붙이고, 흰 천을 걸친 채로 성탄 노래를 부르거나 부활 사건을 극화시켜 재현하는 우리 교인들의 노력은 아무의 관심도 끌지 못했다. 사실 우리가 사람들에게 오락거리를 제공하기 위해 다른 교회들이나 할리우드를 상대로 경쟁을 벌인다는 것은 말도 되지 않는 일이다. 만일 우리가 더 나은 쇼를 제공하기 위해 '넷플릭스'나 '유튜브'나 '이에스피엔'과 경쟁한다면, 패하고 말 것이 불을 보듯 뻔하다.

그러나 좋은 소식은 교회가 그 교회만이 할 수 있을 일을 할 때는 아무와도 경쟁할 필요가 없다는 것이다.

"와서 보라." 행사를 대신할 수 있는 대안

불신자가 교회에 처음 나오기로 결심하는 이유는 거창한 종교적인 무대 공연을 관람하기 위해서가 아니다. 그들이 교회를 찾는 이유는 자신들의 삶에 적용할 수 있고, 새로운 도전이 될 수 있는 참된 무엇인가를 찾기 위해서다.

작은 교회들은 스스로가 잘하는 일을 해야 한다. 그것은 더 나은 쇼가 아닌 참된 관계, 적용 가능한 가르침, 도전을 주는 사명이다. "와서 보라."는 새로운 방문자들에게 그런 것들을 제공할 수 없다. 그런 것들을 제공할 수 있는 방법은 따로 있다.

와서 도우라.

작은 교회들은 지역사회에서 사람들을 섬기는 일을 잘한다. 방문자들과 지역사회의 거주민들이 우리가 그런 일을 하는 것을 보면 고맙게 생각할 뿐 아니라 심지어는 동참하고 싶은 생각을 가질 수도 있다. 혹시 다음에 이웃의 마당을 청소해 주고, 여성들의 남루한 집을 고쳐주거나 페인트칠을 해주고, 편부모 자녀들의 학교생활을 돕기 위해 학용품을 마련할 기금을 모으는 활동을 벌이거든 교회에 다니지 않는 이웃들을 비롯해 모든 사람을 초청해 동참하게 하라.

사람들이 처음 교회에 나온 날에 우리와 함께 다른 사람들을 위한 봉사 활동에 참여한다면 수동적인 청중이 되기보다는 교회가 예수님의 이름으로 다른 사람들을 섬기는 일에 많은 관심을 기울이고 있다는 인상을 받게 될 것이 분명하다.

와서 베풀라.

우리 교회는 매년 입양 자녀들을 위해 생일 선물 상자를 준비하고, 멕시코의 가난한 아이들에게 성탄절 선물 가방을 전달하고, 낙태를 반대하는 지역 병원에 돈을 채운 젖병을 선물한다. 또한 우리는 부모 교육 강좌를 베풀고, 갓난아이 용품을 제공하고, 집이나 일자리를 찾는 일을 돕기도 한다.

우리는 그런 활동을 벌일 때 교인이든, 방문객이든, 불신자든 가리지 않고 모든 사람에게 기부하라고 독려한다. 불신자들이 교회의 이익을 채우는 것과 상관없는 일에 함께 동참해 기부를 한다면, 우리를 좀 더 신뢰하게 될 것이고 나아가서는 예수님을 더욱 신뢰하는 계기가 마련될 수 있다.

와서 즐기라.

성탄 전야 예배 이전에 교회를 장식하거나 세례 의식이 끝난 후에 각기 음식을 가져와 서로 나눠 먹으면서 아이들이 놀 수 있게 하는 행사를 하면, 교회의 특별한 절기와 기념일을 가시적인 방법으로 축하할 수 있는 기회가 된다.

평소보다 방문객들이 더 많이 참석한 주일에는 예배가 끝난 후에 서둘러 집으로 돌아가게 만들지 말고 동참할 수 있는 기회를 제공해야 한다. 사람들이 교회에 좀 더 머물러 있게 되면 서로를 알게 되고, 서로 알게 되면 다시 와서 예수님에 관해 더 많은 것을 알고 싶어 할 것이 틀림없다.

와서 배우라.
꼭 그리스도인이 되어야만 삶에 성경적인 원리를 적용할 수 있는 것은 아니다. 교회는 성경을 토대로 사람들에게 일상생활에서 일어나는 문제들에 대한 실천적인 해결책을 가르칠 수 있다. 예를 들면 (데이브 램지의 '재정평화학교'처럼) 경제적인 청지기의 정신을 가르치는 강좌나 부모 교육 강좌와 같은 활동을 벌일 때 그런 일을 할 수 있다.

여기에서 잠시 주의를 한마디 당부하고 싶다. 구원의 메시지를 자기 계발이나 심리적 해결책으로 대체하지 않도록 주의해야 한다. 우리의 활동이 하나님으로부터 소외된 상태인데도 그것을 좀 더 편안하게 느낄 수 있게 만드는 결과를 낳는다면 그것은 사람들을 돕는 것이 아니라 해치는 것이다.

이것이 곧 다음의 방법이 지금까지의 모든 방법보다 훨씬 더 중요한 이유다.

와서 예배하라(우리가 예배할 때 함께 동참하라).
하나님과 관계를 맺지 않으면 그분을 진정으로 예배할 수 없다. 그러나 우리가 예배할 때 함께 동참하게 되면 우리처럼 성령의 임재를 느낄 수 있다.

성탄절 전야, 성금요일, 부활절 등을 비롯한 절기에 우리는 특별한 행사를 하지 않고, 늘 하던 방식으로 예배를 드리지만 그런 때는 평소보다 교회를 처음 방문한 사람들이 많다는 것을 의식하고 그 점에 좀 더 신경을 쓴다.

또한 우리는 이따금 '오픈 하우스 주일'이라는 행사를 한다. 그런 주일에는 모든 것을 처음 교회를 방문한 사람들에게 초점을 맞추어 진행한다. 찬송가도 부르기 쉬운 곡으로 선택하고, 설교도 성숙한 신자들이 아닌 불신자들에게 비중을 두어 구원의 복음을 이해하기 쉬운 용어로 간단하고, 명료하게 제시한다. 또한 안내 위원들도 좀 더 친절한 태도로 방문자들에게 화장실 위치를 알려주고, 부모들과 아이들을 육아실로 안내한다.

물론 방문자들이 참석했다고 해서 예배를 대충 설렁설렁 드려서는 안 된다. 사람들이 교회를 찾아왔을 때는 깊이도 없고, 의미도 없이 아무렇게나 편리하게 포장된 믿음이 아닌 가장 심원하고, 뛰어난 믿음을 확인할 수 있기를 바란다. 우리는 이 점을 잊지 않으면서도 무엇을 하든지 항상 방문자들을 염두에 두고 행한다.

만일 교회가 "와서 보라."라는 행사를 잘한다면 계속 그렇게 하라. 예를 들어 마을의 규모가 작은 경우에는 종종 모든 사람이 기대하는 오랜 전통이 있기 마련이다. 그러나 우리 교회의 경우처럼 그런 행사가 효과가 없을 때는 사람들과 관련을 맺고, 복음에 다가갈 수 있는 통로를 열어 줄 만한 다른 효과적인 방법을 동원하는 것이 바람직하다.

14.
작은 교회를 위한 제자 양육과 멘토링을 생각하라

스스로가 원하는 만큼 제자 양육을 잘하고 있지 않다고 생각하는 목회자들이 많다. 그런 목회자들은 올바른 제자 양육 프로그램이나 교육 방법을 찾으려고 애쓰거나 사람들이 적극 추천하는 프로그램, 곧 스스로가 우러러보는 큰 교회들에서 효과를 발휘한 프로그램 가운데 몇 가지를 시도해 보았을 것이 분명하다.

큰 교회의 경우는 매년 똑같은 프로그램을 사용해도 괜찮다. 왜냐하면 그 과정을 거쳐야 할 새로운 교인들이 충분히 많기 때문이다. 그러나 작은 교회의 경우는 특정한 제자 양육 프로그램에 관심을 기울이는 사람들이 그 과정을 다 마치는 데 걸리는 시간이 그렇게 길지 않을 뿐 아니라 매년 그 과정을 반복할 수 있을 만큼 새로운 교인들이 많이 늘어나지도 않는다. 우리는 릭 워렌의 『새들백 교회 이야기』를 토대로 만든 모델을 적용했던 1990년대에 이런 사실을 분명하게 깨달았다. 첫 해는 효과가 있었다. 많은 교인이 강좌에 참여했다. 우리는 다음 해에도 그 모델을 다시 적용했고, 그와 엇비슷한 반응을 기대했지만 결과는 기대를 크게 벗어났다.

대다수 교회에서 그런 프로그램은 별로 효과가 없는 것처럼 보인다. 그 이유는 프로그램 자체나 그것을 적용하는 작은 교회들이 문제가 있어서가 아니라 작은 교회와 큰 교회가 서로 다르기 때문이다.

제자 양육에 진정으로 관심이 있는가? : 훈련과정(커리큘럼)보다는 멘토링이 더 낫다

훈련과정이 교인들, 특히 새 신자들을 제자로 육성하는 최선의 방법은 아니다. 물론 훈련과정을 위한 훌륭한 교재들이 많다. 그런 방법을 통해 유익을 얻는 신자들과 교회들이 있다. 그러나 대다수 교회의 경우, 이 방법은 이상적인 제자 양육의 방법이 못된다. 그것은 매우 간단한 한 가지 이유, 곧 규모가 작은 교회들이 대다수를 차지하고 있기 때문이다. 모든 사람이 다 교재에 근거한 강의 방식을 통해 배움을 얻는 것은 아니다. 그러나 모든 사람에게 효과가 있는 가장 오래된 배움의 방식이 하나 있다. 즉 인간은 세상에 태어나면서부터 줄곧 다른 사람들의 행동을 보고, 그것을 모방함으로써 배움을 얻는다. 이것이 멘토링이다.

예수님과 바울을 비롯해 초대 교회의 신자들이 새 신자들을 제자로 양육했던 방식도 멘토링이었다. 신학적 진리를 배우고, 성경 구절을 암기하는 것은 중요하지만 그들은 제자 양육이 단지 그런 것에만 국한되지 않는다는 것을 이해했다. 제자 양육의 본질은 "내가 그리스도를 본받는 자가 된 것같이 너희는 나를 본받는 자가 되라"(고전 11:1)라는 바울의 말에 분명하게 드러나 있다.

오늘날의 서구 교회는 대부분 멘토링을 포기하고, 교재에 근거한 훈련과정을 선호하게 되었다. 어떤 사람들은 이런 현실에 대해 훈련과정 형식의 교육은 회사들이 교재를 팔아 이익을 챙길 수 있게 해주지만, 멘토링은 그런 이익을 발생시키지 않기 때문이라고 비판할지도 모른다. 물론 우리가 내린 잘못된 결정 가운데는 돈 문제와 관련된 것이 많기 때문에 그 점을 과소평가하는 것은 지혜롭지 못한 일일 수 있다. 그러나 나는 이윤 추구의 동기에서만 문제의 원인을 찾으려는 것은 지나치게 단순하면서 냉소적인 입장이라고 생각한다.

사실 문제의 원인은 그렇게까지 이기적이지도 않고, 어떻게 보면 너무나도 간단하다고 말할 수 있다. 구체적으로 말해, 그것은 고질적인 옛 습관 때문이다. 우리는 강의실에서 지식을 배우는 데 너무나도 익숙해져 있기 때문에 그와 다른 방식을 생각할 여력이 없다. 예수님 당시의 유대 문화에서는 강의실 위주의 교육이 주종을 이루지 않았다. 당시 사람들은 주로 스승의 날개 아래 도제로 지내면서 함께 살고 일하면서 배움을 얻었다. 스승은 도제가 어떤 일을 혼자서 할 수 있는 능력을 갖출 때까지 그 방법을 직접 전수했다. 모든 것을 전수받은 도제는 다시 또 다른 사람들을 도제로 삼아 가르쳤다. 비서구 사회의 많은 곳에서는 지금도 이 교육 방법이 통용되고 있다.

오늘날 많은 교회 안에서 강의실 위주의 교육과 교재 중심의 교육이 이루어지는 이유는 크기 때문이다. 어느 집단이나 교회가 일정한 크기를 넘어서면 멘토링이 비실용적이 되거나 심지어는 불가능해진다. 우리는 멘토링을 제자 양육의 가장 우선적인 방법으로 가능한 한도까지 오랫동안 유지해 나가야 할 필요가 있다. 교재와 강의는 멘토링 과정을 대체하기보다는 그것을 보완하는 수단이거나 극단에 치우치지 않게 막아주는 신학적, 방법론적 보호 장치로 활용되어야 한다.

사람들에게 각자의 삶에 영적으로 가장 큰 영향을 미치는 요소들을 적어 보게 하라. 그러면 교재를 언급하는 사람이 아무도 없다는 사실을 발견하게 될 것이다. 그렇다면 사람들은 어떤 요소들을 언급할까? 그들은 교사, 목회자, 부모, 친구 등을 언급할 것이다. 이를 한마디로 압축하면 멘토, 곧 정신적 스승이다. 교재와 강의가 우리를 교회와 관계를 맺게 해주지 않는다. 그런 역할은 사람들(곧 예수님을 사랑할 뿐 아니라 우리에게 그분을 사랑하는 법을 보여주고, 또 우리를 위해 기꺼이 시간을 투자할 만큼 우리를 깊이 사랑하는 사람들)이 한다.

사실 우리는 서로 관계를 맺고 있기 때문에 이미 멘토링을 하고 있는 셈이다. 그러나 멘토링이 잘 이루어지지 않고 있는 이유는 그 일을 필요한 만큼 의도적으로 하고 있지 않기 때문이다. 헛간에다 화살을 쏜 궁수처럼 대다수의 작은 교회들은 기본적으로 멘토링을 하고 있는 중이다. 따라서 화살 주위에 표적을 그려 넣는 것처럼 분명한 의도를 가지고 멘토링에 힘써야 할 필요가 있다.

요즘에 많은 사람들, 특히 젊은 사람들이 기록적인 숫자로 교회를 떠나고 있는 이유가 멘토링이 없기 때문이 아닌가 하는 생각이 든다.[1] 사실 그럴 가능성이 없지 않은 것처럼 보인다. 교회를 떠났거나 떠나려고 생각하는 사람들 백 명에게 물어보면 그 가운데 교회에서 의도적이고, 지속적인 멘토링 관계를 맺은 사람들은 열 명도 채 되지 않을 것이다.

---

1) Daniel Burke, "Millennials Leaving Church in Droves, Study Finds", CNN, May 14, 2015, http://www.cnn.com/2015/05/12/living/pew-religion-study/index.html.

훈련과정에 지나치게 의존하다 보면, 단지 과정을 이수하도록 돕는 것으로 제자 양육이 다 끝났다고 생각하기 쉽다. 문제는 훈련과정의 활용 여부가 아니라 그것에 얼마나 많이 의존하느냐 하는 것이다.

지금까지 의도적으로 멘토링에 힘쓰지 않았다면 그렇게 하기가 어렵게 느껴질 것이 분명하다. 작은 교회의 목회자는 이미 너무 많은 일을 하고 있고, 또 따로 일을 해서 생활비를 보충해야 할 수도 있기 때문에 멘토링이 불합리한 짐처럼 느껴질지도 모른다. 작은 교회 목회자들은 대부분 교인들을 멘토링하는 것은 고사하고, 기본적인 목회 활동을 위한 시간조차 빠듯한 상태다. 나도 오랫동안 그런 생각을 지니고 있었다. 그러나 멘토링은 목회자나 다른 누구에게 교회에서의 제자 양육의 책임을 모두 떠맡기는 것과는 거리가 멀다. 멘토링의 가치는 좀 더 똑똑한 그리스도인이 아닌 새로운 멘토들을 육성하는 데 있다.

멘토링을 통한 더 나은 제자 양육 방식
(목회자에게 과도한 부담을 지우지 않는 멘토링)

우리는 멘토링의 가치에 대한 태도를 진지하게 재조정해야 할 필요가 있다. 작은 교회는 멘토링을 위해 인위적으로 애쓰지 않아도 된다. 작은 교회는 이미 멘토링을 시작한 상태다.

많은 대중을 가르치는 것은 예수님이 좋아하셨던 제자 양육 방법이 아니었다. 예수님은 대규모의 사람들을 제자로 양육하지 않으셨다. 예수님이 노력을 기울이셨던 가장 큰 집단의 숫자는 72명이었지만 그분은 주로 열두 제자들에게 초점을 맞추셨고, 그 열둘도 종종 셋으로 좁혀질 때가 많았다. 예수님은 군중을 가르치셨고, 사랑하셨다. 그분은 심지어 그들을 불쌍히 여기셨다. 그러나 예수님은 제자들을 훈련했고, 그들과 동행하셨으며, 그들에게 그 '이유'를 설명하셨다. 이것이 멘토링이다.

예수님은 멘토링이 진행되는 과정을 한 단계씩 나열한 적이 없으시다. 그분은 그렇게 하실 필요가 없으셨다. 왜냐하면 예수님이 태어나기 수천 년 전에 모세의 장인 이드로에 의해 이미 그런 방법이 사용되었기 때문이다.

1. 한 사람에서부터 시작하라

모세의 장인 이드로는 모세가 온 백성의 문제를 혼자서 처리하는 것을 보고, "네가 하는 것이 옳지 못하도다 너와 또 너와 함께 한 이 백성이 필경 기력이 쇠하리니 이 일이 네게 너무 중함이라 네가 혼자 할 수 없으리라"(출 18:17, 18)라고 말했다.

2백만 명(남자들 60만 명에 여자들과 아이들의 숫자를 합친 숫자)이나 되는 백성을 다스리려면 중간에서 모세에게 보고해 줄 사람들이 최소한 2,000명 정도가 필요하다. 그래도 그의 업무는 많이 힘들었겠지만 혼자서 2백만 명의 백성을 다스리는 것보다는 훨씬 더 수월했을 것이다.

이것은 초대형 교회 목회자들이 소위 '농장주 방식'으로 교회를 조직하는 방법에 관해 설명할 때 종종 언급하는 방식이다. 그러나 작은 교회 목회자들은 농장주가 아닌 목자들이다. 작은 교회에는 1,000명을 이끌 수준의 지도자들이 필요하지 않다. 심지어는 100명이나 50명을 이끌 수준의 지도자들조차 필요하지 않은 교회들이 대부분이다.

그러나 모든 교회는 최소한 10명 정도를 이끌 수준의 지도자가 필요하고, 또 그런 지도자를 제자 훈련을 통해 양성할 수 있다. 다섯 내지 열 명을 이끌 수 있는 능력을 조금이라도 지니고 있는 것처럼 보이는 한 사람을 찾으라. 가정에서 강한 지도자의 면모를 보이는 사람이면 좋다. 자녀 양육을 잘하는 사람은 적어도 열 명 정도는 충분히 이끌 지도자의 자질을 갖추고 있다고 볼 수 있다. 또는 교인들 가운데서 다른 십대 청소년들이 즐겨 따르는 십대 청소년도 그 정도의 자질을 갖추었다고 판단할 수 있다.

50명이나 100명을 이끌 정도의 자질을 갖춘 지도자가 없다고 해서 실망하거나 걱정할 필요는 없다. 교인 수가 25명 정도인 교회에서는 그런 지도자가 필요하지 않다. 10명 정도를 이끌 자질을 갖춘 한 사람에서부터 시작하라. 교회라면 어느 곳이나 그 정도의 자질을 갖춘 사람이 최소한 한 사람은 있기 마련이다.

2. 종의 마음을 지닌 사람을 찾으라

이드로는 다음과 같은 자질을 갖춘 사람을 지도자로 추천했다.

- 능력 있고
- 하나님을 두려워하며
- 진실하고
- 불의한 이득을 미워하는 사람

이 내용을 읽으면 '섬김의 도'가 생각난다. 열 명 정도를 이끌 지도자를 찾을 때는 많은 사람의 관심을 사로잡을 만한 화려한 폭죽과도 같은 리더십 특징에 초점을 맞추지 말고, 겸손히 행동하고, 기꺼이 섬길 줄 알며, 문제가 발생했을 때는 불평 대신 해결책을 찾으려고 애쓰고, 더욱 힘써 배우기를 원하는 사람을 찾으라.

지배하기 위해서나 권위를 자랑하기 위해 지도자의 직위를 얻으려는 사람은 문제를 해결하기보다는 더 많이 만들어내기 십상이다. 종의 마음을 지닌 사람에서부터 시작하면 절대로 잘못될 가능성이 없다.

성경에서 내가 좋아하는 종의 본보기는 사도행전에 나오는 바나바다. 그에 대한 정보는 매우 적지만, 우리가 아는 것만으로도 그는 너무나도 탁월하다. 그는 종의 마음을 지녔다. 그에 대한 성경의 최초 기록은 자기 밭을 팔아 사도들에게 헌납했다는 내용이다(행 4:36, 37). 예루살렘 교회가 바나바를 안디옥에 파견했을 때도 다음과 같은 내용이 발견된다. "그(바나바)가 이르러…모든 사람에게 굳건한 마음으로 주와 함께 머물러 있으라 권하니 바나바는 착한 사람이요 성령과 믿음이 충만한 사람이라." 그의 영향력을 통해 "큰 무리가 주께 더하여졌다"(행 11:23-26).

그가 지닌 종의 마음은 그의 이름에도 반영되어 나타난다. 그의 본명은 요셉이었지만, 다른 사도들이 그를 바나바라고 일컬었다. 그 이름의 의미는 "위로의 아들"이었다(행 4:36, 37). 권위를 요구하지 않았는데도 그토록 큰 영향력을 발휘한 바나바의 종의 리더십이 없었다면, 초대 교회의 역사가 얼마나 달라졌을지 상상해 보라.

3. 새 신자들과의 면담을 통해 그들의 양육 방식을 결정하라

큰 교회의 목회자들은 새 신자들을 일일이 다 만날 수 없다. 개인적인 교감, 이것이 작은 교회를 목회하는 이점 가운데 하나다.

몇 년 전, 나는 성경에 대한 지식이 전혀 없는 새 신자를 한 사람 만났다. 나는 짧은 면담을 통해 그가 새로 발견한 믿음을 성장시킬 수 있는 가장 좋은 방법이 요한복음을 읽게 하는 것이라고 판단했다. 나는 그에게 요한복음을 하루에 한 장씩 읽고, 그 의미를 되새기라고 말했다. 그러면서 다음 날에도 같은 장을 읽고 싶으면 다음 장으로 넘어갈 준비가 될 때까지 그렇게 해도 좋다고 덧붙였다.

그로부터 약 열흘이 지난 주일에 점검했더니 그는 고작 요한복음 5장까지 읽었다고 말했다. 그는 크게 기뻐하면서, "요한복음 3장을 며칠 동안 생각했습니다. 예수님과 니고데모의 대화가 너무나 놀라웠어요."라고 말했다.

나는 미소를 지었다. 그는 뭔가를 이해한 것이 분명했다. 하나님의 말씀이 역사하고 있었다.

그 후에 그와 나는 정기적으로 만났다. 그는 같은 방식으로 사도행전을 읽었고, 그런 다음에는 로마서를 읽었다. 나는 그가 도움을 구할 때마다 질문에 대답해 주었다. 내가 그런 식의 제자 훈련을 추천한 사람은 그가 유일했다. 그 방법은 꽤 오랫동안 그에게 효과를 발휘했다.

사람들은 제각기 다른 방식으로 배우고, 성장한다. 개인적인 교감을 나눌 수 있는 작은 교회의 이점을 살려 개개인에게 가장 잘 맞는 방식으로 사람들을 돕는 것이 좋다.

나는 새 신자를 처음 만난 자리에서 다음과 같은 질문을 묻는다.

- 성장하는 동안 가정의 상황은 어땠는가?
- 학교생활은 어땠는가?

- 책 읽기를 좋아하는가?
- 뭔가를 직접 해보면서 배우는 스타일인가?
- 관계 지향적인가?
- 여가 시간에 무엇을 하는가?
- 과거에 무엇인가를 배운 가장 좋은 경험이나 가장 나쁜 경험이 있다면 무엇인가?
- 좋아하는 교사는 누구였는가, 또 그 이유는 무엇인가?

간단히 말해 나는 한두 가지 아이디어를 제안하면서 "어때요? 이런 방법들이 효과가 있지 않을까요?"라고 말할 수 있을 정도로 충분한 상황 파악이 이루어질 때까지 계속 꼬치꼬치 캐묻는 경향이 있다. 아울러 나는 사람들이 죄책감을 느끼게 만들지 않는다. 만일 누구든 선택한 양육 방식이 자기에게 맞지 않으면 언제라도 내게 찾아와 함께 또 다른 방법을 찾을 수 있다.

4. 많이 들어주라

누군가를 돕는다는 것은 일방적으로 말만 하지 않고 예수님처럼 그 사람의 말을 들어주는 것을 의미한다. 예수님이 나누신 많은 대화를 생각해 보라. "나는 그들이 무엇을 원하는지 들어줄 필요가 없어. 이미 그 대답을 알고 있으니까."라고 말할 수 있는 사람이 있다면 바로 예수님일 것이다. 그러나 그분은 그렇게 한 적이 단 한 번도 없으셨다. 예수님은 우리가 해야 할 필요가 있는 일을 몸소 실천하셨다. 즉 그분은 대화를 나눌 때 사람들의 생각과 취향과 두려움과 희망에 귀를 기울이셨다.

귀를 기울여 들으면 하나님이 사람들에게 주신 은사와 재능과 인격적인 특성과 같은 것을 알 수 있다. 그러고 나면 교재 중심의 훈련과정에 비해 멘토링이 가진 중요한 이점 가운데 하나인 '인격화'라는 이점을 좀 더 잘 활용할 수 있다.

5. 그들을 위해서가 아니라 그들과 함께 사역하라

멘토는 혼자서 보내는 시간이 많지 않다. 만일 내성적인 성격의 소유자라면 이 말이 별로 달갑지 않게 들릴 것이다. 나도 마찬가지다. 내가 제대로 기능을 발휘하려면 혼자 있는 시간이 절대적으로 필요하다. 그러나 심지어 우리처럼 내성적인 성격의 소유자들도 이 일을 훌륭하게 잘 해낼 수 있다.

예수님의 제자 양육 방식이 그랬다. 그분은 군중에게 비유로 가르치고 나서 열두 제자를 따로 불러놓고 그들의 질문에 대답하며 더 깊은 진리를 설명하셨고, 자신이 그런 식으로 가르치는 이유를 말씀하시고 나서 한적한 장소를 찾아 홀로 하나님과 시간을 보내셨다.

멘토링에는 지름길이 없다. 멘토링은 관계가 필요하고, 관계를 맺으려면 시간, 곧 함께 보내는 시간이 필요하다.

6. 이유를 설명하라

사람들에게 그들이 알아야 할 것만 가르치려면 설교와 강의만으로도 충분할 수 있다. 그러나 제자를 양육하려면 단지 무엇을 하는 방법만이 아니라 그것을 하는 이유를 설명해 주어야 한다.

"하나님이 그렇게 말씀하셨다. 나는 그렇게 믿는다. 그것으로 만사해결이다."라는 것만으로는 충분하지 않다. 그런 것만으로 충분한 적은 한 번도 없었다. 우리가 어떤 것을 하는 이유나 우리가 어떤 것을 믿는 이유를 묻는 것은 불순종이나 강퍅한 태도나 단순한 호기심과는 아무 관계가 없다. 그것은 지혜의 발로다. 내가 누군가를 위해 멘토링을 하는데 그 사람이 이유를 묻지 않고 맹목적으로 나를 따른다면 과연 올바른 사람을 멘토링의 대상으로 선택했는지 궁금한 생각이 들 것이다. 우리는 우리 자신의 로봇이 아닌 예수님의 제자를 양육하고 있다는 점을 잊어서는 안 된다.

자신이 어떤 일을 왜 하는지를 모르면 필요할 때 그 일을 더 향상시키거나 새롭게 고쳐 나갈 수 있는 능력을 지니기가 어렵다. 그것은 교회가 필요로 하는 것이 아니다. 교회는 어떤 일을 우리보다 더 잘하고, 더 새롭게 고쳐 나갈 수 있는 신자들을 필요로 한다.

7. 스스로 하도록 믿고 맡겨라

멘토링을 하다 보면 사람들을 믿고 독립시켜야 할 때가 찾아온다. 그런 때가 예상보다 빨리 올 수도 있다. 그들을 믿고, 하나님을 믿고, 또 우리의 멘토링을 믿고, 우리가 없어도 그들 스스로 어떤 일을 할 수 있다고 생각하라. 그들이 어떤 일을 우리와 똑같이 하지 않을 수도 있다. 그러나 꼭 그래야 한다는 법은 없다.

물론 멘토링은 여기에서 끝나지 않는다. 이 단계에서 우리가 이룬 일은 멘토링의 위험한 과정 가운데 하나다. 우리는 예수님처럼 해야 할 필요가 있다. 즉 그들을 내보내되 다시 돌아와서 다음 8단계를 거치게 해야 한다.

8. 사후 평가를 위한 시간을 가져라

예수님은 일흔두 명의 제자를 둘씩 짝지어 보내셨다. 그러나 그분은 거기에서 그치지 않으셨다. 예수님은 그들의 보고를 받으시고, 다음에는 그 일을 더 잘할 수 있는 방법을 가르치셨다(눅 10장).

이 일은 생각보다 하기가 쉽다. 사람들을 데리고 콘퍼런스나 수련회나 선교 여행에 다녀올 때마다 나중에 어떤 일이 있었는지 듣고, 칭찬할 점은 칭찬하고, 새로 깨닫게 된 교훈이 무엇인지를 되새기는 시간을 가져야 한다. 어떤 행사에 참석했다가 승합차를 타고 집으로 돌아오는 도중에도 행사 기간에 활동할 때 못지않게 많은 멘토링과 제자 훈련이 이루어질 수 있다.

9. 각 사람의 은사를 활용해 적극적인 사역을 펼치도록 도우라

멘토링 사역에서 가장 소홀히 다루는 단계가 바로 이 단계다. 우리는 사람들의 머릿속에 성경 지식을 가득 채워 놓고서 현실 세계에서의 사역을 통해 그 지식을 활용하기까지 너무 오래 기다리는 경향이 있다. 그로 인해 멘토링 대상자와 교회가 많은 손실을 입게 된다.

목회를 오래하면 할수록 목회 사역의 스트레스를 일으키는 주된 원인 가운데 하나가 성경 지식은 많은데 교회 밖에 나가서 실제 사역에 참여하지 않고, 가만히 자리만 지키고 앉아 있는 교인들에게서 비롯한다는 사실을 더더욱 절감하게 된다.

바울 사도는 "지식은 교만하게 하며 사랑은 덕을 세우나니"(고전 8:1)라고 가르쳤다. 교인들의 머릿속에 성경 지식만을 채우고, 손과 발로 그것을 실천에 옮기도록 돕지 않을 때 그런 일이 발생한다. 목회자의 심신을 소모시키는 주범은 새 신자가 아닌 지식을 실천하지 않는 '교만한' 신자들이다.

10. 멘토링을 받은 사람이 다른 사람을 멘토링할 수 있게 도와주라

멘토링 과정을 거치는 동안 멘토링 대상자에게 나중에는 또 다른 누군가를 직접 멘토링해야 한다는 사실을 늘 상기시켜 주어야 할 필요가 있다. 이 사실을 상기시켜 주면 자기 자신의 훈련에 집중할 수 있고, 눈을 크게 뜨고, 다음 번 멘토링 대상자를 찾으려고 노력할 것이다.

기다리지 말라. 멘토링 과정이 진행되는 동안에도 제자를 멘토로 육성하는 것이 필요하다. 다른 제자를 멘토링하는 제자를 길러내야 한다. 이것이 멘토링의 효과를 입증하는 확실한 증거다.

Small Church Essentials

15.
작은 교회의 성공을 위한 계획을 수립하라

지금까지 장점의 발견, 만성적인 문제의 해결, 비전 제시, 새 신자 멘토링을 비롯해 작고 강한 교회가 되는 데 필요한 여러 가지 요건들을 살펴보았다. 계획은 작은 교회를 작지만 강한 교회로 만드는 데 필요한 또 하나의 요건이다. 많은 작은 교회 목회자들이 심신 고갈 상태에 이르는 가장 큰 이유도 계획이 없기 때문이고, 많은 건강한 작은 교회들이 정체 상태에 머무는 이유도 계획이 없기 때문이다. 지도자라면 누구나 계획을 세울 수 있는 능력이 있어야 한다.

잘 짜인 계획을 통해 주어지는 이점을 몇 가지 열거하면 다음과 같다.

- 행사를 더 잘 준비할 수 있다.
- 주일 설교를 기도하며 생각할 시간을 더 많이 확보할 수 있다.
- 자원 봉사자의 시간을 더 잘 활용할 수 있다.
- 지도자들이 스트레스를 덜 받을 수 있다.
- 리더십에서부터 교회의 전반적인 일정에 이르기까지 모든 것을 좀

더 일관되게 끌어나갈 수 있다.
- 아이디어를 계발할 수 있는 능력이 커진다.
- 일을 시작하기 전에 나쁜 아이디어를 걸러낼 수 있다.
- 이점은 이 밖에도 많다.

장기적인 계획 수립의 방법을 가르치는 사람들은 대부분 5년에서 10년의 목표를 세우라고 말한다. 그러나 대다수의 작은 교회들은 다음 주를 위한 계획조차 세우지 않는다. 좀 더 잘해야 한다는 것을 알고는 있지만 '이번 주에 무슨 설교를 해야 하지?'라는 당장의 현실과 '앞으로 10년 동안 무슨 계획을 세워야지?'라는 이상적인 현실 사이의 괴리가 너무 커서 대다수의 작은 교회 목회자들은 좌절감을 느끼며 계획을 포기한다.

그러나 그럴 필요가 없다. 작은 교회 목회자들이 선택할 수 있는 건강한 절충안이 존재한다. 작은 교회의 계획과 큰 교회의 계획은 당연히 서로 다를 수밖에 없다.

계획이 중요한 이유

지금이 1월이라고 생각해 보자. 길 아래 큰 교회의 경우에는 이미 몇 달 전에 올해의 계획을 세웠다. 1월의 설교 제목과 본문이 벌써 몇 주 동안 게시되어 있기 때문에 출석 인원이 많은 성탄절 특수의 기회를 잘 활용할 수 있는 이점이 있다. 일 년 예산도 몇 달 전에 편성되었기 때문에 목회자의 5개년 비전에 비춰 필요할 때마다 약간만 변경하면 된다.

그와는 대조적으로 대다수의 작은 교회 목회자들은 주중에 일상적인 활동을 하고 나서 토요일 저녁에 분주하게 주일을 준비해야 하는 처지다. 성탄절 특수라고? 성탄절 불황이다. 일 년 예산에 대해서도 아는 것이라고는 지난해보다 올해에 좀 더 허리띠를 졸라매야 한다는 것밖에 없다.

계획이 없는 것이 작은 교회가 작은 상태를 벗어나지 못하는 이유일까? 아니면 또 다른 무슨 이유가 있을까? 계획을 수립하거나 집행할 능력이 부족한 것이 작은 교회가 작은 상태를 벗어나지 못하는 이유 가운데 하나인 것은 확실하지만, 사실 대다수의 작은 교회들이 실제로 꼭 그런 것만은 아니다.

작은 교회에서 장기적인 계획을 세우는 것이 비교적 더 어려운 이유를 몇 가지 설명하면 다음과 같다.

첫째, 이 문제는 '큰 숫자의 법칙'과 관련이 있다. 많은 군중은 작은 집단보다 좀 더 일관되게 행동하는 경향이 있다. 집단의 규모가 클수록 사람들의 필요와 반응을 좀 더 쉽게 예측할 수 있기 때문에 비교적 확실성을 가지고 연간 계획을 세울 수 있다. 그러나 교회가 작을수록 예측하기 어렵게 행동하기 때문에 계획을 세우기가 더 어렵다.

둘째, 교회가 작을수록 작은 일이 미치는 파급력이 더 커지기 마련이다. 예를 들어 어느 교회나 일 년 예산을 세워야 한다. 그러나 한두 명의 신자가 일자리를 잃거나 마을에서 다른 곳으로 이주해 더 이상 헌금을 내지 못하게 되거나 수도관이 터지는 것과 같은 뜻하지 않은 사고가 발생하는 바람에 예상 밖의 비용이 지출될 경우에는 예산을 세운 것이 무용지물이 된다.

작은 교회의 어린이 사역, 예배 팀, 청소년 사역에서도 그와 비슷한 상황이 발생할 수 있다. 큰 교회에서는 사람들이 들어오고 나가더라도 교회 전체에 미치는 영향이 그다지 크지 않다. 그러나 작은 교회에서는 사람들이 조금 늘어나거나 줄어들거나, 한 사람이나 한 가족의 상황에 무슨 변동이 생기면 적절히 대비하기 어려운 큰 변화가 일어날 수 있다.

셋째, 교회가 작을수록 계획을 세우는 일이 덜 중요한 것처럼 보인다. 날씨만 변동이 있어도 모든 계획이 틀어진다면 한 주 이상의 계획을 세우는 것이 아무 소용도 없는 것처럼 느껴지기 시작할 것이 분명하다. 그러나 그래도 계획은 필요하다. 계획을 세우지 않는 것은 곧 실패를 계획하는 것이나 다름없다.

모든 교회는 각자의 크기와 상황에 적합한 방식으로 계획을 세워야 할 필요가 있다. 계획을 세우지 않으면 장기적으로는 훨씬 더 많은 시간이 낭비될 수 있다.

이것은 유능한 군사 전략가라면 누구나 다 아는 사실이다. 계획 없이 전투에 나간다면 패배를 모면하기 어렵다. 만일 "전투가 시작되자마자 뜻하지 않은 사태가 빚어져 계획이 변경될 수 있다면 굳이 계획을 세워야 할 이유가 무엇인가?"라고 반문한다면, "그 이유는 자신이 목표로 하는 것이 무엇인지를 알기 위해서"라고 대답할 수 있다. 중간에 고치더라도 계획은 세워야 한다. 그렇지 않으면 어디를 향해 나아가야 할지 알 수 없다.

넷째, 계획을 세우려면 시간이 걸린다. 그런 이유로 그것을 중요하게 생각하지 않는 작은 교회 목회자들이 많다(다른 일을 해서 생활을 꾸려나가야 하는 목회자들이 특히 그렇다).

그들은 그때그때 대충 봐가면서 일을 처리하는 것이 더 쉽고, 빠르다고 생각한다. 모두들 그래서는 안 된다고 알고는 있지만 지금 시간을 조금만 내면 나중에 많은 시간을 절약할 수 있다는 것에까지는 생각이 미치지 못하는 까닭에 장기적인 계획을 세우기보다 단기적으로 눈앞에 닥친 일만을 처리하며 지낼 때가 많다.

다섯째, 일단 계획을 세우면 누군가가 그것을 실행에 옮겨야 한다. 그 누군가는 대개 목회자다. '목회자인 내가 어찌됐든 그 일을 해야 하고, 또 그것을 하는 방법을 알고 있는데 굳이 계획을 세워야 할 이유가 무엇인가?'라는 생각이 들 수 있다.

앞에서 논의한 대로, 장기적으로는 자원 봉사자를 훈련시키는 것이 더 낫고, 더 편하다는 것을 알고 있지만 그런 장기적인 결과를 얻어내려면 지금 당장 상당한 시간과 노력을 기울여야 하기 때문에 그렇게 할 만한 여유를 찾기가 어렵다.

예를 들어 교회 직원회의를 더 잘하는 방법과 몇 주에 걸쳐 연간 설교 계획을 세우는 방법을 알려주는 좋은 내용의 글을 읽었지만, 작은 교회는 대부분 교회 직원이 없는 경우가 많다. 설교 준비를 위해 며칠을 할애해야 한다는 개념도 그들에게는 적합하지 않은 듯하다. 이런 말을 하자니 작은 교회 목회자들, 특히 두 가지 일을 하고 있는 목회자들의 실소가 귓가에 들려오는 듯하다.

그러나 작은 교회 목회자들도 작은 교회에 맞는 장기적인 계획을 세우는 것이 필요하다. 현실적으로 여러 가지 어려움이 뒤따를지라도 작은 교회도 나름대로 연간 계획을 잘 세울 수 있다. 계획 수립의 단계를 몇 가지 소개하면 다음과 같다.

계획 수립의 단계들

계획 1단계 : 달력에 연간 행사를 적어 놓는다

성탄절은 올해에도 어김없이 찾아온다. 12월 25일이다. 부활절 날짜는 매년 바뀌지만 어느 주일인지 미리 쉽게 알 수 있다. 다른 연간 행사들의 경우도 마찬가지다. 그런데 왜 그런 행사들이 느닷없이 닥치는 것처럼 보일까? 계획이 없어서다.

계획을 세우려면 먼저 연간 행사를 눈에 잘 띄는 곳에 있는 달력이나 전자 일정 계획표에 적어 놓는 것이 필요하다. 그런 다음에는 큰 행사가 있을 때마다 그 행사로부터 뒤로 석 달을 거슬러 올라가서 그곳에 붉은 글씨로 '행사 X를 위한 계획의 시작'이라고 적어라(예를 들면 9월 24일에는 '성탄절 전야를 위한 계획의 시작'이라는 글귀가 적혀 있어야 한다). 확실하게 알고 있는 것부터 시작하는 것이니만큼 복잡할 것은 아무것도 없다.

(위의 내용은 교회 달력이나 성구집을 비롯해 다른 연간 일과표가 없는 교회들을 위한 것이다. 그런 것들을 전통적으로 사용해 온 교회의 경우에는 위의 내용 중에서 적용되지 않는 것은 제외하고, 적용할 수 있는 것만 활용하기 바란다.)

계획 2단계 : 분기별 계획을 세울 때는 3-2-1 시스템을 적용하라

일부 큰 교회 목회자들은 기도하며 계획을 수립하고, 조직을 구성하는 일을 하기 위해 한 달의 시간을 할애한다(그런 일은 대개 여름철에 이루어진다). 어떤 사람들은 심지어 그 시간에 연간 설교 계획을 세우기도 한다. 나도 그렇게 하기를 좋아한다. 그러나 내가 알고 있는 작은 교회, 특히 목회자가 사무실 관리자나 주택 페인트 기술자처럼 전임 근로자가 되어 일하는 교회의 경우에는 그렇게 하기가 어렵다.

그러나 그렇게 할 수 있는 다른 방법이 있다면 어떻게 하겠는가? 주당 40시간씩 한 달이면 총 160시간인데 그만한 시간을 기도하며 계획을 수립하고, 설교를 작성하고, 조직을 구성하고, 새로운 사역을 준비하는 데 할애할 수 있는 방법이 있다면 어떻게 하겠는가? 거의 모든 목회자, 심지어는 다른 직업 활동을 하는 작은 교회 목회자들까지도 그렇게 할 수 있는 방법이 있다.

나는 이것을 '3-2-1 시스템'이라고 일컫는다. 다음의 순서를 따르면 세 시간 동안 아무런 방해를 받지 않고, 생각하고, 계획하고, 기도하고, 설교를 작성할 수 있다.

〈3-2-1 시스템〉

3개월 전 : 3개월 후에 있을 행사나 아이디어를 위해 한 시간 동안 생각하고, 기도한다. 그러면서 시리즈 설교, 큰 행사, 특별 강의 일정, 기초로 삼을 원리들을 생각한다. 이것은 새로운 아이디어나 '이렇게 해보면 어떨까?'와 같은 생각, 또는 힘들지만 한 번쯤 해보고 싶은 일 따위를 구상하는 시간이다.

2개월 전 : 2개월 후에 있을 행사나 아이디어를 위해 한 시간 동안 생각하고, 기도한다. 이때의 아이디어는 '이렇게 해보면 어떨까?'의 단계를 뛰어넘어 좀 더 구체적인 형태를 띠기 시작한다. 이것은 날짜와 시간을 결정하고, 행사를 홍보하고, 자원 봉사자들을 확보하고, 필요한 준비물을 마련하는 과정이다.

1개월 전 : 1개월 뒤에 있을 행사를 위해 한 시간 동안 생각하고, 기도하고, 계획하고, 준비한다. 세부적인 작업에 돌입해 행사 홍보, 촌극, 동영상, 특별한 노래, 설교 예화 등 구체적인 방법을 세운다.

나는 능률 향상 전문가가 아니다. 그러나 계획을 세울 시간이 없다고 생각했지만 이 방법을 적용하면 최소한 150시간을 그 일에 할애할 수 있다(일주일에 3시간씩 일 년에 50주).

물론 이 일은 그렇게 쉽지 않다. 처음 시도할 때는 특히 더 그렇다. 그러나 두 가지 일을 하는 목회자들조차도 출퇴근 시간이나 점심 시간, 또는 자녀들이 잠자리에 든 이후 시간을 이용하면 주당 세 시간 정도는 얼마든지 시간을 낼 수 있다. 필요한 것은 그렇게 하겠다는 결심과 의지뿐이다. 그렇게 시간이 흐르면 모든 것이 더 쉽고, 더 효율적이고, 더 나아지게 될 것이다.

계획 3단계 : 좀 더 효율적인 지도자 모임을 위한 점검표를 작성하라

나는 계획을 세우는 것은 크게 지지하지만 모임은 별로 좋아하지 않는다. 그러나 계획을 세우려면 모임이 필요하다. 그렇다면 무엇이 좋은 방법일까? 모임을 좀 더 효율적으로 가지면 계획도 좀 더 효율적으로 세울 수 있다(이 말은 모임의 횟수가 줄어든다는 뜻이다). 나는 이것을 여러 모로 유리한 '윈윈 방법'으로 일컫는다.

큰 교회의 관점에서 계획 수립을 위한 효율적인 모임에 관해 쓴 글은 많은데 작은 교회들의 문제를 염두에 두고 쓴 글은 거의 없다. 예를 들어 교회의 계획 수립을 다룬 글들은 대부분 모든 직원이 유급 직원이기 때문에 모임에 참석하는 데 아무런 문제가 없을 것이라고 전제한다. 그러나 작은 교회의 사정은 그렇지가 못하다. 담임 목사를 비롯해 모든 직원이 무급인 경우가 많기 때문에 가장 기본적인 전제조차도 적용되지 않는다.

작은 교회에서는 계획 수립을 위한 모임을 갖기가 어렵기 때문에 이 모임의 중요성을 부각시키는 것이 더욱 필요하지 않을 수 없다. 작은 교회에서 계획 수립을 위한 모임을 가질 때는 아래의 점검표에 명시된 요건들이 충족되었는지를 확인해야 한다.

작은 교회의 모임이 갖춰야 할 요건은 다음과 같다.

- **일관성.** 주례 모임이든 월례 모임이든 모임이 항상 모월 모일 모시에 있다는 것을 알면 모두가 미리 준비를 할 수 있다. 달력에 그 날짜를 가장 먼저 표기해 두는 것이 유익하다.
- **과제 중심.** 위원회와 모임의 차이는 전자는 일을 논의하고, 후자는 일을 한다는 것이다. 교회의 정책이나 법적 이유 때문에 위원회가 필요할 수도 있지만 그것이 아니라면 위원회가 아닌 과제 중심의 모임을 갖는 것이 더 좋다.
- **문제가 아닌 해법 지향.** 효율적인 지도자는 모임이 불평을 토로하는 자리가 되지 않게 만든다. 그런 일을 방지하려면 문제를 논의할 때 항상 대화를 해결책을 찾는 방향으로 이끌어야 한다. 모임이 비난이 오가는 자리가 되지 않게 해야 한다. 아울러 모임을 가질 때는

"해결책이 없으면 문제를 제기하지 말라."라는 규칙은 적용하지 않는 것이 좋다. 그런 규칙 때문에 중요한 문제들이 제기조차 되지 않고 사라지는 경우가 많다. 만일 누군가가 이미 해결책을 알고 있다면 굳이 모임을 가져야 할 이유가 무엇인가?

- **짧을 것**. 교회에 응급 상황이 발생했거나 큰 변화를 거치는 상황이 아니라면 잘 준비된 모임은 대개 한 시간 미만이면 충분하다. 일하는 사람들은 긴 모임을 가지지 않을 것이 분명하다. 긴 모임을 좋아하는 사람들은 일하는 사람들이 아니다.
- **철저한 준비**. 모임을 짧게 가지려면 안건과 순서를 글로 적어 놓고, 그것에 맞춰 진행해야 한다. 이따금 마지막 순간에 새로운 안건이 제기되는 경우가 있는데 그것은 규칙이 아닌 예외다. 주된 안건은 모두 사전에 미리 준비해 놓아야 한다.
- **다 함께 일정을 잡을 것**. 모임을 마칠 때는 반드시 다음 모임 날짜를 정해야 한다. 모든 사람이 다 있을 때 그렇게 해야 한다. 나중에 그렇게 하기는 거의 불가능하다.
- **효율성**. 모임이 효과가 없으면 곧바로 중단해야 한다. 사역을 계획하는 모든 팀의 가치와 효율성을 주기적으로 평가해야 한다.
- **포괄성**. 모임의 안건은 모든 사람이나 거의 모든 사람에게 영향을 미치는 것이어야 한다. 한두 사람과 관련된 안건이 제기되었을 때는 그들만 있는 자리에서 처리해야 한다. 대다수 사람들은 가만히 앉아만 있고, 일부 사람들과만 관련된 안건을 처리하는 것보다 더 맥 빠지게 만드는 일은 없다.
- **편리성**. 팀원들이 가장 많이 참석할 수 있는 시간에 모임을 가져야

한다. 우리 교회의 경우에는 주일 예배가 끝난 뒤에, 곧 모든 사람이 아직 교회 건물 안에 있을 때 곧바로 모임을 가질 때가 많다. 또는 교회에 주중에 아동부 모임이 있는 경우에는 그때를 이용해 팀 모임을 가져도 좋다. 그렇게 하면 부모들이 따로 아이들을 돌볼 사람을 구하지 않아도 된다.

- **협동성.** 우리는 모두 한 팀이다. 모임이 예산이나 시설이나 일정을 누가 가장 많이 차지해 사용할 것인지를 둘러싸고 다툼을 벌이는 자리로 변질되는 경우에는 계획을 세우려는 본래의 취지가 무색해질 수밖에 없다. 불필요한 경쟁을 막고 협력을 이루어내는 가장 좋은 방법은 사역을 전면에 내세우는 것이다.
- **사역 중심.** 사역을 도외시하는 것은 항상 위험하다. 주의하지 않으면 자칫 사역을 행하는 것보다 모임을 갖는 것에 더 큰 우선순위를 부여하기 쉽다. 지도자의 일차적인 임무는 팀원들에게 모임을 갖는 이유를 분명하게 주지시키는 것이다.
- **함께 성공을 축하하기.** 모임을 가질 때는 긍정적인 분위기를 유지해야 한다. 정기적으로 모임을 가질 때마다 문제의 해결책을 강구하는 것 외에도 "무엇이 잘 되고 있습니까?"라고 묻고, 잘된 것이 있으면 함께 기뻐하는 시간을 가져야 한다.
- **다음 단계와의 연계성.** 팀원들은 모임이 끝나면 처음 모임을 시작했을 때보다 더 많은 해결책과 도움을 얻은 상태로 헤어져야 한다. 또한 다음에는 각자 무엇을 해야 되는지, 어떤 도움이 가능한지, 다음 번 모임에는 무엇을 준비해야 하는지를 알고 있어야 한다.

16.
교회 안에서만이 아니라 교회 밖에서도 사역하라

일전에 교인들 때문에 속상해하는 작은 교회 목회자 한 사람과 대화를 나눈 적이 있었다. 그는 "다른 곳의 일은 다 도와주면서 교회 일만 돕지 않는 교인들이 몇 있습니다. 그들은 마을 이곳저곳에서 자원 봉사를 하고, 동네 고등학교에서도 그런 일을 하지요. 그것이 나를 특히 더 화나게 합니다."라고 말했다.

"그것이 왜 특별히 문제인가요?" 내가 물었다.

"우리 교회는 청소년들이 거의 없습니다. 청소년 모임에 고작 두세 명밖에 나오질 않아요. 때로는 한 명도 안 나올 때도 있어요. 그런데 이 교인과 그의 아내는 고등학교에서 자원 봉사를 하면서 종종 자기 집 뒷마당에서 파티를 열어요. 동네 고등학교 학생 절반이 거기에 참석하죠. 하지만 우리 교회에는 청소년들이 없어요." 그가 말했다.

나는 그에게 "마치 교회에 청소년들이 나오는 것처럼 들리는군요. 그들의 뒷마당에서 말이죠."라고 말했다.

뒷마당 바비큐 청소년 모임

"내 말을 잘 이해하지 못하시는 것 같네요. 그 학생들은 우리 교회에는 오지 않고, 그 교인들의 뒷마당 바비큐 파티에만 와요." 작은 교회 목회자가 말했다.

나는 최대한 정중한 태도로 "아뇨, 무슨 말인지 잘 이해했습니다. 오히려 목사님이 제 말을 잘 이해하지 못하시는 것 같네요. 목사님이 그들에게 전화를 걸어 다음에 바비큐 파티를 할 때 일손을 거들겠노라고 말하세요. 학생들이 거기에 올 때 목사님은 오래된 큰 성경책을 들고 가거나 성직자 칼라를 착용하지 말고 그냥 가세요. 그곳은 동네가 작으니까 모두들 목사님이 누구인지 다 알고 있을 겁니다. 그냥 바비큐를 굽는 일을 도와주고, 학생들과 공놀이를 하세요."라고 말했다.

내 설명은 계속되었다. 그 목회자가 학생들의 신뢰를 얻는다면 언젠가는 그에게 조용히 다가와서는 자기 부모가 이혼할 것 같다는 속사정을 털어 놓는 학생도 있을 테고, 면도칼로 자기 팔목을 그은 적이 있었다고 말하는 학생도 있을 터이다.

그 목회자는 그런 자리를 통해 교회에 절대 나오지 않을 학생들을 만나 사역을 행할 기회를 가질 수 있다. 나는 "그런 일로 속상해하지 말고, 오히려 그것을 기회로 이용하세요. 교인들이 목사님의 방식대로 사역하도록 강요하지 말고, 그들이 이미 열정을 기울여 하는 일을 도와주세요."라고 말했다.

안타깝게도 그 목회자는 내 말을 이해하지 못했다. 그는 교회의 울타리 안에서 이루어지는 사역만을 중요하게 생각했다.

그것이 그의 교회 한 곳만의 일이었으면 다행이겠지만 사실은 그렇지가 못하다. 교회 안에서 이루어지지 않는 사역은 진정한 사역이 아니라고 생각하는 목회자와 교회가 너무나도 많다. 예수님은 우리에게 사람들을 건물 안으로 불러 모으라고 말씀하지 않으셨다. 오히려 그분은 그들에게 가라고, 곧 거리로, 장터로, 뒷마당 바비큐 파티로 나가라고 명령하신다.

다음 세대에게 복음을 전하려면, 교회 안에서만이 아니라 교회 밖에서 훨씬 더 능숙하게 사역을 행하는 기량을 기르는 것이 필요하다. 눈과 귀를 활짝 열어놓고 교인들을 통해 지역사회에서 어떤 일이 일어나고 있는지를 파악하고, 도와주기 위해 나서라.

지역 교회는 오랫동안 그 지역사회의 중심이 되어 왔다. 그곳은 희망과 환영의 장소였다. 그런데 지금은 더 이상 그렇지가 못하다. 그 이유는 사람들의 신뢰를 잃었기 때문이다. 추문과 정치적인 다툼이 잇따른 탓에 복음의 순수하고, 단순한 메시지가 희석되고 말았다. 그 결과 교회에서 더 이상 도움과 치유와 문제의 해결책을 구하지 않는 사람들이 갈수록 늘어나고 있다.

우리는 문을 활짝 열어 놓아야 할 뿐 아니라 사람들이 문을 열어 놓은 곳에 찾아가서 새로운 관계를 맺고, 우리의 방식에 따르라고 주장하지 말고 그들이 있는 그곳에서 우정을 나눠야 한다. 사람들의 신뢰를 되찾아야 할 필요가 있다. 물론 이것은 교회라는 기관에 대한 신뢰를 회복시키는 것을 의미하지는 않는다. 제도적인 교회에 의해 상처를 받은 사람들이 그것을 다시 신뢰하기는 어렵다. 오히려 그들이 예수님을 신뢰하고, 그분의 제자가 될 수 있도록 이끌어 주는 것이 중요하다.

물리적이고, 제도적인 교회 안이 아니라 그 밖에서만 그렇게 될 수 있는 사람들이 있다. 그래도 괜찮다. 왜냐하면 우리의 참된 사명과 목적을 재발견하는 계기가 될 수 있기 때문이다. 예수님은 울타리 밖에서 가장 훌륭한 사역을 행하셨다. 그분의 제자인 우리가 달라야 할 이유가 무엇인가?

우리의 사명은 교회 건물보다 크다

교회 건물을 소유하는 축복을 받았다면, 그 안팎에서 이루어지는 활동들이 교회가 무엇에 가장 큰 우선순위를 두고 있는지를 보여줄 것이다. 얼마 전에, 커피숍에서 한 교인을 만났다. 그는 우리 앞에 줄을 서 있는 친구에게 나를 자기 교회 목회자라고 소개했다.

그 친구는 내게 "어느 교회 목사님인가요?"라고 물었다.
"코너스톤 교회입니다."
"어디에 있습니까?"
"바로 저 아래에 있습니다."
그때 우리 뒤에 줄을 서 있는 한 사람이 "스케이트보드 타는 시설이 있는 교회예요."라고 말했다.

실제로 있었던 일이다. 우리 교회가 스케이트보드 타는 시설이 있는 교회로 알려진 이유가 무엇일까? 그 이유는 우리가 마을 청소년들을 위한 사역을 매우 중시하기 때문이다. 우리 마을에는 스케이트보드 공원이 없기 때문에 스케이트보드를 즐기는 많은 청소년들이 우리 교회의 시설을 찾는다.

우리 교회의 건물은 너무 작아 주님이 우리에게 원하시는 사역을 모두 행하기에는 역부족이다. 사실 모든 교회 건물이 다 그렇지만 건물이 작거나 아예 없는 교회들의 경우는 특히 더 그렇다.

우리 교회에 나와 맨 뒷줄에 앉아 있으면, 그 앞에 놓인 의자의 열이 모두 다섯 줄밖에 안 된다. 예배당 공간이 매우 협소하다. 나는 오랫동안 예배당 건물을 넓히려고 노력해 왔지만, 우리는 땅값이 비싼 도시에 살고 있다. 건물을 넓히는 것이 우리의 능력으로는 매우 힘들다.

그런데 여기에서 한 가지 질문이 제기된다. 만일 우리가 그런 땅과 건물을 발견한다고 해도, 또 교인 수가 200명이 채 못 되고, 교인들의 소득도 중간 이하인 우리 교회가 그런 기금을 마련한다고 해도, 과연 그것이 시간과 에너지와 비용을 가장 잘 사용하는 것일까?

우리는 그렇지 않다고 결론지었다. 그것이 우리가 몇 년 전에 다른 길을 선택한 이유다. 우리는 우리의 사역을 교회 건물 안에서 할 수 있는 일에만 국한시키지 않기로 했다. 우리는 항상 교회 건물 밖에서 사역을 할 수 있는 기회를 찾는다.

건물의 크기가 교회의 영향력을 축소시켜서는 안 된다. 교회의 울타리 밖에서도 얼마든지 사역을 할 수 있다. 교회를 위한 우리의 꿈이 대부분 너무 작고, 시시한 이유는 그것이 대개 교회의 문 안에서 끝나기 때문이다. 이런 사실은 교회의 시설이 아무리 크거나 출석 인원이 아무리 많더라도 달라지지 않는다.

교회의 시설이 너무 작거나 아예 없어서 하나님이 원하시는 일을 할 수 없다고 핑계를 둘러대기 쉽다. 그러나 어떤 크기의 교회 건물이든 하나님이 요구하시는 사역을 감당하기에는 항상 턱없이 작을 뿐이다.

나는 릭 워렌의 새들백 교회를 수십 차례 가보았다. 그곳은 마치 도시 안에 있는 도시와 같았다. 그곳에는 어린이부가 아니라 어린이 마을이 있다. 그 교회는 새들백파크웨이와 퍼포스드리브의 모퉁이에 위치해 있다. 왜냐하면 도로를 건설할 때 그렇게 명명했기 때문이다. 그러나 그 교회의 시설은 어마어마하지만 하나님이 그들이나 우리에게 부여하신 사명을 감당하기에는 너무나도 작다.

아마 대부분의 목회자들이 목회하는 교회는 릭 워렌이 목회하는 교회보다는 내가 목회하는 교회를 더 많이 닮았을 것이다. 그러나 우리에게 주어진 명령은 모두 동일하다.

지상 명령을 우리가 가진 꿈이나 아이디어나 시설의 크기에 국한시킨다면 그 명령을 이루는 것이 불가능하다. 사실이 이런데도 많은 교회들이 건물에만 집착한다. 목회자들을 비롯해 수많은 사람이 교회를 건물로 생각하고, 건물의 크기를 스스로의 정체성과 지위와 가치와 결부시킨다. 그런 태도는 결코 건강하지 않다.

교회 밖에서의 사역은 그런 건강하지 못한 고리를 깨뜨리는 데 기여한다. 왜냐하면 건물이 아닌 사람들이 교회라는 사실을 상기시켜 주기 때문이다. 재정이 충분하다고 해서 무작정 교회 시설을 더 크게 늘리지 말고, 그 전에 상황을 면밀하게 평가해야 할 필요가 있다. 잘 알다시피 큰 건물은 축복인 만큼 또한 큰 짐이 될 수 있다.

예수님의 비유에 나오는 부자처럼 더 큰 헛간을 지으려고 하기 전에, 먼저 우리 자신에게 물어봐야 할 질문을 몇 가지 제시하면 다음과 같다.

1. 건물이 없어도 이 새로운 사역을 할 수 있을까?
2. 우리가 건물을 실제로 사용할까? 단지 주말만이 아니라 주중에도 건물 안에서 여러 날 동안 다양한 사역이 이루어질 수 있을까?
3. 건물을 유지하는 비용이 너무 많이 들지는 않을까?
4. 더 큰 시설을 짓더라도 건물 내부에서만 모든 것을 하지 않고, 건물 밖에서도 사역을 계속해 나갈 수 있을까?

교회 시설 안에서만 사역을 하면 건물이 아무리 크다고 해도 우리의 사역은 항상 너무 작을 수밖에 없을 것이다. 교회 건물 밖에서 사역을 하면 우리의 사역은 무한하다.

교회 건물이 사람을 섬겨야지
사람이 교회 건물을 섬겨서는 안 된다

코너스톤 교회는 하나님이 현재 우리에게 요구하시는 사역을 행하기에 적합한 형태로 설계되지 않은 건물에서 모인다. 현재의 교회 건물이 건축될 1960년대에는 대다수의 교인들이 드레스나 양복을 입고, 자동차를 타고 서너 시간을 달려 교회에 왔다. 교인들은 성가대석이나 교인석에 단정하게 앉아서 오르간과 피아노 반주에 맞춰 찬송가를 불렀다. 수요일은 가족의 밤이었다. 부모들은 교회 본당에 앉아 성경을 배웠고, 아이들은 뒷방에서 플란넬 그림판을 이용한 성경 이야기를 들었으며, 청소년들은 성경 퀴즈대회를 위해 성경 구절을 암기했다. 여자 교인들은 목요일 아침에 모여 선교사들에게 보낼 담요를 만드는 퀼트 모임을 가졌고, 남자 교인들은 토요일 아침에 조찬 기도회로 모였다.

이제는 이 모든 것이 옛 이야기가 되었다. 지금의 교인들은 자동차 한 대에 한두 명씩 타고 오고, 어떤 사람들은 자전거나 스케이트보드를 타고 온다. 모든 사람이 편안한 일상복 차림으로 커피를 들고 교회에 와서 악단의 드럼과 기타 연주에 맞춰 스크린에 적힌 찬양을 따라 부른다. 또한 설교 시간에는 설교를 들으면서 각자의 휴대폰이나 아이팟을 이용해 그 요점을 트위터나 페이스북에 올리고, 질병이나 여행으로 인해 교회에 나오지 못한 교인들은 실시간 중계를 통해 예배에 참여한다. 교회에 출석하지 않는 사람들 가운데도 팟캐스트로 설교를 듣는 사람들이 많다.

요즘은 다르다. 그리고 요즘이 더 낫다. 왜냐하면 어제는 지나갔고, 오늘은 진행 중이기 때문이다. 물론 그렇다고 해서 지금은 아무런 어려움도 없다는 말은 아니다. 사실 우리는 나의 전임자들이 우리의 작은 교회를 내륙지방에 지을 때만 해도 결코 생각조차 하지 못했던 도전에 직면해 있다.

우리 교회가 그런 문화적 변화에 적응하는 것은 결코 쉽지 않았다. 심지어는 많은 시간과 인내는 물론 약간의 눈물까지 필요했던 변화들도 있었다. 지금 우리 교인들은 대부분 잘 적응하고 있다. 그렇다면 교회 건물은 어떻게 되었을까? 이 경우는 이야기가 좀 다르다. 우리 교회는 우리가 원하는 방식으로 건축되지 않았기 때문에 그동안 크게 몇 곳을 손보지 않으면 안 되었다.

나는 이 일을 소형 승용차로 돌을 운반하는 것에 비유하고 싶다.

소형 승용차로 돌을 운반하기

돌을 운반해야 할 일이 있는데 가진 장비는 소형 승용차 한 대뿐이라고 생각해 보자. 선택할 수 있는 방법은 두 가지다.

하나는 담요로 승용차 시트를 덮어 더럽혀지거나 찢어지기 않도록 조처하고 나서 돌들을 가능한 한 조심스럽게 싣는 것이다. 그것도 한 번에 돌을 조금씩 운반해야 한다. 왜냐하면 돌을 너무 많이 실으면 자동차 충격 흡수기가 망가질 수 있기 때문이다.

다른 하나는 승용차의 지붕을 잘라내고, 뒷좌석을 떼어낸 다음 합판이나 금속판을 바닥에 깔고 충격 흡수기를 강화하고 나서 가능한 한 많은 돌을 싣고 운반하는 것이다.

이것이 교회 건물과 관련해 우리가 극복해야 했던 문제였다. 우리에게는 돌을 운반하는 것과 같은 과제가 주어졌다. 따라서 우리는 우리가 가진 소형 승용차로 할 수 있는 일을 해야 했다. 왜냐하면 사람들이 건물을 섬기는 것이 아니라 건물이 사람들을 섬기는 것이 더 중요했기 때문이다. 당연히 후자가 더 먼저다.

그러면 우리는 '돌을 운반하는 문제'를 어떻게 해결했을까? 몇 가지 예를 들면 다음과 같다.

본당이 그나마 가장 크기가 컸기 때문에 우리는 예배당 바닥에 더 이상 의자를 고정시키지 않고 접이식 의자를 일주일에 평균 여덟 번 정도 펼쳤다가 접어서 쌓아놓는 방법을 선택했다. 우리는 주일 예배를 드릴 때, 월요일에서 금요일까지 유치원을 운영할 때, 목요일에 청소년부 모임을 가질 때, 수요일에 어린이부 모임을 가질 때 그 의자들을 사용했다. 또한 목요일에 예배 팀과 여전도회가 모일 때나 토요일 오전에 행복하고, 건강한 삶을 위한 강좌가 있을 때도 마찬가지였다. 이 모든 활동이 다 본당에서 이루어졌다. 그때마다 의자들을 펼쳤다가 접어놓는 일이 반복된다. 아울러 주중에는 예배당 출입구 복도를 주일에 사용하는 비품들을 쌓아놓는 창고로 이용한다. 그것들을 쌓아둘 다른 장소가 없기 때문이다.

교회 건물 밖에는 마을에서 유일한 스케이트보드 시설이 있다. 우리는 그 시설을 만들기 위해 이미 부족한 주차장 공간을 좀 더 축소시켜야 했지만 청소년들을 위한 사역이 자동차를 주차시키는 것보다 더 중요했기 때문에 기꺼이 그렇게 했다. 최근에는 나무와 풀을 없애고, 그곳에 옥외 주방과 옥외 테라스를 만들었으며, 유치원 놀이터에 있는 잔디밭을 인조잔디로 대체했다. 잔디밭을 이용해야 할 때가 너무 잦아 캘리포니아의 가뭄에 잔디를 잘 돌보기가 불가능했기 때문이다.

이런 말을 하는 이유가 무엇일까? 자랑하려고? 불평하려고? 다른 사람들도 우리처럼 하기를 원해서? 모두 아니다. 그 이유는 우리가 하나님을 사랑하고, 우리의 지역에 사는 사람들을 섬기는 사명을 지니고 있기 때문이다. 건물을 우리의 사명을 이루는 목적에 맞게 사용하려다 보니 지금과 같은 모습이 된 것이다. 다른 사람들이 속한 지역에서는 교회가 우리 교회의 모습과는 다른 형태를 취하게 될 것이 틀림없다. 그러나 나는 우리 교회가 한 일이 다른 교회들을 위한 본보기가 되어 건물보다 사람을 우선시할 때 교회가 어떤 모습을 갖춰야 하는지를 생각해 볼 수 있는 계기가 되었으면 싶다.

교회 건물이 교회를 죽이는 사태가 빚어지지 않도록 조심해야 할 필요가 있다. 교회 건물을 거룩한 것으로 여겨 거기에 지배되어서는 곤란하다. 그렇게 되면 많은 사람이 그릇된 길로 치우칠 수밖에 없다. 교회 건물은 거룩하지 않다. 최소한 우리 가운데 많은 사람이 그렇다고 생각하는 것과는 전혀 다르다. 구약 시대에는 거룩한 장소들이 있었지만 신약 시대에는 그런 장소가 어디에도 없다. 예루살렘 성전도 마찬가지다. 예수님은 마태복음 24장 1, 2절에서 성전이 더 이상 필요하지 않을 것이기 때문에 곧 파괴될 것이라고 정확하게 예언하셨다. 오순절 이후로는 신자인 우리가 곧 성령의 전이다. 건물이 아닌 사람들이 하나님이 거하시는 처소다.

설혹 내 말에 동의하지 않더라도 거룩함의 의미에 관한 우리의 생각을 재조정해야 할 필요가 있는 것은 분명하다. 어떤 희생을 치르더라도 본래의 상태로 보존해야 할 거룩한 곳이 존재하는 것일까, 아니면 예배와 교제와 사역을 통해 거룩해지는 것일까? 거룩한 장소에 대해 어떤 신학적 견해를 지니고 있든 상관없이 '건물과 시설이 제아무리 아름답더라도 교회는 그것들을 구비하고, 유지하기 위해 존재하지 않는다.'는 것에는 모두가 동의하지 않을 수 없을 것이다. 건물과 시설은 교회를 섬기기 위해 존재한다. 교회는 곧 사람들이다.

시설은 사역을 돕기 위한 것이다. 시설은 그 자체를 뛰어넘는 목적에 이바지해야 한다. 형식은 기능을 위한 것이다. 교회 시설이 영적인 가치를 지니려면 예수님에 대한 예배와 서로를 위한 섬김을 촉진시키는 역할을 해야 한다. 만일 그렇지 않으면 볼품이 없는 교회 시설은 상점으로 바꾸고, 아름다운 교회 시설은 박물관으로 바꾸는 게 좋다. 말이 좀 심하다는 생각이 들지도 모르겠으나 최소한 상점이나 박물관으로 사용하면 그 본연의 기능을 발휘할 테니 차라리 그게 더 낫다.

"볼품없이 생겼지만 원하는 목적지에 데려다 줍니다."라는 폭스바겐 자동차의 옛 광고처럼[1] 교회 건물이 어떻게 생겼든 사람들을 위해 사역을 행하고, 함께 예수님을 예배하는 장소가 되기 위해 그 문을 항상 활짝 열어놓는다면 세상에서 그보다 더 아름다운 곳은 없을 것이다.

지역사회의 단체들과 공조하라

교회는 건물에서 벗어났다. 최소한 우리는 우리가 그래야 한다고 알고 있다.

우리의 문을 활짝 열어젖혀야 한다고 말했으니 이번에는 교회 울타리 밖에서의 사역이 과연 어떤 의미인지를 잠시 생각해 보기로 하자.

우리 교회는 과거에는 선교 사역에서부터 지역사회 봉사활동에 이르기까지 모든 일을 다른 기독교 단체들과만 손을 잡고 이행했다. 그리고 그 이전에는 우리 교단에 속한 사역 단체들만을 협력자로 삼아 일했다. 그러나 요즘에는 지역사회 봉사활동을 위해 우리가 손을 잡고 함께 일하는 단체들 가운데 기독교와 무관한 단체들이 거의 절반이나 된다. 물론 그렇다고 해서 복음에 대한 우리의 충실성을 타협한 것은 결코 아니다. 함께 일할 수 있는 단체와 그럴 수 없는 단체를 구별하기 위한 우리 나름의 기준이 마련되어 있다. 아무튼 우리는 지난 몇 년간 이전의 상례에서 벗어나 기독교 신앙과 무관한 사람들이나 단체들과도 함께 일하기로 결정했다. 그런 단체들 가운데는 그리스도인들이 중요한 지도자의

---

1) "Remember Those Great Volkswagen Ads?" http://www.greatvwads.com/pix/ad24.htm.

직임을 맡고 있는 단체들이 대부분이지만(아마도 전부 다인지도 모른다) 그것이 우리가 그들과 함께 일하는 이유는 아니다.

이 모든 변화는 한 가지 단순하면서도 충격적인 사건과 더불어 시작되었다. 나는 그 사건을 통해 하나님이 우리에게 다가가라고 명령하시는 지역사회를 외면하는 것이 얼마나 해로운 일인지를 분명하게 깨달았다. 몇 년 전, 아내가 연루된 덕분에 우리 교회는 도시의 공립학교들을 깜짝 놀라게 만든 일을 한 적이 있었다. 당시 학교들은 교내의 음악 프로그램을 위해 악기들을 구입하거나 수리하기 위한 기금을 모으는 중이었다. 우리 교회의 어린이들도 그런 학교에 다니고 있었기 때문에 우리는 특별 헌금을 드리기로 했다. 우리 교회같이 작은 교회에서도 모두의 정성을 합치니 2,500달러가 모금되었다. 우리는 그 돈을 보냈고, 그 후로는 그 일을 더 생각하지 않았다.

학년 말에 학교들은 1,000달러 이상을 기부한 단체들에게 감사를 표시하기 위해 작은 행사를 준비했다. 우리 교회의 이름이 발표되자, 학교 관계자들은 모두 놀라며 박수갈채를 터뜨렸다. 행사가 끝나자 사람들이 내게 다가와 악수를 청하며 우리 교회에 감사했다. 몇몇 공립학교 교사들은 교회가 도움을 주었다는 사실에 깊이 감동한 나머지 금방이라도 눈물을 흘릴 기색이었다. 행사장 한쪽에는 50,000달러를 기부한 회사의 대표자가 혼자 우두커니 서 있는 모습이 눈에 띄었다.

나는 어리둥절했다. 내가 왜 그렇게들 감격해 하는지 그 이유를 묻자 한 사람이 이렇게 대답했다. "왜냐하면 목사님은 교회에서 왔고, 우리는 공립학교이기 때문입니다. 저도 그리스도인입니다만 제가 교직에 있은 지 20년 동안 지역의 교회가 불평이 아닌 도움을 베푼 것은 이번이 처음입니다. 우리는 교회가 우리를 돕기 위해 기부금을 낼 것이라고는 꿈에도 생각하지 않았습니다. 우리는 교회가 우리를 싫어하는 줄로 알았어요."

교회가 우리를 싫어하는 줄로 알았다고? 사람들이 우리가 자기들을 사랑한다고 생각하지 않는다면 과연 어떻게 지역사회에 다가갈 수 있단 말인가? 우리가 그들과 함께 어울려 일하지 않으면 우리가 그들을 사랑한다는 것을 그들이 어떻게 알겠는가?

그때 이후로, 우리는 지역사회 단체들과 함께 어울려 일하면서도 우리의 메시지를 타협하지 않고 다른 사람들에게 축복을 전할 수 있는 방법을 항상 모색하고 있다. 우리는 매우 따뜻한 환대와 커다란 사역의 기회를 발견한 셈이다.

사실 세상의 다른 어느 단체나 사람들보다도 교회가 선한 일을 더 많이 한다. 그런데 안타깝게도 교회 밖에 있는 사람들은 그 사실을 알지 못하고 있다. 그 이유는 우리가 그들로부터 스스로를 격리시킬 때가 많기 때문이다. 우리가 다른 '세상의 빛들'과만 어울려 지낸다면 어떻게 어두운 세상을 밝히는 등불이 될 수 있겠는가? 교회가 같은 교회들이나 기독교 단체들과만 손을 잡고 일하면 결국은 다른 빛들과만 어울리는 결과가 빚어질 수밖에 없다.

우리가 지역사회에 다가갔을 때, 어떤 현상이 나타나는지를 보여주는 예를 하나 더 들면 다음과 같다.

우리 교회는 이른바 '바이블 벨트지대(기독교가 강한 미국 남부와 중서부)'에 위치해 있지 않다. 캘리포니아의 도시들은 대부분 국가와 교회의 분리라는 실재하지도 않는 제한 규정을 들먹이며 지역 교회들과 손을 잡고 일할 생각을 절대로 하지 않을 것이 분명하다. 우리 도시도 전에는 그랬지만 이제는 더 이상 그렇지 않다.

우리 교회는 선의를 지닌 사람들과의 협력을 마다하지 않고, 아무런 조건 없이 예수님의 사랑을 보여주는 교회라는 평판을 얻기 위해 의도적으로 노력을 기울여 온 덕분에 시청에서도 도움을 필요로 하는 시민들이 있을 때면 스스럼없이 우리 교회에 연락한다.

그렇다. 도시가 우리를 부른다. 이 때문에 불과 몇 년 전만 해도 영향을 미칠 기회가 전혀 없었지만, 지금은 지역사회의 주민들에게 적지 않은 영향을 미칠 수 있게 되었다. 우리가 모든 사람이 관심을 기울이는 활동(예를 들면 이웃들을 돕고, 공원을 청소하는 일)을 그들과 함께 할 때마다 우리의 영향력은 더욱 커지고, 예수님이 더 많은 사람들에게 은혜를 베푸실 수 있는 기회가 더욱 늘어난다.

안일한 곳에서 벗어나라

우리 모두 솔직하게 생각해 보자. 대다수 그리스도인들이 담대하게 세상에 나가서 일하지 않고 교회 안에 머물러 있는 이유는 한 가지, 곧 편안하기 위해서다.

나도 마찬가지다. 나는 안일한 곳을 좋아한다. 그곳은 편안하지만 위험하다. 동료 신자들과 어울리는 것은 쉽다. 너무 쉽다. 쉽고, 편안한 것은 나를 나태하게 만든다.

일반 단체들과 함께 일할 때는 우리의 말과 행동은 물론, 그들에게 예수님을 어떻게 나타내야 할지를 좀 더 깊이 의식해야 한다. 교회에서는

들을 수 없는 생각을 말하는 사람들과 대화를 나눠야 하고, 말하기보다는 듣기를 더 많이 해야 한다. 그것은 목회자가 가장 불편하게 느끼는 일이다. 그러나 그런 불편함은 우리를 그리스도를 닮은 좀 더 나은 모습으로 발전시킨다. 페이스북에서 우리와 견해가 다른 사람들을 비난하는 것보다는 그것이 훨씬 더 낫다.

우리가 함께 일하는 단체들 가운데 '학대받는 여성과 어린아이들의 쉼터'라는 단체가 있다. 그들 가운데는 그리스도인을 자처하는 남자들에 의해 학대를 당한 이들이 더러 있다. 그런 여성들은 교회의 도움을 구하려고 하지 않을 것이 틀림없다. 그러나 우리가 기독교 신앙과 무관한 그 쉼터에 찾아가서 청소와 수리와 페인트칠을 비롯해 다른 여러 가지 방법으로 그들의 열악한 삶의 환경을 개선하는 일에 힘쓴다면 교회의 도움은 절대로 구하지 않을 사람들에게 예수님의 사랑을 나타낼 수 있다.

우리가 동료 그리스도인들과만(특히 우리 교단에 속한 사람들과만) 손을 잡고 일하면 대개는 교단으로부터 그 공적을 인정받는 것이 보통이다. 그러나 교인들이 일반 단체들과 연루되어 일할 경우에는 대부분의 교단은 그 공적을 인정하지 않는다. 그런 일에는 단지 섬기는 기쁨 외에는 아무런 보상도 주어지지 않지만 우리가 섬기는 사람들이 우리를 통해 예수님의 사랑, 곧 조건 없는 사랑을 경험할 수 있다면 그것으로 족하다.

성공한 교회들이 세상을 바꾸지 못하는 이유
(그 일은 혁신가들만이 할 수 있다)

예수님은 인류 역사상 가장 위대한 혁신가이셨다. 그분은 당대의 문화에 도전하셨고, 전통을 깨뜨리고, 패러다임을 바꾸어 놓으셨다. 그런데 그분의 추종자들은 어떻게 그렇게 따분한 사람들이 되고 말았을까?

사회를 바꾸어 놓을 혁신적인 변화를 원하는가? 슬프게도 아마도 그런 혁신을 기대할 수 있는 가능성이 가장 적은 곳이 바로 교회일 것이다. 무미건조하고, 고루하고, 구태의연하고, 낡아빠진 전통과 개념을 원하는가? 아마도 "그렇다면 교회를 찾아가라."라고 말할 사람들이 많을 것이 틀림없다.

이것은 참으로 큰 문제가 아닐 수 없다. 그에 대한 책임은 전적으로 우리에게 있다. 우리는 삶과 사회를 변화시키는 예수님의 메시지를 가지고 많은 성공을 이루었다. 그런데 그런 성공을 유지하려는 노력이 우리를 안일하게 만들었다. 안일한 것은 지루하다.

요즘의 교회 지도자들을 둘러보면 상당히 훌륭하고, 멋진 사람들이 많다. 그들은 예수님을 사랑할 뿐 아니라 뭔가 변화를 만들어내기 위해 자신이 할 수 있는 일을 하고 있다. 그들 가운데 많은 사람이 변화, 곧 내가 일으키는 변화보다 훨씬 더 큰 변화를 일으키고 있다. 그들은 많은 사람을 예수님께로 이끈다. 그것보다 더 중요한 것은 아무것도 없다.

그러나 무엇인가가 빠진 듯한 느낌이 드는 것은 왜일까? 내가 잘못된 것일까? 개인적인 사역의 성공보다 예수님을 위해 모험적인 열정을 발휘할 혁신적인 그리스도인들은 도대체 어디에 있는 것일까? 아무에게도 불만은 없다. 단지 좀 더 많은 것을 원할 따름이다.

나는 제도적인 교회를 변화시키는 것에 그치지 않고, 세상을 벌떡 일으켜 세워 주목하게 만들 수 있는 경건한 변화의 일꾼들, 곧 세상을 변화시키고, 제도적인 교회를 더욱 분발시킬 수 있는 일꾼들이 나타나기를 기도한다.

　페이스북을 통해 요즘에 만연한 죄를 꾸짖는 것만으로는 그런 변화가 일어날 수 없다. 그런 일은 지금까지 계속되었고, 지금도 여전히 진행 중이다. 세상은 믿음의 수호자를 자처하는 사람들을 지루하고, 따분하게 생각한다.

　마틴 루터 킹 목사가 인종차별의 죄를 비판하고 나선 이유는 당시의 톱뉴스 거리를 다루고 싶어서가 아니었다. 오히려 그가 그 문제를 강력하게 비판하고 나섬으로써 그것이 당시의 톱뉴스가 되었다. 그는 논쟁 중인 문제를 추적하지 않고, 그 문제가 논쟁의 초점이 되게 만들었다. 그는 대중을 쫓지 않고, 대중을 자기에게로 다가오게 만들었다. 2천 년 전의 문화가 예수님을 뒤따랐던 것처럼 당시의 문화가 그를 뒤따랐다. 물론 킹 목사는 결코 완전하지 않았다. 그러나 우리 모두도 완전하지 않기는 마찬가지다. 만일 우리가 완전해져야 한다면 세상을 바꾸는 것은 고사하고, 전구 하나도 바꾸지 못할 것이다.

　예수님의 인도를 받아 악한 사회에 긍정적인 영향을 끼쳐 온 세상이 벌떡 일어나 주목하지 않을 수 없게 만들어 줄, 새로운 부류의 기독교 지도자들과 그리스도인들이 나타나기를 기도하는 마음 간절하다.

　　믿음의 혁신을 이끈 마르틴 루터,
　　시의 혁신을 이끈 에밀리 디킨슨,
　　예술의 혁신을 이끈 레오나르도 다빈치,
　　장애에 대한 이해의 혁신을 이끈 앤 설리번과 헬렌 켈러,
　　과학의 혁신을 이룬 앨버트 아인슈타인,

스포츠와 문화의 혁신을 이끈 재키 로빈슨,

대중음악의 혁신을 이끈 비틀스,

인종 관계의 혁신을 이끈 마르틴 루터 킹 주니어,

기술의 혁신을 이끈 시애틀과 실리콘밸리의 기인들,

이런 혁신가들처럼 교회의 혁신을 이끌 기독교 지도자들은 과연 어디에 있을까?

패러다임의 전환을 이룬 이 모든 혁신가들의 공통점은 무엇일까? 그들은 영웅이 되기 전에는 일종의 방외자였다. 그들은 예술가요, 혁신가요, 독창적인 사상가요, 실천가였다. 오늘날의 교회는 관리자들보다는 예술가와 선지자들을 더욱 절실히 필요로 한다.

삶과 사회를 변화시키는 그런 영향력이 교회를 통해 다시 발휘될 수 있다. 그러나 우리가 이룩한 성공 지향적인 기독교 문화 때문에 혁신을 거부하고, 오히려 그것을 비난하는 설교를 전하거나 블로그 포스트를 작성할까 봐 심히 우려된다.

과연 상처받은 세상이 '우리가 최근에 시도한 일의 성공 여부를 어떻게 측정해야 할까?'라거나 '이 일이 헌금을 가장 많이 낸 사람들에게 어떤 인상을 심어줄까?'와 같은 생각만을 일삼는 기독교 지도자들이 이끄는 교회의 울타리 안에서 치유의 힘을 발견할 수 있을까?

이 부르심에 응하기 위해 예수님을 따르는 혁신적인 지도자들은 많은 사람들(특히 교인들)의 비위를 거스르더라도 눈치를 볼 필요가 없다. 그런 지도자는 사람들을 일부러 화나게 만들려고 애쓰는 것이 아니라 단지 예수님의 일을 위한 열정이 남달리 뜨거울 뿐이다. 따라서 그들은 자신들의 노력이 다른 사람들의 비위를 거스른다는 사실조차도 의식하지 못할 수 있다.

오늘날의 교회는 바보들과 괴짜들을 더 많이 필요로 한다.

내가 작은 교회들을 지지하는 이유 가운데 하나는 세상의 변화가 위로부터 아래로의 개혁을 통해 이루어질 가능성이 희박하기 때문이다. 성공을 구가하는 계층은 현재 상태를 변화시킬 이유가 없다.

삶과 세상을 변화시키고, 정신을 고취하고, 문화를 혁신하고, 패러다임을 전환하고, 상처를 치유하는 운동은 항상 아래로부터 위로의 개혁을 통해 이루어진다. 혁신의 주역은 권리를 박탈당한 계층과 괴짜들과 별난 사람들이다.

세상을 변화시키는 혁신가들과 참된 비전가들은 그런 명칭으로 스스로를 일컫지 않기 때문에 쉽게 잘 눈에 띄지 않는다. 사실 그들은 자신들이 비전가나 혁신가라는 것을 부인할 가능성이 높다. 그들은 단지 그런 일들을 열심히 실천할 뿐이다.

혁신가들은 스스로가 혁신가라고 미리 입으로 떠들지 않는다. 나는 작고 특이한 교회들과 변두리 사역 단체들을 예의 주시하고 있다. 왜냐하면 다음 세대의 교회와 세상을 이끌 지도자들이 처음 일을 하기 시작할 때부터 그들이 누구인지 알고 싶어서다. 만일 다음 세대의 교회를 이끌 여호수아가 눈에 띄면 나는 기꺼이 갈렙이 되어 주고, 미래를 이끌 바울 사도가 눈에 띄면 기꺼이 바나바가 되어 주고 싶다.

기존의 그리스도인들로부터 아무리 큰 배척을 당하더라도 개의치 않을 만큼 예수님을 향한 열정과 상처받은 사람들에 대한 사랑이 불처럼 뜨거운 지도자들이 나타나기를 기도한다. 그들이 방방곡곡에 즉석 연단을 만들어 놓고, 온 세상을 향해 변화의 희망이 담긴 메시지를 크게 외치게 될 날을 기대한다.

  내가 살아 있는 동안 그런 일이 일어나 옆에서 힘찬 응원을 보낼 수 있기를 바라는 마음 간절하다.

17.
우리 교회는
이미 충분히 크다

교회가 작기 때문에 자신의 목소리가 무시당한다고 생각하는 목회자가 있다면 조금도 걱정할 필요가 없다. 2차 세계대전의 이름 없는 영웅들 가운데 한 사람도 그와 비슷하게 '작다.'는 문제를 안고 있었다.

앤드류 잭슨 히긴스는 뉴올리언스의 선박 제조업자였다. 그는 아무도 알지 못했던 작은 것의 중요성을 알았던 사람이었다. 히긴스는 탁월한 선견지명과 힘든 노력, 그리고 자신의 도움이 얼마나 절실히 필요한지를 깨닫지 못하는 사람들을 상대로 끝까지 의지를 굽히지 않고 밀고 나간 열의 때문에 세상을 구하는 데 톡톡히 한몫을 할 수 있었다.

그의 이야기를 잠시 소개하면 다음과 같다.

작은 생각으로 세상을 구원한 사람

모든 것을 좋은 쪽으로든 나쁜 쪽으로든 영원히 바꾸어 놓은 역사의 전환점이 더러 존재한다. 1944년 6월 6일도 그런 전환점의 하나였다.

2차 세계대전의 세력 균형과 세계의 운명이 그 날에 달려 있었다. 당시의 세대가 '가장 위대한 세대'로 알려지는 자격을 갖추게 된 이유는 다른 무엇보다도 바로 그날 때문이었다.

'디데이(연합군 반격개시일)'의 이름 없는 영웅들 가운데는 노르망디 해변에 발을 디딘 적도 없고, 군대를 지휘한 일도 없으며, 제복을 입어본 적도 없는 한 남자가 포함되어 있었다.

스티븐 앰브로스는 『디데이』라는 책에서 1964년에 드와이트 아이젠하워와 나눈 대화 내용을 소개했다.[1]

아이젠하워는 앰브로스가 뉴올리언스에서 교직 활동을 한 것을 알고는 그에게 앤드류 잭슨 히긴스를 만난 적이 있느냐고 물었다. 앰브로스는 자신이 뉴올리언스로 이사하기 전에 히긴스가 세상을 떠났기 때문에 그를 만나보지 못했다고 대답했다. 아이젠하워는 "그거 참 유감이군요. 그는 우리를 위해 전쟁을 승리로 이끈 인물입니다."라고 말했다.

히긴스는 디데이에 군대를 해안까지 실어다 준 상륙용 소형 보트(LCVP)의 설계와 제작을 담당했던 사람이었다(디데이를 다룬 영화를 본 적이 있다면 평평한 바닥과 높은 측면의 형태를 한 LCVP가 군인들을 싣고 가다가 해안에 도착해서는 납작한 뱃머리를 아래로 떨어뜨려 적의 포화가 빗발치듯 날아오는 해변 위로 그들을 쏟아내는 광경을 목격했을 것이다). 아이젠하워는 앰브로스에게 만일 히긴스가 그런 배의 필요성을 미리 예측해 그것을 설계하고 제작하지 않았더라면 "전쟁의 판세가 완전히 달라졌을 것"이라고 말했다.

더더욱 놀라운 것은 히긴스가 군대로부터 어떤 도움도 받지 않고서

---

[1] Stephen Ambrose, *D-Day: June 6, 1944 : The Climactic Battle of World War II* (New York: Simon & Schuster, 1995), 44-46.

혼자서 모든 것을 처리했다는 사실이다. 히긴스는 성미가 급한 사람이었기 때문에 미국 해군은 작은 상륙용 보트가 필요하다는 것을 알면서도 그나 그가 만드는 배에 대해 관심을 보이기를 꺼려했다. 그들은 자기들 나름대로 상륙용 보트를 만들기로 결정했다. 그러나 히긴스에 따르면 미국 해군은 소형 보트를 제작하는 방법을 알지 못했다.

따라서 히긴스는 2년이 넘도록 군부를 강하게 설득했고, 결국 그들은 마지못해 하며 그가 설계한 보트를 공개 입찰에 포함시켰다. 해군이 히긴스가 설계한 배를 보는 순간, 입찰 경쟁은 단번에 끝나고 말았다. 그의 배는 모든 점에서 타의 추종을 불허했다.

누구도 제외시켜서는 안 된다

디데이에 쏟아 부은 인력과 기술력의 양은 그야말로 엄청났다. 노르망디 상륙 작전에는 수십 척의 전함과 수십 척의 구축함과 수천 척의 히긴스 보트가 투입되었다.

큰 배들은 어둠을 틈타 영국 해협을 지나 인력과 장비를 수송했다. 수만 명의 군인들이 수천 척의 히긴스 보트에 나눠 타고 상륙을 시도할 때 구축함과 전함들은 상륙하는 군대를 위해 멀리서 해안을 향해 엄호 사격을 했다. 앰브로스는 "다른 모든 형태의 상륙용 장비를 합친 것보다 더 많은 미국 군인들이 히긴스의 배를 타고 해안에 상륙했다."라고 진술했다.[2]

연합군이 상륙 작전을 하는 데 필요하지 않은 배가 있었을까? 또 그

---

2) Ibid.

많은 히긴스 보트가 모두 필요했을까? 대형 화물선이 없었더라면 그들은 영국 해협을 건너지 못했을 것이고, 전함들이 없었더라면 비교적 안전하게 해안에 상륙하기가 어려웠을 것이다. 그리고 큰 배들은 해안에서 1마일 이상 떨어진 곳에 닻을 내리고 있어야 했기 때문에 히긴스의 보트가 없었다면 상륙이 불가능했을 것이다.

한마디로 모두가 필요하다. 배가 작으면 더 많이 필요하고, 그것들을 지원하려면 큰 배의 힘이 필요하다. 또 배가 크면 근거리 작업을 하기가 어렵기 때문에 더 가볍고 날랜 배들의 활동에 의존하지 않으면 안 된다.

'큰 교회, 또는 작은 교회'가 아니라 '큰 교회와 작은 교회'다

이 실제 사건이 주는 교훈은 교회에도 똑같이 적용된다. 그리스도의 몸에 속한 지체 가운데 불필요한 지체는 단 하나도 없다. 이 세대의 사람들에게 예수님을 전하려면 상호 협력의 정신으로 모두가 열심히 일하며, 최선의 기능을 발휘해야 한다.

큰 교회들만으로는 이 일을 해낼 수 없다. 세상에는 큰 교회들이 맞지 않는 작은 장소들이 너무나도 많고, 또 통합된 리더십의 기치 아래 엄청난 자원과 인력을 한꺼번에 전개하는 것이 필요한 거대한 과업도 종종 있다.

큰 교회가 덜 필요하거나 작은 교회가 덜 필요한 경우는 없다. 다양한 크기의 건강하고, 열정적이고, 능동적인 교회들이 함께 일하는 것이 중요하다.

앰브로스가 전하는 디데이와 관련된 이야기 중에는 해변에 상륙한 군인들이 상상을 불허하는 지옥 같은 전투를 치르는 와중에 자신들이 해안 멀리 정박해 있는 전함과 구축함들로부터 큰 도움을 받고 있으면서도 처음에는 그 사실을 잘 몰랐다는 내용도 발견된다.

젊은 군인들이 해변에서 수많은 희생을 치르면서 조금씩 전진해 나가는 동안, 해안 멀리에 있는 대형 군함들이 그들의 머리 위로 포탄을 날려 육지의 독일군 진지를 파괴했다. 해변에 상륙한 군인들이 마침내 초기의 막강한 방어벽을 뚫고 적의 진지에 도달했을 때는 적들이 이미 거의 다 궤멸된 상태였다. 그것은 해안 멀리 정박해 있던 대형 군함들에 탑승해 있던 동료들이 함포 사격으로 그들을 위해 길을 열어주었기 때문이었다.

디데이에 작은 것과 큰 것이 함께 기능을 발휘했다. 그것들은 각자 자기에게 가장 잘 맞는 임무를 수행함으로써 함께 디데이를 승리로 이끌었다. 그들의 협력 덕분에 결국 전쟁은 승리했고, 우리는 자유를 얻었다. 세상에 거의 알려진 바가 없는 앤드류 잭슨 히긴스라는 이름을 가진 한 남자의 비전과 소형 보트에 대한 그의 위대한 꿈 덕분에 세상이 상상을 초월하는 악으로부터 구원을 받았다. 그는 아무도 알아주지 않은 상황에서도 자기에게 주어진 사명에 충실했다.

작은 교회의 목회자인가? 그렇다면 자신의 '히긴스 보트'를 잘 조종해 나가라. 하나님의 도우심에 의지해 세찬 공격에 맞서라. 때로는 불리한 상황을 뚫고 나가야 할 때도 있고, 때로는 미처 생각하지 못했던 도움을 받을 때도 있을 것이다. 포기하지 말자. 우리의 작은 교회들이 없으면 아무도 승리할 수 없다.

그렇다. 우리들의 교회는 충분히 크다

우리들의 교회는 이미 충분히 크다. 지금 현재의 크기만으로도 충분하다.

교회 건물이 너무 작든, 아예 없든, 아니면 너무 많든 우리들의 교회는 예수님이 원하시는 일을 하고, 그분이 원하시는 사람들이 될 만큼 충분히 크다. 우리들의 교회는 예수님의 치유의 은혜를 교인들에게 전할 수 있을 만큼 충분히 크다. 우리의 교회 안에는 지역사회에 넘치는 기쁨과 소망과 치유의 은혜를 전할 수 있을 만큼 충분한 교인들이 있다. 열정과 기쁨으로 작은 교회를 목회한다는 것은 작은 것에 안주하는 것이 아니라 우리에게 주어진 것을 모두 동원해 우리가 할 수 있는 일을 하는 것을 의미한다.

교회가 큰 사역을 행할 만큼 커질 때까지 기다릴 필요는 없다. 예배와 제자 양육과 교제와 사역과 복음 전도를 온 마음과 영혼과 생각과 힘을 기울여 감당하고, 그 결과를 예수님의 손에 맡기라는 사명이 모든 교회에게 주어졌다. 교회의 크기에 상관없이 우리는 그런 일들을 할 수 있고, 또 잘할 수 있다.

사역을 더 잘하려면 교회가 더 커져야 한다고 생각하는 순간, 예수님이 우리들의 교회에 요구하시는 위대한 일을 행할 기회를 놓치기 쉽다. 나도 오랫동안 그런 잘못을 저질렀다. 내가 숫자를 강조하는 동안, 그리스도께서는 우리 교회 안에서 사랑 많은 교인들로 구성된 활기찬 공동체를 만들고 계셨다. 그 덕분에 우리는 선교사들을 육성해서 파송하고, 교회 개척을 돕고, 사역자들을 훈련하고, 그리스도의 치유와 회복을 여러 가정과 부부들에게 전하고, 굶주린 사람들을 먹이고, 성경을 가르치고, 새 신자들에게 세례를 베풀고, 사람들이 하나님의 은혜로 치유와 구원을 받는 것을 목격할 수 있었다.

나는 교인들이 늘어나지 않는다는 이유로 그런 놀라운 일들의 중요성을 무시했었다. 그러나 예수님과 삶이 변화된 교인들에게는 그런 일들이 중요했다. 예수님이 나의 생각을 바로 잡아 주신 후로는 내게도 그런 일들이 중요해졌다. 지금 내게 가장 중요한 것은 사람들의 삶이 하나씩 변화되는 모습을 지켜보는 것이다.

예수님이 교회와 교회 지도자들을 부르신 이유는 목적이 있으시기 때문이다. 그분은 그 목적을 이루는 데 필요한 모든 것을 우리에게 허락하신다. 우리들의 교회에게 필요한 것은 교인이 한 사람 더 불어나고, 헌금이 한 푼 더 늘어나고, 시설이 좀 더 보강되는 것이 아니다.

우리는 예수님이 지금 우리들의 교회에 요구하시는 일을 당장이라도 시작할 수 있다. 우리들의 교회는 충분히 크다. 왜냐하면 우리의 하나님이 충분히 크시기 때문이다.

모든 것은 여기에서부터 시작된다.

사명선언문

너희가 흠이 없고 순전하여……세상에서 그들 가운데 빛들로
나타내며 생명의 말씀을 밝혀 _ 빌 2:15-16

1. 생명을 담겠습니다
만드는 책에 주님 주신 생명을 담겠습니다.
그 책으로 복음을 선포하겠습니다.

2. 말씀을 밝히겠습니다
생명의 근본은 말씀입니다.
말씀을 밝혀 성도와 교회의 성장을 돕겠습니다.

3. 빛이 되겠습니다
시대와 영혼의 어두움을 밝혀 주님 앞으로 이끄는
빛이 되는 책을 만들겠습니다.

4. 순전히 행하겠습니다
책을 만들고 전하는 일과 경영하는 일에 부끄러움이 없는
정직함으로 행하겠습니다.

5. 끝까지 전파하겠습니다
모든 사람에게, 땅 끝까지, 주님 오시는 그날까지
복음을 전하는 사명을 다하겠습니다.

서점 안내

광화문점	서울시 종로구 새문안로 69 구세군회관 1층 02)737-2288 / 02)737-4623(F)
강남점	서울시 서초구 신반포로 177 반포쇼핑타운 3동 2층 02)595-1211 / 02)595-3549(F)
구로점	서울시 동작구 시흥대로 602, 3층 302호 02)858-8744 / 02)838-0653(F)
노원점	서울시 노원구 동일로 1366 삼봉빌딩 지하 1층 02)938-7979 / 02)3391-6169(F)
일산점	경기도 고양시 일산서구 중앙로 1391 레이크타운 지하 1층 031)916-8787 / 031)916-8788(F)
의정부점	경기도 의정부시 청사로47번길 12 성산타워 3층 031)845-0600 / 031)852-6930(F)
인터넷서점	www.lifebook.co.kr

Small Church Essentials

Small Church Essentials